ACESSO À JUSTIÇA
Uma análise dos Juizados Especiais Cíveis no Brasil

ACESSO À JUSTIÇA
Uma análise dos Juizados Especiais Cíveis no Brasil

LESLIE SHÉRIDA FERRAZ

FUNDAÇÃO GETULIO VARGAS
DIREITO RIO

CENTRO DE JUSTIÇA E SOCIEDADE

FGV
EDITORA

Copyright © 2010 Leslie Shérida Ferraz

EDITORA FGV
Rua Jornalista Orlando Dantas, 37
22231-010 | Rio de Janeiro, RJ | Brasil
Tels.: 0800-021-7777 | 21-3799-4427
Fax: 21-3799-4430
editora@fgv.br | pedidoseditora@fgv.br
www.fgv.br/editora

Todos os direitos reservados. A reprodução não autorizada desta publicação, no todo ou em parte, constitui violação do copyright (Lei nº 9.610/98).

Os conceitos emitidos neste livro são de inteira responsabilidade da autora.

Grafia atualizada segundo o Acordo Ortográfico da Língua Portuguesa, em vigor no Brasil desde 2009.

1ª edição — 2010

PREPARAÇÃO DE ORIGINAIS: Ronald Polito
REVISÃO: Andrea Campos Bivar e Sandro Gomes
DIAGRAMAÇÃO: FA Editoração
CAPA: Gisela Abad e Mariana Melo

Na capa, foto de Leslie Ferraz do barco onde funcionam os Juizados Itinerantes Fluviais de Macapá, denominado *Tribuna: a Justiça vem a bordo*, que percorre o Rio Amazonas para prestar assessoria jurídica à população ribeirinha (Macapá, AP, junho de 2005).

Impresso no Brasil | *Printed in Brazil*

Ficha catalográfica elaborada pela
Biblioteca Mario Henrique Simonsen/FGV

Ferraz, Leslie
  Acesso à Justiça : uma análise dos Juizados Especiais Cíveis no Brasil / Leslie Shérida Ferraz. - Rio de Janeiro : Editora FGV, 2010.
  236 p. : il.

  Inclui bibliografia.
  ISBN: 978-85-225-0840-2

  1. Juizados Especiais Cíveis – Brasil. 2. Acesso à Justiça – Brasil.
  I. Fundação Getulio Vargas. II. Título.

CDD – 341.41926

À Sueli Pereira Pini,
por sua incansável batalha na promoção da justiça aos mais humildes.

*Que ninguém se engane; só se consegue a
simplicidade com muito trabalho.*

CLARICE LISPECTOR

Sumário

Agradecimentos   13

Prefácio   17
De Kazuo Watanabe

Introdução   21
1. Limitação do tema e hipótese de trabalho   21
2. Plano de trabalho   23
3. Metodologia   24
    3.1. A pesquisa sobre os Juizados Especiais Cíveis do Cebepej   25

I. Caracterização dos Juizados Especiais Cíveis   27
    I.1.   Finalidades dos Juizados Especiais   27
    I.2.   Experiências anteriores no tratamento de Pequenas Causas e Conciliação   30
      I.2.1. Procedimento sumaríssimo   31
      I.2.2. Conciliação obrigatória a cargo do juiz de paz   32
      I.2.3. Audiência preliminar   34
    I.3.   A criação dos Juizados Especiais Cíveis no Brasil   36
      I.3.1. O Ministério da Desburocratização e a recepção das Small Claims Courts de Nova York (1979-1980)   36
      I.3.2 Os debates calorosos, a sensibilização dos setores envolvidos e a aprovação da Lei das Pequenas Causas (1981-1984)   42

I.4. Os Juizados Especiais Cíveis	45
I.4.1. Características gerais	45
I.4.2. Procedimento	54
I.4.3. Panorama atual	60
I.4.4. Tendências de reforma	73
II. Acesso à Justiça qualificado	**77**
II.1. O movimento do acesso à Justiça no Brasil	77
II.2. O conteúdo da garantia do acesso à Justiça	83
II.2.1. A abordagem sociológica	84
II.2.2. A abordagem jurídica	90
II.2.2.1. A abordagem processual	90
II.2.2.2. O acesso à ordem jurídica justa	95
II.2.3. Acesso à Justiça para fins deste trabalho	96
III. A conciliação nos Juizados Especiais Cíveis	**97**
III.1. Introdução	97
III.2. Conciliação e Juizados Especiais Cíveis	97
III.2.1. Conciliação como método de solução adequado às pequenas causas	97
III.2.2. O papel do conciliador	104
III.3. Aspectos práticos da conciliação nos Juizados Especiais Cíveis	108
III.3.1. Percentuais de acordos firmados nos Juizados Especiais Cíveis	108
III.3.2. Os índices de acordos firmados nos Juizados Especiais são, de fato, insatisfatórios?	112
III.3.3. Causas que envolvem empresas apresentam menores chances de acordo?	118
III.3.4. Causas que envolvem relação de consumo apresentam menores chances de acordo?	120
III.4. Reflexões acerca da conciliação nos Juizados Especiais Cíveis	132
IV. Efetividade dos Juizados Especiais Cíveis	**141**
IV.1. Introdução	141
IV.2. Efetividade e Juizados Especiais Cíveis	142

IV.2.1. Efetividade e acesso à Justiça qualificado 142

IV.2.2. Efetividade para fins deste trabalho 143

IV.2.3. Breves notas sobre o processo de execução nos Juizados
Especiais Cíveis 144

IV.3. Aspectos práticos da efetividade nos Juizados Especiais Cíveis 147

IV.3.1. Forma de solução de conflitos nos Juizados Especiais Cíveis 147

IV.3.2. Efetividade do acordo 150

IV.3.2.1. Acordo executados e não executados 150

IV. 3.2.2. Efetividade da execução dos acordos 152

IV.3.3. Efetividade da sentença 154

IV. 3.3.1. Sentenças executadas e não executados 155

IV. 3.3.2. Efetividade da execução das sentenças 157

IV.3.4. Quadro síntese 159

IV.4. Reflexões acerca da efetividade nos Juizados Especiais Cíveis 164

V. Prazos nos Juizados Especiais Cíveis 175

V.1. Introdução 175

V.2. Tempo razoável e Juizados Especiais Cíveis 176

V.2.1. A garantia da duração razoável do processo 176

V.2.2. Duração razoável do processo nos Juizados Especiais Cíveis 180

V.3. Aspectos práticos dos prazos nos Juizados Especiais Cíveis 182

V.3.1. Audiência de conciliação 182

V.3.2. Audiência de instrução e julgamento 184

V.3.3. Sentença de mérito 187

V.3.4. Recurso 189

V.3.5. Execução de acordos e sentenças 192

V.3.6. Consolidação dos dados 194

V.4. Reflexões acerca dos prazos nos Juizados Especiais Cíveis 196

Conclusões 205

Bibliografia 213

Agradecimentos

Este livro é fruto de minha tese de doutorado defendida na Universidade de São Paulo, na área de direito processual civil, em 2008.

Na sua condução, tive a honra de contar com três coorientadores: o "mestre" Kazuo Watanabe, a quem agradeço os anos de convívio enriquecedor e as preciosas lições de humildade e sabedoria; o professor Roque Komatsu, por quem tenho grande gratidão pela oportunidade e pela confiança em aceitar-me no programa de pós-graduação da Universidade de São Paulo; e a professora Maria Tereza Sadek, que não só despertou meu interesse para a temática deste trabalho, mas também orientou meus primeiros passos na condução de pesquisas empíricas.

Ao professor Kazuo Watanabe agradeço ainda ter me confiado a coordenação do Centro Brasileiro de Estudos e Pesquisas Judiciais (Cebepej) e a missão de conduzir pesquisas sobre o Poder Judiciário. Além disso, sua autorização para que eu acessasse o banco de dados da Pesquisa Nacional sobre os Juizados Especiais Cíveis foi fundamental na elaboração desta obra.

Pelo uso das informações da pesquisa, agradeço aos ex-secretários de Reforma do Judiciário do Ministério da Justiça, drs. Sergio Renault e Pierpaolo Bottini.

Os agradecimentos se estendem aos amigos e colaboradores do Cebepej, representados na pessoa de Clovis Escudero.

Sou grata a Carlos Alberto de Salles pelas preciosas considerações na banca de qualificação, além do apoio e incentivo na condução dos trabalhos de campo.

Como este livro é fruto da pesquisa sobre os Juizados Especiais Cíveis do Cebepej que tive o privilégio de conduzir em várias partes do Brasil, não poderia ter sido realizado sem o apoio dos coordenadores, juízes, servidores e estagiários das Pequenas Causas, que me auxiliaram a realizar as investigações, com destaque para Orlando Bittencourt (BA), Luis Antônio Bezerra (GO), Massacó Watanabe (GO), Fernandes Filho (MG), Márcio Idalmo (MG), Vicente Silva (MG), Geraldo Luz (PA), Mônica Carvalho (SP), Ricardo Chimenti (SP), Celito Sebben (RS), Ricardo Schmidt (RS), Thiago Ribas (RJ) e Sueli Pini (AP), que me proporcionou uma das mais fantásticas experiências nos Juizados do rio Amazonas, além de ter-me acolhido em sua casa e se tornado uma grande amiga.

A Fernão Dias de Lima, pela infinidade de filtros e cruzamentos no banco de dados do Cebepej e pelas riquíssimas lições de estatística e processamento de dados.

Além da pesquisa sobre os Juizados Especiais Cíveis, muitas ideias deste trabalho resultaram de um período de estudos nas Universidades de Fordham e Columbia, na cidade de Nova York, EUA. Agradeço, sobretudo, à Toni Fine, que me abriu todas as portas da Fordham University, nos cursos de graduação e no programa de pós-graduação para alunos estrangeiros, e permitiu-me frequentar todas as aulas e eventos da universidade.

À Beth Swartz, pelas aulas de *mediation clinic*; à Sheila Murphy por sua generosidade em me aproximar dos funcionários das *small claims courts*, além das equipes de mediação privadas da cidade de Nova York; a Joseph Gebbia ("Mr. Small claims") pelas valiosas informações sobre o funcionamento das *small claims* nova-iorquinas; e a Marc Chalfin, que me autorizou a acompanhar sessões de arbitragem nos Juizados do Brooklin. Mas devo esta rica experiência, sobretudo, ao meu grande amigo Wilson White, que, com sua generosidade, proporcionou-me um verdadeiro *home, sweet home* em Manhattan.

Agradeço aos amigos amados de sempre o incentivo, a amizade, a companhia e o apoio: Andréa Terra, Cláudia Mesquita, Eduardo Caetano da Silva, Eliana Oliveira, Elisabete Silva, Flávia Travisani, Soraya Mattar e especialmente Paulo Eduardo Silva, que tantas vezes recolocou esse trabalho no rumo certo.

Aos meus novos amigos, conquistados durante a realização das pesquisas no Cebepej, Marco Antônio Lorencini (pesquisa sobre execuções fiscais) e

Marcos Paulo Verissimo (pesquisa sobre a tutela coletiva). A Lorencini agradeço a força na condução dos trabalhos, o empréstimo da biblioteca, a leitura e os apontamentos nas versões finais da tese. Ao Marcos, sou grata, sobretudo, por compartilhar comigo sua inteligência e sagacidade; sempre muito atencioso, solícito e gentil, uma das ideias mais importantes desta obra surgiu em uma de nossas conversas num café.

À minha família, por me apoiar e acreditar em mim incondicionalmente: pai, mãe, Clayton, Cauê, Lúcia e as "blibloquinhas" Gabriela e Fernanda, pessoinhas que recarregam minha alegria. Aos meus adorados avós, Maria e Vicente Ferraz, Maria Facchini e Dionizio Carrilho, agradeço a bênção de tê-los todos comigo, desculpando-me pela distância no exílio da tese...

Aos meus amados pais, Nicéia e Benedito Ferraz, por serem meu alicerce nesta e em todas as caminhadas.

Last, but not least, a Martyn Schmalzl, que se revelou o maior e o melhor dos companheiros, leu, opinou, revisou o trabalho, me acolheu, entendeu, estimulou e, sobretudo, soube estar sempre presente, mesmo nos momentos mais solitários de redação da tese.

Prefácio

Com esta obra, Leslie Shérida Ferraz conquistou o título de doutora pela Faculdade de Direito da Universidade de São Paulo. Para a elaboração deste trabalho, baseou-se nos dados empíricos levantados pelo Centro Brasileiro de Estudos e Pesquisas Judiciais (Cebepej) na pesquisa sobre Juizados Especiais Cíveis, realizada em nível nacional, em 2006. Esse projeto contou com a organização, estruturação e coordenação científica da professora Maria Tereza Sadek. Leslie, então secretária executiva do Cebepej, trabalhou com muita dedicação, coletando, em todos os estados abrangidos pelo projeto, dados e informações que foram submetidos ao tratamento estatístico e à análise científica. A Secretaria da Reforma do Judiciário do Ministério da Justiça, que encomendou a pesquisa ao Cebepej, discutiu em seminário aberto ao público os resultados e as sugestões mais importantes levantadas na investigação.

A autora acresceu aos dados dessa pesquisa elementos posteriormente colhidos nos Estados Unidos, e com subsídios doutrinários procedeu à análise dos Juizados Especiais Cíveis sob três perspectivas básicas: (i) adequação; (ii) efetividade; (iii) tempestividade (duração razoável do processo).

Observa, inicialmente, que há uma "significativa disparidade no padrão de funcionamento dos Juizados Especiais Cíveis brasileiros que, de plano, limita qualquer intenção de se traçarem conclusões generalizantes a todo o país", e sublinha que "as políticas adotadas localmente desempenham um papel importantíssimo no delineamento dos Juizados Especiais Cíveis". Esclarece ainda que "uma das principais constatações do estudo é a suscetibilidade dos juizados ao perfil do juiz e às políticas adotadas localmente". Em razão dessas peculiaridades, anota que para o correto funcionamento dos Juizados Especiais são essenciais juízes vocacionados e exclusivos, além dos adequados investimentos em estruturação material e humana pelos tribunais de Justiça.

Sob o ângulo da *adequação* analisa a *conciliação*, que considera a pedra de toque do funcionamento apropriado dos juizados. Ao ponderar os aspectos positivos e negativos da conciliação praticada nos juizados, conclui que os índices de acordos obtidos são bastante razoáveis. Levando-se em consideração que algumas demandas, principalmente as que envolvem relações de consumo e as que ocultam interesses coletivos, "apresentam menores chances de solução amigável", Leslie aponta a necessidade de reavaliação da competência dos Juizados. Sustenta que "problemas de impacto coletivo não podem ser fragmentados e decididos pelos juizados sob pena de desviá-los de suas finalidades e, ainda, fazê-los atuar, perversamente, *contra* a população". Ainda sob a ótica da adequação, defende o entendimento de que a conciliação, a instrução e o julgamento do processo não deveriam ser realizados em momentos distintos, e sim numa única audiência, o que reduziria muito a duração do processo. Outra sugestão da autora é a utilização, à semelhança do que ocorre nas *small claims courts* de Nova York, da *arbitragem* em nossos Juizados Especiais Cíveis (possibilidade que a Lei dos Juizados prevê expressamente nos arts. 24, 25 e 26).

Sob a perspectiva da *efetividade*, faz duas interessantes constatações. A primeira é relativa ao "baixo percentual de casos extintos sem julgamento do mérito", fato que a autora conclui ser fruto do "princípio da informalidade dos Juizados". A segunda constatação é "o grande percentual de casos de desistência do autor (cerca de um quarto da amostra)", que se deve a vários fatores, entre eles a "composição extrajudicial das partes", o que deve ser visto com bons olhos. É possível que isso se deva à "falta de conhecimento do autor sobre o procedimento", ou ao "descrédito no Poder Judiciário e à demora na conclusão do processo". Informações precisas a respeito não teriam sido obtidas na amostra colhida. Segundo Leslie, "nos casos em que os Juizados deram uma resposta institucional ao conflito, 25% foram submetidos à execução", sendo predominantes os resultados positivos. O insucesso de algumas execuções "parece decorrer da incapacidade financeira da população", uma vez que "pessoas de baixa renda fazem uso dos Juizados Especiais Cíveis".

Sob a ótica da *tempestividade*, os Juizados apresentam os piores resultados. Uma das causas seria a designação em separado da audiência de conciliação;

para a autora, deveria haver uma única audiência para conciliação, instrução e julgamento. A execução seria outro ponto problemático "que onera em quase um ano o procedimento das Pequenas Causas". Leslie Ferraz analisa como os prazos de duração dos processos são extremamente longos e inadequados ao sistema das Pequenas Causas, o que contraria a garantia constitucional da duração razoável e do princípio da celeridade. Para concluir, considerando a influência recíproca dos três parâmetros adotados no estudo, as demandas solucionadas pela conciliação foram mais efetivas e concluídas em menor tempo (duração razoável), justamente pela "maior probabilidade de serem cumpridas espontaneamente do que as sentenças".

Apesar dos vários problemas que aponta, Leslie Ferraz sustenta que "os Juizados têm um grande potencial para solucionar conflitos cotidianos de forma conciliatória e, nos casos em que o acordo é devidamente cumprido, até mesmo sem muita demora". Adverte, entretanto, que "não se pode admitir quaisquer demandas de impacto coletivo nas Pequenas Causas" e que "qualquer ampliação na sua competência e/ou legitimação é absolutamente impensável".

A conclusão é otimista, pois, apesar das deficiências estruturais e da demora na prestação jurisdicional, os Juizados Especiais Cíveis "são uma importante — senão a mais importante — fonte para que a população, principalmente a de baixa renda, possa ter o almejado acesso à justiça".

Este livro traz contribuições fundamentais para o aprimoramento de nossos Juizados Especiais e, com toda a certeza, estimulará outros estudiosos à realização de pesquisas empíricas sobre vários temas de relevância para o aprimoramento da Justiça brasileira. Por fim, suscita uma pertinente sugestão: que a pesquisa feita pelo Cebepej em 2006 seja periodicamente complementada e atualizada em virtude do caráter dinâmico dos nossos juizados.

Kazuo Watanabe
Coautor do projeto de Lei dos Juizados de Pequenas Causas.
Desembargador aposentado do Tribunal de Justiça de São Paulo.
Professor doutor da Universidade de São Paulo
São Paulo, julho de 2010

Introdução

1. Limitação do tema e hipótese de trabalho

Este trabalho, originado de minha[1] tese de doutorado, cuida, em linhas gerais, do acesso à Justiça qualificado e dos Juizados Especiais Cíveis.[2] Em razão da amplitude do tema, elaborei um recorte temático, explicitado a seguir.

Considerados a mais radical inovação da justiça civil dos últimos anos (Whelan, 1990b:1), os Juizados Especiais[3] foram criados para facilitar o acesso à Justiça, por meio da instituição de Cortes simples, ágeis, acessíveis e adequadas ao tratamento de causas de menor valor ou complexidade.[4]

---

[1] Emprestando os argumentos de Marcos Paulo Verissimo, optei por redigir o texto na primeira pessoa do singular, para diferenciar os casos em que estou exprimindo um juízo pessoal daqueles em que faço uso de argumentos correntes na academia. Segundo Verissimo (2006:20-21), embora a técnica seja vista por alguns como "quebra de etiqueta acadêmica", é de uso bastante disseminado nas ciências humanas diversas do direito, bem como nos trabalhos jurídicos americanos.

[2] O estudo limita-se aos Juizados Especiais Cíveis estaduais brasileiros. Assim, embora invocados oportunamente, os Juizados Especiais Criminais, os Juizados Especiais Federais e institutos estrangeiros similares não são objeto deste trabalho.

[3] Ao longo do livro, utilizarei, indistintamente, as expressões Juizados Especiais, Juizados Especiais Cíveis, Juizados de Pequenas Causas, Cortes Especiais, Tribunais de Pequenas Causas, Pequenas Cortes, Pequenas Causas etc. para me referir, de forma genérica, ao instituto — exceto quando anotado de forma diversa. A respeito da denominação do instituto e da diferenciação doutrinária entre os Juizados de Pequenas Causas e os Juizados Especiais Cíveis, vide o item I.4.1.

[4] A importância dos Tribunais de Pequenas Causas não é ignorada pelo governo: o instituto foi arrolado, juntamente com a Justiça Itinerante, no Pacto de Estado em favor de um Judiciário mais rápido e republicano, firmado em dezembro de 2004 pelos chefes dos três poderes. Disponível em: <www.mj.gov. br/reforma>. Acesso em: 10 jan. 2008.

A solução informal e consensuada dos litígios, aliada à vocação e à criatividade de alguns juízes brasileiros, produziu excelentes frutos entre nós. Ao longo do país, foram implementados inúmeros projetos com base nas particularidades locais, com destaque para os Juizados Itinerantes Fluviais do Rio Amazonas; o "Expressinho", atendimento diferenciado para solucionar problemas relativos a serviços essenciais (telefonia, questões bancárias, fornecimento de água e luz) antes da propositura da ação, para tentar evitá-la; Juizados Itinerantes de Trânsito, que resolvem questões decorrentes de acidentes automobilísticos no momento do sinistro, entre muitos outros.[5]

Ademais, com as Pequenas Causas, o Judiciário passou a tratar de ações de menor expressão econômica, propostas por pessoas que, tradicionalmente, não tinham acesso ao sistema de Justiça: a baiana que cobra um acarajé de R$ 1,50; o senhor paraense que escreve, de próprio punho, em letras mal traçadas: "dê proçeguimento a execulsão"; o consumidor paulista que recebe 8 reais como restituição de taxas bancárias cobradas indevidamente; o catador de papel atropelado que é ressarcido pelas despesas decorrentes da internação de seu cavalo e do conserto de sua carroça.

Ao lado dessas experiências tão positivas, contudo, há fatos desoladores. A estrutura material e humana dos Juizados é precária; os índices de acordos firmados são considerados aquém do ideal e a conclusão dos processos é lenta. O contencioso de massa tem desvirtuado a informalidade e a cultura conciliatória dos Juizados e a cultura do papel suplantou a oralidade.[6]

Diante desse panorama tão variado, as Pequenas Causas teriam atingido sua finalidade, qual seja, facilitar o acesso à Justiça, por meio da instituição de uma arena diferenciada para solucionar conflitos de menor valor ou complexidade? Ou, ao revés, estariam enfrentando um quadro de "crise", sendo inaptas a resolver as demandas que lhes são apresentadas?

Para responder a essas perguntas, é preciso estabelecer parâmetros que permitam aferir, de forma objetiva, o funcionamento dos Juizados Especiais. Este é, precisamente, o objetivo deste trabalho: investigar, pela

---

[5] Para incentivar iniciativas desse tipo, o Ministério da Justiça — em parceria com a Fundação Getulio Vargas, Associação dos Magistrados Brasileiros, Associação dos Membros do Ministério Público e Companhia Vale do Rio Doce — criou o prêmio Innovare: o Judiciário do século XXI. Vide, a respeito dos projetos mencionados, além de outras práticas similares: A reforma silenciosa da Justiça (2006). Informações sobre todas as edições do prêmio podem ser encontradas no site da Secretaria de Reforma do Judiciário do Ministério da Justiça. Disponível em: <www.mj.gov.br/reforma>. Acesso em: 2 jan. 2008.
[6] Vide, a respeito, os itens I.4; III.3; III.4 e V.3.

análise de dados empíricos, se as Pequenas Causas têm promovido o "acesso à Justiça qualificado".

Para tanto, elaborei uma hipótese — a de que os Juizados têm prestado serviços de qualidade à população — e defini três parâmetros para conduzir a investigação: adequação, efetividade e prazo razoável.

A abordagem empírica deste estudo tenciona alinhá-lo às tendências modernas da processualística, que reclamam pela "pesquisa experimental", em detrimento da análise tipicamente formalista, dogmática e indiferente aos reais problemas dos tribunais.[7]

Como assevera Kazuo Watanabe, já é passada a época em que os conhecimentos de dirigentes temporários do Poder Judiciário bastavam para organizar os serviços de Justiça; é preciso, ao revés, conhecer a realidade dos Juizados, para, com base nela, refletir sobre sua adequada organização.[8]

2. Plano de trabalho

Além desta introdução, o presente trabalho está dividido em cinco capítulos.

Nos capítulos I e II, traço um panorama teórico dos Juizados Especiais e do acesso à Justiça qualificado, além de contextualizar a criação das Pequenas Cortes e o desenvolvimento do *access to justice movement* no Brasil.

Nos capítulos seguintes, lançando mão de dados estatísticos, busco averiguar a qualidade da prestação jurisdicional dos Juizados Especiais Cíveis.

Para tanto, no capítulo III, investigo o funcionamento da conciliação nas Pequenas Causas, forma mais adequada de solucionar as demandas de pequeno valor ou complexidade. No capítulo IV, tento quantificar os casos em que o litígio é, de fato, solucionado pelos Juizados, de modo a aferir sua "efetividade".

No capítulo V, procuro aferir o tempo de duração dos processos que tramitam nos Juizados, comparando-os aos prazos legalmente estabelecidos. Por fim, na conclusão do trabalho, procedo à avaliação da qualidade dos Tribunais de Pequenas Causas, com base na compilação e na articulação dos dados estatísticos apresentados nos capítulos anteriores.

---

[7] Cappelletti e Garth (2002:12-13). No mesmo sentido, Friedman (1989:17).
[8] Não se pode ignorar, ademais, a necessidade de conhecimento da realidade socioeconômica (Watanabe, 1998:128, 134; Haney, [19--?]).

3. Metodologia

O método e a pesquisa[9] utilizados variam de acordo com as especificidades de cada capítulo. Em termos genéricos, a investigação será conduzida com base no método hipotético-indutivo,[10] mediante a formulação de uma hipótese — os Juizados Especiais têm promovido acesso à Justiça qualificado à população — que será testada em face de três variáveis objetivas (acordo, efetividade e tempo).

Os capítulos I e II, de caráter exploratório,[11] lastreiam-se em pesquisa bibliográfica.[12] Neste ponto, esclareço que a tradução livre dos textos estrangeiros é de minha autoria, exceto se indicado de forma diversa.

Nos capítulos III a V, lançarei mão de dados estatísticos para avaliar a qualidade dos serviços prestados pelos Juizados Especiais, investigando o funcionamento da conciliação, a efetividade do processo e o tempo de duração das demandas. Em todos eles, uso a pesquisa bibliográfica para embasar o traçado de modelos teóricos e, em seguida, cuido dos dados empíricos relativos ao tema.

Para tanto, faço uso de informações que foram extraídas do banco de dados da Pesquisa Nacional sobre os Juizados Especiais Cíveis realizada pelo Cebepej (Centro Brasileiro de Estudos e Pesquisas Judiciais), em parceria com a SRJ/MJ (Secretaria de Reforma do Judiciário do Ministério da Justiça), sob orientação dos professores Kazuo Watanabe e Maria Tereza Sadek, em que atuei como coordenadora executiva.

Quanto à utilização das informações da Pesquisa realizada pelo Cebepej, é preciso fazer dois esclarecimentos importantes. Primeiramente, informo ter obtido expressa autorização da Secretaria de Reforma do Judiciário do Ministério da Justiça e do Cebepej para empregá-las neste trabalho.

Em segundo lugar, ressalto que, mais do que reproduzir a pesquisa do Cebepej, a intenção é apresentar informações inéditas, obtidas de cruzamentos entre as

---

[9] Enquanto a pesquisa é a busca de respostas para indagações formuladas, o método consiste no conjunto de processos ou operações mentais empregados na investigação. Dessa forma, o método exerce uma função instrumental em relação à pesquisa, sendo uma ferramenta para viabilizá-la.

[10] O método hipotético-indutivo, construído por Karl Popper, "consiste na construção de conjecturas, que devem ser submetidas a testes, os mais diversos possíveis, à crítica intersubjetiva, ao controle mútuo pela discussão crítica, à publicidade crítica e ao confronto com os fatos, para ver quais as hipóteses que sobrevivem como mais aptas na luta pela vida, resistindo, portanto, às tentativas de refutação e falseamento". Góes Júnior. Disponível em: <www.geocities.com/athens/agora/4197/CURSO. html#conteudo4>. Acesso em: 20 nov. 2007.

[11] A exploração visa proporcionar maior familiaridade com o problema, para torná-lo explícito ou para construir hipóteses. Góes Júnior. Disponível em: <www.geocities.com/athens/agora/4197/CURSO. html#conteudo4>. Acesso em: 20 nov. 2007.

[12] Elaborada a partir de material já publicado, constituído principalmente de livros, artigos de periódicos e material disponibilizado na internet (Silva e Menezes, 2001:21).

diversas variáveis averiguadas naquele estudo.[13] Desse modo, os dados estatísticos utilizados neste estudo são, em sua grande maioria, completamente originais.

Com isso, pretendo aprofundar a investigação já iniciada sobre os Juizados Especiais, por meio da introdução de novos elementos que possibilitem realizar uma reflexão ainda mais minuciosa sobre o tema.

Ao longo do trabalho, invocarei também, sempre que pertinentes: (i) informações extraídas da observação dos Juizados Especiais brasileiros e das Small Claims Courts da cidade de Nova York; (ii) trechos de entrevistas abertas realizadas com servidores, juízes, usuários, advogados e conciliadores dos Juizados Especiais brasileiros e das Small Claims Courts de Nova York.

Em posse desses elementos, a análise será orientada não apenas por objetivos exploratório-descritivos, mas também explanatório-causais. É preciso enfatizar, contudo, que, mais do que apontar causas definitivas para os fenômenos observados, o propósito é delinear algumas "possíveis" justificativas que permitam conhecer, com mais profundidade, a realidade dos Juizados.

Ressalto também que, embora oportuna e pontualmente sejam apresentadas algumas propostas para o aprimoramento das Pequenas Causas, este "não" é o escopo desta obra, calcada na aferição do seu funcionamento.

Este estudo, portanto, é, essencialmente, um "exercício de compreensão" dos Juizados Especiais Cíveis, realizado por meio do isolamento de algumas variáveis (adequação, efetividade e tempo) e da análise de seu comportamento em função de tais parâmetros.

3.1. A pesquisa sobre os Juizados Especiais Cíveis do Cebepej

O Cebepej, Centro Brasileiro de Estudos e Pesquisas Judiciais, é um centro multidisciplinar que agrega profissionais das áreas do direito, ciência política, antropologia, economia, estatística, entre outras, e realiza estudos e pesquisas sobre o sistema judicial brasileiro.

Presidido pelo dr. Kazuo Watanabe e orientado pela dra. Maria Tereza Sadek, foi fundado em 1999, a partir da constatação de que, em regra, a análise do Poder Judiciário não se pauta em critérios científicos, mas apenas e tão somente nas impressões pessoais dos avaliadores.

Entre os objetivos institucionais do Cebepej, estão: (i) a promoção de pesquisas implementadas com base em dados estatísticos e estudos científi-

---

[13] Os cruzamentos foram preparados por Fernão Dias de Lima, responsável pelo processamento dos dados da pesquisa do Cebepej.

cos criteriosos acerca da problemática sociojurídica; (ii) a análise do Poder Judiciário e dos problemas que o afetam, com a proposição de soluções de aprimoramento, para que se torne mais eficiente, organizado e atualizado; (iii) a elaboração de projetos de lei, com base nos estudos e pesquisas realizados, encaminhando-os aos órgãos competentes.

Cientes da importância dos Juizados Especiais Cíveis para a efetivação do acesso à Justiça, os estudiosos do Cebepej realizaram uma pesquisa para diagnosticar o funcionamento das Pequenas Causas no Estado de São Paulo, financiada pela Fundação de Amparo à Pesquisa do Estado de São Paulo (Fapesp).[14]

Diante dos resultados positivos dos trabalhos, a Secretaria da Reforma do Judiciário do Ministério da Justiça solicitou ao Cebepej que ampliasse o âmbito da pesquisa para todo o país, de modo a elaborar um perfil abrangente dos Juizados Especiais Cíveis.

Para tanto, foram selecionadas as seguintes capitais brasileiras: Belém (PA), Belo Horizonte (MG), Fortaleza (CE), Goiânia (GO), Macapá (AP), Porto Alegre (RS), Rio de Janeiro (RJ), Salvador (BA) e São Paulo (SP).

A amostra contempla casos distribuídos no ano de 2002, exceto no Rio Grande do Sul, onde, em virtude da incineração das ações distribuídas naquele ano, utilizaram-se reclamações iniciadas em 2003. Por seu turno, os trabalhos de campo foram realizados no ano de 2005, com exceção de São Paulo, onde a coleta foi feita em 2006.

Em todo o Brasil, foram analisados aproximadamente 6 mil processos, rigorosamente selecionados com base em critérios estatísticos. A metodologia, c cálculo das amostras e os resultados obtidos na Pesquisa podem ser conferidos no relatório *Juizados Especiais Cíveis: estudo*.[15]

Buscou-se investigar, entre outros, a caracterização dos usuários dos Juizados Especiais Cíveis (reclamante e reclamado); a natureza da reclamação; o número de pedidos de indenização por dano moral e de antecipação de tutela; o número de acordos realizados na audiência de conciliação e na audiência de instrução e julgamento; o percentual de cumprimento de acordos; o número de sentenças de mérito proferidas, bem como seu resultado; o percentual de recursos, e qual o resultado de seu julgamento, bem como o prazo médio de cada uma das fases procedimentais.

---

[14] Pesquisa Juizados Especiais e acesso à justiça (2003).

[15] *Juizados Especiais Cíveis: estudo*. Brasília: Ministério da Justiça, 2006b. Disponível em: <www.cebepej. org.br/pdf/DJEC.pdf>. Acesso em: 21 jan. 2008.

I. Caracterização dos Juizados Especiais Cíveis

I.1. Finalidades dos Juizados Especiais

Os Juizados Especiais foram concebidos para "facilitar o acesso à Justiça", a partir da constatação de que causas de pequena expressão econômica não estavam sendo levadas à apreciação do Poder Judiciário — quer pela descrença generalizada nesse órgão; quer pela desproporção entre o valor reclamado e os custos processuais;[16] quer pela desinformação e/ou alienação da população brasileira (Dinamarco, 1998a). Pretendia-se, assim, criar um sistema apto a solucionar os conflitos cotidianos de forma pronta, eficaz e sem muitos gastos.[17]

Ao lado de sua finalidade imediata — promover o acesso à Justiça —, há também algumas finalidades mediatas. Pela difusão da ideia de que as demandas de menor valia também são legítimas e merecem ser apreciadas pela Justiça, as Pequenas Cortes buscam, por via oblíqua, "resgatar a credibilidade popular no Judiciário".[18]

---

[16] Carneiro (1982) registra, por exemplo, que, em maio de 1981, a cobrança de uma dívida de 50 mil cruzeiros custava ao autor 60 mil cruzeiros, chegando a 80 mil cruzeiros se houvesse necessidade de realizar perícia.

[17] Os juizados inserem-se na terceira onda do movimento do acesso à Justiça, focada na sua efetividade. Vide, a respeito, o item II.1.

[18] Conforme alerta Kazuo Watanabe (1985b:1-3, 7), não se deve confundir, contudo, o resgate da credibilidade popular no Poder Judiciário com a tentativa de solucionar a crise da Justiça, que "não é" finalidade idônea do juizado e reclama por mudança de mentalidade dos operadores do sistema de

De fato, os Juizados têm grande influência na percepção do sistema como um todo (Martin, Runkha e Weller, 1990:5), sobretudo porque podem representar a única experiência de Justiça de grande parte da população (Goerdt, 1992:XI).

Além disso, a criação de um sistema simplificado para resolver causas cotidianas objetiva também quebrar a inércia e a indiferença da população brasileira, motivando-a a lutar pelos seus direitos, mesmo os de menor valor — o que "promove a cidadania". Assim, ao possibilitar a correta e eficiente defesa desses direitos, os Juizados têm um caráter educativo (Dinamarco, 1985a:198).

Concebidos para que a comunidade participe do processo de solução das controvérsias — atuando, voluntariamente, na função de conciliador e árbitro —, os Juizados Especiais também pretendem viabilizar a "participação social na administração da justiça" (Watanabe, 1985b:1-7).

Ao criar uma arena diferenciada para julgar conflitos de pequena monta ou complexidade, buscou-se "mudar a mentalidade dos operadores de direito", estabelecendo-se, aos poucos, uma cultura judiciária menos burocratizada e mais informal. Por fim, por centrar seus esforços na conciliação, pretendeu-se promover a "cultura da paz".

Para atingir suas finalidades, o sistema foi dotado de algumas características destinadas a neutralizar os óbices do acesso à Justiça. Tencionando transpor as barreiras econômicas, estabeleceu-se que as custas, em primeiro grau, seriam gratuitas e a contratação de advogado, facultativa. Na tentativa de eliminar a burocracia e a sacramentalidade típicas do Judiciário, a lei fixou os princípios da oralidade, simplicidade, informalidade, economia processual e celeridade como nortes das Pequenas Causas.

Por seu turno, para viabilizar os mencionados princípios, previu-se, entre outras medidas, a possibilidade de formular o pedido e apresentar contestação oralmente, além do registro das audiências em fitas magnéticas, destruídas após o trânsito em julgado da sentença. Ainda, fortaleceu-se o papel do magistrado, mais ativo, com amplos poderes na condução do processo, instrução probatória e decisão.

Justiça, dotação orçamentária, autonomia, infraestrutura material, entre muitas outras. Nesse sentido, José Eduardo Faria (1992:141) anota que os juízes estão atentando à necessidade de recuperar a credibilidade do Judiciário perante a população, que não é capaz de compreender a dimensão kafkiana do funcionamento dos tribunais.

A criação de um sistema recursal próprio[19] viabilizou a instituição de um procedimento célere, e, sobretudo, desvinculado da Justiça comum.

Por fim, e mais importante, para que a prestação jurisdicional fosse adequada aos tipos de demanda solucionadas nos Tribunais de Pequenas Causas, instituiu-se uma nova modalidade de prática judiciária, adequada às demandas de menor valor e/ou complexidade, calcada essencialmente na lógica da "composição amigável" em detrimento da "decisão judicial". Para tanto, foi criada uma figura diversa do magistrado: o conciliador.[20]

Para André Luiz Faisting (1999), com a instalação dos Juizados Especiais Cíveis no Brasil, ocorreu um processo de "dupla institucionalização" do Poder Judiciário, coexistindo a justiça formal, calcada na decisão, e a justiça informal, embasada na conciliação.

Diante desse cenário, é evidente que o sucesso dos Juizados depende da mudança da mentalidade de seus operadores (Sadek, 2006:251), que precisam se adequar ao novo paradigma criado para solucionar conflitos de pequena monta. Para tanto, é indispensável que atuem com exclusividade nesse sistema, para que não se corra o risco de contaminá-lo com a cultura da Justiça comum.

De outra sorte, verifica-se que a criação das Pequenas Causas foi ao encontro do movimento de acesso à Justiça "efetivo" (Cappelletti e Garth, 1981:72), que reclama pelo reconhecimento das diversas espécies de direitos e seu tratamento por meio de estratégias apropriadas,[21] aderentes à sua natureza (Friedman, 1981:251, 266-267).

Por tal razão, é preciso ter em mente que os Juizados foram estruturados para solucionar, de forma adequada, uma categoria bastante específica de interesses: cotidianos, de baixo valor ou complexidade[22] e, sobretudo, de impactos restritos aos litigantes.[23]

---

[19] Órgão colegiado composto por três juízes em exercício no primeiro grau de jurisdição.

[20] Vide, a respeito do conciliador, o item III.2.2.

[21] Kazuo Watanabe (1998:132) anota que não se pode pensar numa mesma Justiça para todo e qualquer tipo de conflito; ao revés, a multiplicidade de conflitos de configurações váriadas requer a estruturação da Justiça de forma a corresponder adequadamente às exigências características de cada tipo de litígio.

[22] Como anota Kazuo Watanabe (1985b:7), "é a Justiça do cidadão comum, que é lesado nas compras que faz, nos serviços que contrata, nos acidentes que sofre, enfim, do cidadão que se vê envolvido em conflitos de pequena expressão econômica, que ocorrem diariamente aos milhares, sem que saiba a quem recorrer para solucioná-los".

[23] Não ignoro, com isso, os amplos efeitos da tutela jurisdicional, como a potencialidade de orientar comportamentos futuros e mesmo de implementar, ainda que de forma atomizada, os preceitos legais, como observado por Salles (1999:37-39); a intenção, ao revés, é enfatizar que os Juizados "não" se prestam a tutelar interesses coletivos.

Para que as Pequenas Causas possam prestar um serviço jurisdicional de qualidade, é imperioso que "apenas" solucionem esses tipos de conflitos,[24] já que eventuais distorções na sua atuação podem comprometer a sua capacidade de processamento.[25]

I.2. Experiências anteriores no tratamento de Pequenas Causas e Conciliação

Até a edição da Lei das Pequenas Causas, em 1984, jamais houve, entre nós, um "sistema" diferenciado para cuidar de causas de menor valor ou complexidade. Tem-se registro, apenas, de iniciativas pontuais que guardam, em maior ou menor escala, similitude com os Juizados Especiais: conciliação;[26] arbitragem;[27] simplificação procedimental com base no valor ou natureza da demanda[28] ou mesmo criação de figuras diversas do juiz togado.[29]

Merecem destaque, pela pertinência temática e pelo seu efetivo aproveitamento nesta obra, sendo oportunamente invocados ao longo do trabalho: procedimento sumaríssimo; conciliação obrigatória, a cargo do juiz de paz; audiência preliminar e suas modificações.

---

[24] Nesse contexto, fica evidente a inadequação das inúmeras tentativas de ampliar a competência dos Juizados Especiais. Vide, a respeito, o item I.4.

[25] Vide, a respeito, o item III.2.3 e Watanabe et al. (2004:798-800).

[26] Além da conciliação prevista pela Constituição do Império e, posteriormente, pelo Código de Processo Civil de 1973 — das quais tratarei a seguir —, as Ordenações do Reino também cuidavam do instituto, sem a obrigatoriedade requerida pela Carta Imperial. Nas Ordenações, a tentativa de acordo era considerada "dever moral" do juiz, que deveria alertar as partes sobre os riscos e custos da demanda judicial (Ordenações Afonsinas, Livro III, Título XX, §5º; Ordenações Filipinas, Livro III, Título XX, §1º).

[27] A arbitragem tem tradição em nosso ordenamento, sendo prevista desde as Ordenações do Reino.

[28] A simplificação de procedimentos em razão da natureza e do valor da causa não é novidade entre nós. No Brasil Colônia — mesmo sob a égide das Ordenações do Reino de Portugal, marcadas pelo formalismo excessivo —, as demandas de alçada do juiz ordinário até quatrocentos réis que versassem sobre bens móveis eram submetidas ao rito verbal e sumário. Por seu turno, o juiz das vintenas e o almotacé, que cuidavam das contendas de vizinhança, conduziam os julgamentos com brevidade, sem processos e grandes escrituras. No Império, o Código Comercial e os respectivos regulamentos nos 737 e 738, que disciplinaram o processo mercantil, estabeleceram — em resposta às necessidades dos mercadores — um procedimento diferenciado para o julgamento de causas comerciais, marcado pela brevidade e sumariedade (Azevedo, 1988:130-133).

[29] No período colonial, havia uma infinidade de figuras com funções jurisdicionais, como o juiz ordinário, o juiz de fora-parte, o juiz das vintenas, o almotacé, o juiz árbitro etc. Mais recentemente, a Carta de 1967 determinou a criação de juízes togados com investidura limitada no tempo, com competência para julgar causas de pequeno valor, podendo substituir juízes vitalícios (art. 136, § 1º, alínea b), que, contudo, não foram instituídos entre nós. Observe-se que os juízes leigos não foram previstos pela Lei das Pequenas Causas, mas sim pela Lei nº 9.099/95, sob a égide da Constituição de 1988.

I.2.1. Procedimento sumaríssimo

O Código de Processo Civil (CPC, Lei nº 5.869, de 1973) previa que o procedimento comum seria ordinário ou sumaríssimo[30] (redação original do art. 272), sendo, este último, a experiência brasileira mais semelhante aos Juizados Especiais, por conferir tratamento diferenciado a determinadas causas, com base em sua natureza e valor.[31]

Diversamente das Pequenas Causas, contudo, o procedimento sumaríssimo era operado pelo mesmo juiz que conduzia o rito ordinário e desenvolvido na mesma arena daquele: a Justiça comum.

O CPC estipulava que o sumaríssimo deveria durar, no máximo, 90 dias (art. 281) e, para tanto, previa um procedimento mais conciso para causas que não exigiam ampla atividade probatória, dando ênfase à oralidade,[32] economia e celeridade processuais (Carneiro, 2001:111).

Em sua criação, o procedimento foi muito criticado pela doutrina, por ter sido instituído sem o respectivo procedimento "sumário" (Bermudes, 1994b:91-93) e por sua impossibilidade de aplicação prática, em virtude dos excessos tecnicistas típicos do Código Buzaid (Barbosa Moreira, 1984c:6).

O insucesso do rito foi constatado, inclusive, em pesquisa empírica realizada no Rio de Janeiro por Miranda Rosa.[33] Assim, por não ter funcionado a contento, produzindo resultados bem inferiores ao esperado, o sumaríssimo foi substituído pelo rito sumário (Lei nº 8.952/94).

Entre as causas do seu fracasso, a doutrina aponta o acúmulo de serviços, a onerosa pauta dos juízes e a impossibilidade de julgamento antecipado da

---

[30] A denominação observava a regra constitucional de que a lei poderia instituir processo e julgamento de rito sumaríssimo, observados os critérios de descentralização, economia e de comodidade das partes (art. 112, § único, da Carta de 1969).

[31] Pela redação original do CPC, o sumaríssimo era cabível em causas de até 20 salários mínimos (a exemplo dos Juizados Especiais de Pequenas Causas), além de outras elencadas no art. 275: (i) reivindicação de coisas móveis e de semoventes; (ii) arrendamento rural e de parceria agrícola; (iii) responsabilidade pelo pagamento de impostos, taxas, contribuições, despesas e administração de prédio em condomínio; (iv) ressarcimento por danos em prédio urbano ou rústico; (v) reparação de dano causado em acidente de veículo; (vi) cobrança dos honorários dos profissionais liberais, não sendo cabível nas ações relativas ao estado e à capacidade das pessoas. Menos de um ano após a sua edição, a Lei nº 5.925/73 alterou a redação do art. 275, e, por fim, a reforma de 1994 o substituiu pelo procedimento sumário.

[32] Era possível, como no procedimento dos Juizados, apresentar contestação oral.

[33] A pesquisa constatou que os processos de rito sumaríssimo não eram tão rápidos quanto se esperava, não havendo diferenças significativas no tempo de finalização de um e outro procedimento: 358 dias para o rito sumaríssimo (contra 90 dias previstos pela lei) e 404 dias para o ordinário (Miranda Rosa, 2001).

lide em razão da obrigatoriedade da audiência conciliatória. Como afirmava Athos Gusmão Carneiro (1998:341), quando o procedimento ainda estava em vigor: "a bem da celeridade, é preferível ajuizar um processo sob o rito ordinário do que sob o rito sumaríssimo".

Segundo Kazuo Watanabe, com quem concordo, a principal justificativa para a falência do procedimento reside no fato de que o mesmo juiz operava ambos os ritos (ordinário e sumaríssimo) no mesmo local (Justiça comum), o que impedia a condução apartada dos ritos e a criação de uma nova mentalidade, mais informal e menos burocrata.[34]

I.2.2. Conciliação obrigatória a cargo do juiz de paz

Estabelecida pela Carta Imperial, a conciliação obrigatória era condição de procedibilidade (Grinover, 1998a:93-96) para a propositura da demanda judicial:[35] nenhuma ação poderia ser proposta sem a prévia tentativa de composição amigável, extrajudicial, conduzida pelo juiz de paz.[36]

Escolhido mediante sufrágio, o juiz de paz não precisava ter formação jurídica, bastando ser eleitor — o que pressupunha maioridade civil (21 anos), renda anual líquida superior a 200 mil réis, ausência de antecedentes criminais e domicílio no local de atuação há pelo menos dois anos (Vieira, 2002:172).

A vantagem do instituto era conferir a uma figura diversa do juiz togado a missão de conciliar e julgar causas mais simples. Inicialmente dotado de amplos poderes[37] — conciliatórios, judiciários, administrativos e até policiais (Azevedo, 1988:117-121, 130-133) —, o juiz de paz chegou a ser considerado "o único garantidor dos direitos individuais" num Império vasto e sem organização judiciária (Mendonça, 1889:VII-XVI).

---

[34] Watanabe (2006a:11). Merece registro — com ressalvas, por se tratar de um estudo de caso que não permite tecer conclusões generalizantes — pesquisa recentemente publicada, que concluiu que o rito "sumário" apresentou, nos casos pesquisados, uma redução de 30% em relação ao processo de rito "ordinário" (Análise da gestão de funcionamento dos cartórios judiciais, 2007:27).

[35] Em complementação, o Decreto de 17 de novembro de 1824 determinou que o art. 161 da Constituição fosse observado por juízes e autoridades competentes.

[36] Art. 161. Sem se fazer constar, que se tem intentado o meio da reconciliação, não se começará Processo algum. Art. 162. Para este fim haverá juízes de Paz, os quais serão eletivos pelo mesmo tempo, e maneira, por que se elegem os Vereadores das Câmaras, suas atribuições, e Distritos serão regulados por Lei.

[37] Durante a votação da Lei Orgânica dos juízes de paz, formaram-se duas correntes antagônicas acerca dos seus poderes, saindo vitoriosa a tendência ampliativa.

Contudo, com o tempo, passou a ser criticado[38] por seu desconhecimento legal; espírito partidário; escassa formação e ausência de força moral para convencer as partes.[39] Seu despreparo (em geral, limitava-se a "presidir materialmente o ato conciliatório", cujo alcance desconhecia) verteu a tentativa de acordo obrigatória em uma "inutilidade dispendiosa", sem qualquer resultado prático (Mendonça, 1889:IX, XVII, XIV), o que gerou sua supressão, em 1890.[40] Como se vê, ao invés de garantir a eficiência da técnica, a obrigatoriedade da conciliação, divorciada do preparo do juiz de paz, tornou-a uma mera formalidade procedimental.

Ao lado da sua falta de capacitação, a doutrina aponta, ainda, a inabilidade do legislador e dos implementadores do instituto como justificativas ao seu fracasso (Azevedo, 1988:130-133).

Embora quase todas as Constituições posteriores tenham previsto o juiz de paz,[41] seu poder foi sendo gradativamente reduzido, limitando-se, atualmente, a habilitação e casamento. A Carta de 1988 tencionou alterar esse quadro, conferindo-lhe também funções conciliatórias sem caráter jurisdicional, além de autorizar a lei ordinária a prever-lhe outras atribuições (art. 98, inciso II).[42]

Ainda assim, todavia, não há, no Brasil, terreno fértil para o seu fortalecimento.[43] A resistência cultural generalizada — prevalece, entre os operadores do direito e os próprios jurisdicionados, a cultura da solução "adjudicada"

---

[38] Para Roque Komatsu (1978:56), apoiado em Cândido Mendes de Almeida e Sebastião de Souza, a adoção do juiz de paz entre nós foi inútil, pois já estava superado no direito português, que reintegrara os poderes conciliatórios ao juiz da causa. Contrariamente, em 1889, José Xavier Carvalho de Mendonça (1889:VII-XVI) lamentava o enfraquecimento dos juízes de paz. Segundo o autor, somente a justiça de paz — breve e despida das formalidades criadas "pela chicana e a alicantina" para vencer pelo cansaço quem tinha razão — era apta a realizar a ideia da justiça "com facilidade, prontidão e verdade".
[39] Baptista (1855). Também citado por Komatsu (1978:63).
[40] O Decreto nº 359, de 1890, suprimiu a obrigatoriedade da conciliação prévia por concebê-la como uma "coação moral em que são postos os cidadãos pela autoridade pública encarregada de induzi-los a transigir sobre os seus direitos para evitar que sofram mais com a demora e incerteza da justiça constituída". A obrigatoriedade era o ponto mais criticado do instituto, por causar ônus de ordem financeira e temporal às partes.
[41] Com exceção das Constituições de 1891 e 1946, todas as Cartas Brasileiras (1934; 1937; 1967; 1969; 1988) trataram do juiz de paz, cujas funções oscilavam entre a estritamente conciliatória e a conciliatória e jurisdicional.
[42] A Constituição de 1988 determina a criação da justiça de paz pela União e pelos estados, com as seguintes características: (i) remuneração do juiz de paz; (ii) eleição dos juízes por voto direto, universal e secreto; (iii) mandato de quatro anos; (iv) ampliação de sua competência: além da habilitação e celebração de casamentos, passa a poder exercer atribuições conciliatórias sem caráter jurisdicional; (v) autorização para que a lei ordinária preveja-lhe outras atribuições (art. 98, inciso II).
[43] Acerca das razões do fracasso do instituto nos Estados Unidos, vide Steele (1981), Vanlandingham (1963-1964), Smith (1927) e, entre nós, Miranda Rosa (1981).

advinda da "autoridade" (Watanabe, 2003:44) —, a concepção formalista da justiça (Lopes, 2002:75) e o temor dos juízes em perder seu monopólio jurisdicional, constituem, certamente, óbices à atuação mais ampla do juiz de paz entre nós.[44]

I.2.3. Audiência preliminar

O Código de 1939 silenciou acerca da tentativa de acordo, que não passou despercebida pelo Código de Processo Civil de 1973, que cuidou da conciliação judicial no processo civil ordinário, a cargo do juiz da causa, realizada no início da instrução (arts. 447 e 448, CPC).[45]

Esse arranjo não funcionou a contento, pois o juiz — formado na lógica da decisão (Watanabe, 2005a) — não se empenhava, com afinco, na promoção do acerto, passando, sem demora, à produção de provas.

Por tal razão, a Lei nº 8.952, de 1994 — sem revogar as regras do 447 e 448, que, portanto, subsistem[46] —, alterou a redação do art. 331, do CPC (que trata do saneamento do processo), instituindo, nesta fase procedimental, uma audiência "apartada da instrução", para tentar pacificar as partes.[47]

A chamada "audiência preliminar" tinha, inicialmente, caráter obrigatório, e sua supressão implicava nulidade (Carneiro, 2001:105). Contudo, a promoção do acordo era apenas uma de suas possibilidades, ao lado da apreciação das preliminares arguidas e do próprio saneamento processual, obedecendo à tríade "conciliação/saneamento/organização" (Dinamarco, 1996:117-118).

Diante desse quadro, fica fácil perceber que o magistrado — que atua, como já dito, na cultura do litígio, sendo pouco familiarizado com as técnicas

---

[44] Merece menção o recém-criado Instituto de Integração Nacional da Justiça de Paz do Brasil (IINJP-BR). O Estatuto Social, datado de setembro de 2007, prevê, entre os objetivos sociais da entidade, a elaboração do Anteprojeto de Lei Complementar para regulamentar a competência do juiz de paz prevista pelo art. 98, inciso II, da Constituição. Disponível em: <www.iinjp.org.br/>. Acesso em: 20 nov. 2007.

[45] Art. 447. Quando o litígio versar sobre direitos patrimoniais de caráter privado, o juiz, de ofício, determinará o comparecimento das partes ao início da audiência de instrução e julgamento. Art. 448. Antes de iniciar a instrução, o juiz tentará conciliar as partes. Chegando a acordo, o juiz mandará tomá-lo por termo.

[46] O art. 331 regula a tentativa de acordo na "audiência de conciliação", enquanto o art. 448 trata da promoção do acerto no início da "audiência de instrução". Ademais, a regra geral do art. 125, inciso I, do CPC, permite que o juiz, a qualquer tempo, tente promover a conciliação entre as partes.

[47] Art. 331. Se não se verificar qualquer das hipóteses previstas nas seções precedentes e a causa versar sobre direitos disponíveis, o juiz designará audiência de conciliação, a realizar-se no prazo máximo de 30 (trinta) dias, à qual deverão comparecer as partes ou seus procuradores, habilitados a transigir (Lei nº 8.952/94).

de conciliação — não se empenhava na promoção do acordo, concentrando-se nas etapas seguintes.

A prática demonstrou que a fixação de uma audiência separada não propiciou, como se esperava, melhora nos índices de composição amigável. Na verdade, quer na audiência una, quer na audiência preliminar, o juiz não se esforçava para firmar os acordos, procedendo ao saneamento e à organização do feito.

Assim, a exemplo do que ocorrera na época do Império, a indispensabilidade da tentativa de acordo não garantiu o sucesso da técnica, novamente vertida em uma formalidade custosa às partes.

Isso gerou uma nova reformulação do art. 331, que suprimiu a obrigatoriedade da audiência conciliatória, cuja realização seria determinada pelo juiz, com base na avaliação do caso concreto;[48] quanto ao saneamento, caso não houvesse acordo, seria realizado por escrito, como no regime anterior à reforma de 1994 (Dinamarco, 2002a:108).

As constantes reformas do art. 331, do CPC, revelam que a conciliação não tem funcionado de forma satisfatória na Justiça comum.[49] Como observa Kazuo Watanabe, embora a modificação de 2002 objetivasse fazer com que o juiz tivesse um papel mais ativo antes do saneamento, envolvendo-se mais intensamente nas técnicas de pacificação das partes, esse objetivo parece não estar sendo alcançado:

> Dependendo da mentalidade ou da formação do juiz, ele está transformando esse procedimento numa mera formalidade: designa-se uma audiência para este fim, pergunta-se às partes se há ou não possibilidade de acordo; à negativa, ele profere o saneador[50] e, depois, a instrução da causa, se for o caso (Watanabe, 2003:47).

Acredito que o insucesso da conciliação na Justiça comum decorre, basicamente, de dois fatores: primeiramente, a tarefa de conciliar é atribuída ao juiz

---

[48] Art. 331, §3º. Se o direito em litígio não admitir transação, ou se as circunstâncias da causa evidenciarem ser improvável sua obtenção, o juiz poderá, desde logo, sanear o processo e ordenar a produção da prova, nos termos do §2º (Lei nº 10.444/2002).

[49] Não se pode esquecer que há um Projeto de Lei em tramitação acerca da instituição da mediação judicial e extrajudicial no processo civil (originalmente PL nº 4.827/98, vertido em PLC nº 94/02 no Senado Federal e, aprovado com alterações, foi novamente remetido à Câmara). Não se pode ignorar, ademais, os Provimentos CSM nº 796/2003 e nº 864/2004, fruto de bem-sucedidos projetos piloto desenvolvidos pelo Cebejep, que instituíram o Setor de Conciliação em primeira instância no Tribunal de Justiça do Estado de São Paulo. Merece menção, ainda, neste estado, o setor de conciliação implementado em segundo grau.

[50] Originalmente, a lei tratava do *despacho saneador*, expressão alterada para *saneamento do processo*.

(e não a um sujeito alheio ao julgamento da demanda), que, além disso, não recebe qualquer treinamento para desenvolver a atividade a contento.

Ademais, embora a conciliação seja uma ótima medida para solucionar os conflitos, ela exige, no saneamento do feito, uma leitura atenta dos casos passíveis de composição amigável — além do agendamento da audiência de tentativa de conciliação e, ainda, o empenho do juiz na promoção do acerto entre as partes.

Nesse sentido, pela sua falta de preparo em técnicas conciliatórias, aliada ao seu imenso volume de trabalho,[51] o juiz acaba substituindo a tarefa pelo julgamento antecipado da lide, ou pelo prosseguimento do feito, passando à produção probatória (Lacerda, 1990:57 e segs.).

I.3. A criação dos Juizados Especiais Cíveis no Brasil

I.3.1. O Ministério da Desburocratização e a recepção das Small Claims Courts de Nova York (1979-1980)

Embora o Brasil tenha experiências isoladas no tratamento de pequenas causas e de meios alternativos de solução de litígios, não há qualquer relação de continuidade entre essas práticas e a criação dos Juizados Especiais Cíveis (Lorencini, 2002:5), inspirados no direito americano (Carneiro, 1985:23-25).

Assim que assumiu o governo, em 1979, o general João Baptista Figueiredo[52] criou o Programa Nacional de Desburocratização, incluindo a criação do respectivo ministério, assumido por Hélio Beltrão. A nova pasta tinha por objetivo "dinamizar e simplificar" o funcionamento do Poder Executivo (art. 1º, Decreto nº 83.740, de 18 de julho de 1979), o que, em tese, excluía temas relacionados aos outros poderes da pauta de discussões.

Contudo, ao estabelecer um canal de comunicação com a sociedade, para que fossem apresentadas críticas e sugestões de melhoria administrativa, o Ministério recebeu inúmeras reclamações sobre o Poder Judiciário, referentes, em sua maioria, a causas de pouco valor e complexidade jurídica. Para Piquet

---

[51] Como anota Barbosa Moreira (1984a:53), o papel ativo do juiz cede em razão do alegado excesso de trabalho, sem perceber, contudo, que essa atividade acabaria por diminuir a sua carga de tarefas.

[52] Em 1979, encerrado o governo Geisel, assume a Presidência da República o general João Batista Figueiredo. A forte recessão econômica, os baixos salários e a concentração de renda causaram a eclosão de inúmeras greves pelo país. Foi em seu governo que surgiu o movimento pela democratização do país (Diretas Já).

Carneiro, a justiça morosa e ineficaz era percebida como "parte do fenômeno burocrático" pelos brasileiros, incapazes de diferenciar o Poder Executivo do Judiciário.[53]

A partir dessa constatação, embora não fosse a vocação original de sua pasta, o ministro Hélio Beltrão nomeou o secretário executivo Piquet Carneiro para conhecer a experiência alienígena no tratamento de causas de pequeno valor. Em setembro de 1980, Piquet Carneiro (1985:23-25) realizou uma visita às Small Claims Courts de Nova York e, positivamente impressionado com a experiência,[54] concebeu a criação dos Juizados de Pequenas Causas brasileiros, motivada pela ampliação do acesso à Justiça pela população mais carente.[55]

Assim, além de instituídos por iniciativa do governo — curiosamente, sem a participação do Ministério da Justiça (Faisting, 1999:44) — os Juizados de Pequenas Causas brasileiros foram transplantados do sistema americano, de *common law*, estruturalmente diverso de nosso ordenamento, de tradição civilista (Lagrasta Neto, 1985).

Nesse contexto, é importante avaliar a pertinência da recepção[56] das Small Claims Courts do direito americano pelo direito brasileiro. Embora não ignore a complexidade da transposição de institutos e sistemas judiciários estrangeiros, Piquet Carneiro (1985) defende que a assimilação do modelo novaiorquino foi possível por:

(i) tratar-se de experiência relativamente nova, desenvolvida a partir de problemas comuns aos grandes centros urbanos;
(ii) ter sido precedida de um amplo debate nacional, que permitiu sua adequação ao contexto jurídico-social brasileiro.

As justificativas de Piquet Carneiro para a importação das Pequenas Causas merecem algumas ressalvas.

Primeiramente, a experiência americana não é tão nova assim: além de criadas em 1913 (Pound, 1913:319), as Small Claims Courts resultam de um longo desenvolvimento histórico, forjado por constantes críticas ao sistema

---

[53] Esse não é um fenômeno exclusivamente brasileiro, tendo sido também diagnosticado por Toharia, na Espanha, e por Héctor Fix-Fierro (2003:4).
[54] Vide, a respeito dos argumentos invocados para a implantação das Pequenas Causas entre nós, inclusive com a invocação de dados estatísticos, o artigo publicado por Carneiro (1982).
[55] Em entrevista concedida recentemente acerca do Ministério da Burocratização, Piquet Carneiro (2007) revelou considerar os Juizados Especiais como o maior legado de sua pasta.
[56] O fenômeno de recepção do direito positivo consiste na adoção de um sistema legislativo ou instituto jurídico por um país, inspirado em experiências alienígenas.

de Justiça e seguidos movimentos reformistas, gestados desde o século XIX pelos colonos ingleses, que reclamavam uma forma de solucionar seus conflitos de forma rápida e barata, atuando em causa própria, com a dispensa de advogado.[57]

Apesar disso, Piquet Carneiro tem razão quando afirma que o modelo emprestado dos Estados Unidos traz soluções a problemas comuns aos nossos, típicos dos centros urbanos. De fato, as Small Claims Courts nova-iorquinas sofreram uma reformulação recente, nas décadas de 1960/70, após uma grande crise gerada pela explosão da sociedade de consumo e pelo surgimento da sociedade de massa (Steele, 1981:352 e segs.), o que aproxima os cenários americano e brasileiro, ao menos nas grandes cidades.[58]

Outra ressalva tange ao fato de que as discussões acaloradas sobre os Juizados Especiais no Brasil — mais do que adequar o novo instituto à realidade nacional e às necessidades do povo brasileiro, como quer crer Piquet Carneiro — parecem ter atentado aos interesses das diversas classes jurídicas (advogados, promotores e defensores), em resposta à pressão exercida, em maior ou menor escala, por cada um desses grupos.[59]

Ainda assim, considero que a importação das Small Claims Courts por nosso sistema jurídico foi acertada, mesmo porque a recepção, embora mereça ressalvas, não merece ser tratada como um tabu.

Primeiramente, há que se considerar que a hibridação, fenômeno típico de nosso direito,[60] amenizou eventuais choques causados pelo processo de assimilação dos Juizados.

Ademais, a globalização (Dessasso, 2000:25) e a forte influência financeira, política e cultural exercida pelos Estados Unidos em âmbito mundial têm

---

[57] As primeiras Cortes foram criadas em 1913, na cidade de Cleveland, em Ohio. Vide, acerca da instituição das Small Claims Courts nos Estados Unidos, Silverstein (1955:250), Northrop (1940:39), Deemer III et al. (1975:716), Steele (1981). Vide, ainda, o item III.1.1.

[58] Vide item III.1.1.

[59] Isso explica, por exemplo, a inserção do Ministério Público na Lei das Pequenas Causas, resultante de reivindicação do procurador geral: a inadequação da regra é tão grande que os promotores jamais atuaram nos Juizados Cíveis. Vide, acerca dos debates e dos diversos vetores que forjaram a Lei dos Juizados, Cunha (2006:28 e segs.) e Tucci (1985:22 e segs.).

[60] Caetano Lagrasta Neto (1998:40-41) explica que, inicialmente, nosso direito foi verdadeiramente dominado pela metrópole portuguesa (*civil law*), mas, logo em seguida, foi bastante influenciado pelo direito inglês (*common law*), quer nos negócios internos e externos, quer na redação de tratados internacionais, o que gerou um sistema brasileiro resultante de "uma experiência híbrida que não é exclusivamente nossa", moldado, ainda, pela assimilação de "maneiras de vida" e "estados de crise".

promovido a inserção de institutos típicos da *common law* nos países de *civil law*, a exemplo da tutela coletiva de interesses transindividuais.[61]

Aliás, segundo Cappelletti, existe uma tendência evolutiva de convergência dos dois sistemas,[62] fenômeno também observado por Mirjan Damaška (1986), que vislumbra uma aproximação entre os sistemas de justiça decorrente, sobretudo, do empréstimo recíproco de instrumentos processuais.

Por fim, estudo comparativo realizado em Small Claims Courts de diversos países, como Estados Unidos, Inglaterra, Austrália, Alemanha e Japão, concluiu que o instituto se adapta bem a ambos os sistemas (Whelan, 1990b:2), *civil law* e *common law*[63] — que parece decorrer da flexibilidade que lhe é inerente.[64]

Além da discussão genérica sobre o fenômeno da recepção, é importante avaliar se, no mérito, o empréstimo das Small Claims Courts nova-iorquinas foi benéfico e, neste aspecto, visualizo aspectos positivos e negativos.

Favoravelmente, noto que o sistema brasileiro acabou beneficiado pela importação tardia das Pequenas Cortes, pois pôde incorporar, desde logo, medidas que, na América, apenas foram adotadas depois do enfrentamento de profundas crises e grandes debates.

Merece destaque, por exemplo, a proibição de as empresas demandarem nos Juizados: enquanto, entre nós, a vedação foi estabelecida desde o início, foi preciso que as Small Claims Courts enfrentassem o uso abusivo das pessoas jurídicas contra o cidadão para que se compreendesse que sua atuação não era desejável.[65]

Da mesma forma, são de grande valia as lições sobre a reestruturação das Pequenas Cortes depois de seu esgotamento decorrente da explosão de

---

[61] Embora a criação do sofisticado sistema de ações coletivas no Brasil derive dos trabalhos acadêmicos italianos da década de 1970, não se pode esquecer que eles, por sua vez, foram inspirados nas *class actions* americanas (Paschoal, 2007:75).

[62] Afirma Cappelletti (1984:99 e segs.) que, ao lado das muitas diferenças existentes entre os sistemas de *civil* e *common law*, "tendências potentes e múltiplas" de convergência têm ganhado ímpeto, como resposta às profundas e dramáticas metamorfoses da sociedade moderna. Em tom profético, ele acredita que a aproximação pode "abrir um capítulo mais luminoso na fascinante história da civilização jurídica".

[63] No mesmo sentido, Caetano Lagrasta Neto (1998:5) assevera que o exame de experiências similares aos Juizados Especiais Cíveis (Small Claims Courts, *justicia de mínima cuantia*, *shuo-ful*) permite concluir que sua criação independe do sistema jurídico ou das "famílias".

[64] Curiosamente, aliás, a despeito da diversidade não apenas sistêmica, mas também cultural desses países, os problemas apresentados pelas Pequenas Causas são muito parecidos: desvirtuamento das pequenas cortes pela "invasão" das empresas em detrimento dos cidadãos; embates em torno da facultatividade do advogado; a falta de papel adequado às Pequenas Causas por parte dos juízes, entre outros. Vide, a respeito, Whelan (1990:5), Ruhnka e Weller (1978).

[65] Steele, 1981:355-356; Driscoll, 1974:479-483.

consumo nos Estados Unidos (1960/70), mediante alterações procedimentais e mutirões judiciais para reduzir o acervo.[66]

Pode, ainda, servir de modelo — desde que respeitadas as particularidades locais — o aperfeiçoado sistema de *alternative dispute resolution* (ADR)[67] das Small Claims Courts (Steele, 1981:373-376) americanas, nas quais, em alguns casos, apenas 5% das demandas são solucionadas pelo juiz.[68]

Por outro lado, talvez o problema mais grave decorrente da recepção seja que ela não implica também absorção da "mentalidade" dos operadores do direito, que requer tempo para ser alterada (Dinamarco, 2002c:1425-1433). Por tal razão, por exemplo, a despeito da previsão legal, a arbitragem não foi instituída nos Juizados brasileiros[69], e a condução da audiência do Juizado não difere substancialmente da dinâmica da justiça comum.

Além disso, a oralidade (prevista na lei das Pequenas Causas e emprestada do direito americano) foi massacrada pela cultura do papel reinante entre nós.[70] Prova disso é que a gravação dos depoimentos e testemunhos em fitas magnéticas foi sendo paulatinamente substituída pela sua transcrição integral,[71] e a contestação — a despeito do expresso permissivo de ser feita oralmente — é realizada por escrito, não raro em petições enormes.[72]

Como se não bastasse, a intenção original da lei, de substituir os autos processuais por fichas com registros das informações básicas do caso, não emplacou como se pretendia.[73]

---

[66] Nesse sentido, Cappelletti e Garth (2002:6) afirmam que, embora seja difícil transplantar institutos de uma cultura legal a outra, essa operação pode ser bem-sucedida, e isso ocorre mais frequentemente quando o empréstimo é motivado por uma necessidade social, política ou econômica comum entre os países envolvidos.

[67] A sigla ADR (*Alternative dispute resolution*) refere-se aos meios de solução dos litígios diversos da sentença judicial, como mediação, conciliação, negociação e arbitragem.

[68] Este é o índice das Cortes de Manhattan, informado em entrevista aberta realizada com o Sr. Joseph Gebbia (2007), nas Small Claims Courts de Manhattan.

[69] Acerca da arbitragem e das possíveis causas para seu insucesso nos Juizados, vide item I.4.2.

[70] Como assevera Randy P. Wolfe, se a "batalha do papel" já é preocupante, ela toma proporções ainda maiores no sistema de Justiça, com seus crescentes índices de ajuizamento. Merece menção o manual preparado por Wolfe ([19--?]) para a National Center for State Courts, com orientações acerca da administração das *small claims courts*, tratando da forma de registro dos casos, equipamentos necessários, orçamento, além, é claro, de formas de substituir a cultura do papel.

[71] Contrariando esta tendência, o Juizado Especial de Roraima grava as audiências de instrução em áudio e vídeo, o que agilizou consideravelmente a prestação jurisdicional, aumentando, ainda, a capacidade de trabalho dos magistrados e a segurança do reexame da prova (Registro Eletrônico de Audiência, s.d.).

[72] Nos Juizados de São Paulo e Fortaleza, por exemplo, o contencioso da empresa de telefonia fica a cargo de um grande escritório de advocacia, que junta contestações idênticas nos casos repetidos, de mais de 50 laudas.

[73] Cândido Rangel Dinamarco (1986:59) afirmava, com base na regra do art. 14, § 3º, da Lei nº 7.244/84: "no processo das pequenas causas não haverá *autos*".

Merece menção, ainda, o fato de que a solução ao problema do tratamento de causas de menor valor foi dada "de cima para baixo", por iniciativa do Poder Executivo, não havendo qualquer envolvimento direto da população no processo de criação dos Juizados de Pequenas Causas.[74] O sistema de Justiça brasileiro parece não poder contar com a participação social na formação de seus contornos: ao revés, somos um povo acostumado a aguardar as decisões do Estado — ou, por outra, das elites dominantes (Passos, 1985:78).

Esse lamentável fenômeno é perfeitamente compreensível em uma sociedade como a brasileira, cuja modernização foi moldada pela herança escravocrata e rural, com manutenção dos vínculos de dependência/dominação, que geraram intensos abismos socioeconômico-culturais, muito difíceis de serem transpostos (Villas Bôas Filho, 2006:332-342).

Por outro lado, não se pode ignorar que, antes mesmo da promulgação da Lei de Pequenas Causas (1984), em 23 de julho de 1982, a Ajuris (Associação dos Juízes do Rio Grande do Sul) e o Tribunal de Justiça daquele estado implementaram Conselhos de Conciliação e Arbitramento, vulgarmente conhecidos como "Pequenas causas" — inspirados não no modelo nova-iorquino, mas na experiência alemã.

Conforme narra o desembargador gaúcho Guilherme Tanger Jardim (s.d.:40-41), o projeto desenvolveu-se com base na "boa vontade" dos juízes e servidores, que trabalhavam fora do horário de expediente. As partes eram reunidas no salão do Tribunal do Júri e, antes das audiências, ouviam um "verdadeiro sermão" acerca das vantagens do acordo e dos custos financeiros e emocionais do litígio.

No ano seguinte, os estados do Paraná — em conjunto com a AMP (Associação da Magistratura do Paraná) — e da Bahia[75] criaram seus respectivos Conselhos de Conciliação e Arbitramento, embriões dos futuros Juizados (Bacellar, s.d.:2-3).

Os bons resultados ajudaram a demonstrar a vitalidade do novo procedimento (Carneiro, 1985:25) — no primeiro ano de atividade, 65% das causas foram solucionadas pela conciliação[76] — e muito contribuíram para a aprovação da Lei das Pequenas Causas. Dessa forma, ao lado do processo de recepção

---

[74] Houve, ao revés, participação de órgãos de classe, como o Ministério Público, a Ordem dos Advogados, Escolas da Magistratura e defensoria pública. Vide, a respeito, Cunha (2006:10 e segs).

[75] Respectivamente, em 30 de maio e 23 de novembro de 1983.

[76] Apesar do nome, os Conselhos eram muito mais voltados à conciliação do que ao arbitramento, uma vez que apenas 2% dos casos foram solucionados desta forma no primeiro ano de atividade.

do direito americano, é correto afirmar que a criação dos Juizados Especiais também foi impulsionada por uma positiva experiência local, resultante da iniciativa de alguns juízes vocacionados.

I.3.2. Os debates calorosos, a sensibilização dos setores envolvidos e a aprovação da Lei das Pequenas Causas (1981-1984)

Como já mencionado, a principal meta dos Juizados é canalizar para o Judiciário os conflitos de interesses de pequena monta,[77] por intermédio da facilitação do acesso à Justiça, viabilizada pela: (i) gratuidade em primeira instância; (ii) facultatividade da assistência pelo advogado; (iii) simplificação do procedimento e consequente agilização do processo; (iv) completude em dois graus de jurisdição; (v) solução amigável do litígio, promovida por conciliadores voluntários; (vi) ampliação dos poderes decisórios e instrutórios do juiz.

Diante de tamanhas inovações, fica claro perceber que a comissão elaboradora[78] do anteprojeto das Pequenas Causas teria de enfrentar o conservadorismo jurídico brasileiro.

Algumas críticas foram "rudes, acres na crítica, chegando, até, a condenar a elaboração legislativa". Havia embates sobre o critério de competência com base no valor da causa (considerado "deplorável"); insegurança da citação postal; fixação irreal de prazos; desigualdade de tratamento em matéria recursal em relação à justiça comum; excesso de poderes do juiz; inaceitável informalidade do procedimento (chegando-se a afirmar que, em nome de uma aparente rapidez, haveria supressão da segurança da Justiça) e lesão ao duplo grau de jurisdição, por instituir um sistema recursal próprio (Tucci, 1985:35-42).

Os combatentes dos Juizados, como Rogério Lauria Tucci (1985:6-7), defendiam que, em vez de criar as Pequenas Causas, bastaria revitalizar o procedimento sumaríssimo.[79] O argumento foi rebatido pela tese de que, mais do

---

[77] Watanabe (1985b:4). Embora a discussão acerca do monopólio estatal na administração da Justiça fuja aos escopos desta obra, é oportuno anotar que o assunto é polêmico. Por exemplo, para Marc Galanter (1981), a quarta onda de direitos deveria explorar a possibilidade de que o modelo centralista é insuficiente. Pergunta o autor: a utopia do acesso à Justiça seria uma condição em que todas as disputas são adjudicadas? E responde: certamente, não.

[78] A comissão, presidida por Piquet Carneiro, era integrada por Kazuo Watanabe, Cândido Rangel Dinamarco, Ada Pellegrini Grinover, Paulo Salvador Frontini e Caetano Lagrasta Neto, todos paulistas, provindos do Poder Judiciário, Ministério Público e Procuradoria, com forte envolvimento acadêmico. Note que três dos integrantes da comissão (Dinamarco, Grinover e Watanabe) estavam envolvidos no tema do acesso à Justiça, tendo participado, também, da elaboração do anteprojeto da Lei da Ação Civil Pública.

[79] Vide, a respeito das razões do insucesso deste rito, o item I.2.1.

que uma mera alteração procedimental, os Juizados Especiais trouxeram um "conjunto de inovações", traduzido, entre outros, na introdução de uma nova filosofia na solução de conflitos; inserção de uma estratégia diferenciada no tratamento da lide; técnicas inovadoras de abreviação e simplificação procedimental e a criação de um subsistema próprio, apartado da Justiça comum (Watanabe, 1985b:2).

Avaliando o Anteprojeto das Pequenas Causas, a Comissão nomeada pelo Conselho Secional de São Paulo da OAB (Ordem dos Advogados do Brasil) afirmou que o afastamento dos advogados não promoveria a melhora da Justiça em crise, lenta e cara. Posicionando-se contrariamente à criação dos Juizados, a Comissão declarou tratar-se do "sinal vivo da decadência do direito e da abolição da Justiça" e que, se fosse aprovado, "o Poder Judiciário, já em concordata, confessaria a sua falência" (Tucci, 1985:13-14).

Certamente, o ponto mais polêmico do Projeto era a facultatividade de contratar advogado nas Pequenas Cortes,[80] fazendo com que se sentissem desprestigiados (Watanabe, 1985b:1, 5). Seus interesses corporativistas, dissociados do verdadeiro espírito público (Reinaldo Filho, 1999:109), eram mascarados por discursos retóricos de defesa aos interesses dos pobres e salvaguarda das garantias processuais — embora houvesse uma minoria preocupada, de fato, com o interesse das partes desassistidas e receosa de, como na Justiça trabalhista, ampliar a atividade dos chamados "paqueiros".[81]

Afere-se, assim, que, no tocante à criação das Pequenas Causas, dois grupos antagônicos se formaram. De um lado, os favoráveis à sua criação, composto, basicamente, pelos elaboradores do projeto, com apoio dos burocratas e magistrados paulistas (representados pela Apamagis).

De outro, aqueles que não participaram do esboço do projeto, e, como dito, viam no Juizado a possibilidade de perder mercado de trabalho, tendo a visão enganosa que haviam sido desconsiderados pela comissão legislativa. Neste grupo figuravam, preponderantemente, advogados e seus órgãos de classe, como OAB (Ordem dos Advogados do Brasil) e Aasp (Associação dos Advogados de São Paulo) (Cunha, 2006:35).

---

[80] O fenômeno não é exclusivamente brasileiro: nos Estados Unidos, a American Bar Association (ABA) opõe-se veementemente a quaisquer estratégias que fortaleçam as partes, simplifiquem os procedimentos e, de modo geral, viabilizem a dispensa do defensor. A ABA resistiu, por exemplo, à implantação de um código de padrões éticos que vincularia os advogados, evitando "exploração injusta" ao entrar com ações indevidas aproveitando-se do desconhecimento dos clientes (Rhode, 2004:14-15, 81).

[81] Kazuo Watanabe (1985a:164) explica que, neste contexto, "paqueiro" é aquele que angaria serviços para outrem.

Como se percebe, era preciso promover a sensibilização dos setores envolvidos, sobretudo a advocacia; para tanto, foi criada uma "verdadeira cruzada nacional" de esclarecimento.

O Anteprojeto de Lei foi publicado no Diário Oficial de 16 de setembro de 1982, para ser conhecido e discutido. Incorporadas as sugestões,[82] foi vertido no Projeto de Lei nº 1.950, de 1983, apresentando ao Congresso Nacional por iniciativa do Presidente da República.

Na Câmara dos Deputados, foram apresentadas diversas emendas ao Projeto, propondo a eliminação dos embargos infringentes; a extinção de qualquer recurso no sistema das Pequenas Causas; a possibilidade de execução de acordo ou sentença no próprio Juizado; extinção de função do conciliador; obrigatoriedade de representação por advogado, entre outras.[83]

O Projeto original sofreu algumas mudanças: retirados os embargos infringentes, o sistema recursal passou a contar apenas o recurso inominado; a escolha do árbitro passou a ser exclusivamente de alçada da Ordem dos Advogados do Brasil; o pedido inicial, que era apenas verbal, passou a poder ser escrito ou oral; e a intervenção de terceiros e a assistência foram abolidas.

A execução dos julgados e acordos nos próprios Juizados — que constava tanto no projeto original, quanto no substitutivo apresentado pelos juízes do Rio Grande do Sul, por intermédio de Athos Gusmão Carneiro (Lagrasta Neto, 1986:250) — acabou suprimida.

No Senado Federal, o Projeto tramitou praticamente intacto. Assim, depois de três anos de "aceso debate", com colheita de sugestões e discussão dos pontos polêmicos (Carneiro, 1985:26), e com algumas emendas em relação ao projeto original, foi aprovada a Lei nº 7.244, de 7 de novembro de 1984, sem qualquer veto presidencial (Tucci, 1985:22-37).

Promulgada a Lei nº 7.244/84, mesmo sem a obrigatoriedade de criação das Pequenas Causas pelo Estado, a experiência positiva se alastrou pelo país, de acordo com a tabela exemplificativa a seguir:

---

[82] A Comissão revisora do anteprojeto, coordenada por João Geraldo Piquet Carneiro, era integrada por Nilson Naves, Kazuo Watanabe, Cândido Rangel Dinamarco, Luiz Melíbio Machado, Paulo Salvador Frontini, Mauro José Ferraz Lopes e Ruy Carlos de Barros Monteiro.
[83] Para maior detalhamento das emendas, vide Cunha (2006:40 e segs).

TABELA 1

Criação dos Juizados Especiais de Pequenas Causas pelos estados

Ano	Estado	Lei estadual
1986	Rio Grande do Sul	Lei nº 8.124, de 10 de janeiro de 1986
1986	São Paulo[84]	Lei nº 5.143, de 28 de maio de 1986
1986	Rondônia	Lei nº 108, de 9 de junho de 1986
1986	Goiás	Lei nº 10.099, de 15 de outubro de 1986
1987	Paraná	Lei nº 8.623, (?) de 1987
1990	Santa Catarina	Lei nº 8.151, (?) de 1990
1990	Mato Grosso	Lei nº 1.071, de 11 de julho de 1990
1991	Piauí	Lei nº 4.376, de 10 de janeiro de 1991
1991	Rio Grande do Sul	Lei nº 9.466, (?) de 1991 — dispõe sobre sua competência
1992	Bahia	Lei nº 4.630, de 18 de março de 1992

I.4. Os Juizados Especiais Cíveis

I.4.1. Características gerais

Depois da Lei nº 7.244/84, a Carta de 1988 deu novo vigor aos Juizados, tratando do instituto em dois dispositivos: art. 24, inciso X, que cuida da competência para legislar sobre os Juizados,[85] e art. 98, inciso I, imperativo na determinação de que os estados e a União (nos territórios e Distrito Federal) criassem os Juizados Especiais.

As inovações da Carta em relação à Lei nº 7.244/84 foram: (i) a instituição do juiz leigo, ao lado do juiz togado; (ii) a inserção da execução das causas cíveis, que constava no projeto original, mas fora excluída; (iii) a criação, ao lado dos Juizados Especiais Cíveis, dos Juizados Especiais Criminais; (iv) a alteração do objeto, de causas de reduzido valor econômico, para causas cíveis de menor complexidade; (v) autorização da transação.

Em consonância ao regramento constitucional, a Lei nº 9.099/95 instituiu os Juizados Especiais Cíveis,[86] destinados a tratar de causas de menor comple-

---

[84] No estado de São Paulo, os Juizados Especiais Cíveis foram precedidos pelos Juizados Informais de Conciliação (JICs), destinados a promover apenas a conciliação. Antônio Raphael Silva Salvador (2000:9-12) é um defensor ferrenho dos JICs e sustenta a tese de que deveriam ser mantidos, concomitantemente aos Juizados Especiais Cíveis. Vide, ainda, Santos (1989).

[85] Art. 24. Compete à União, aos estados e ao Distrito Federal legislar concorrentemente sobre (...) X: criação, funcionamento e processo do juizado de pequenas causas.

[86] Finalmente, a Lei nº 10.259, de 12 de julho de 2001 — com o permissivo constitucional inserido pela Emenda nº 22/1999 —, passou a cuidar das Pequenas Cortes em âmbito federal, ressalvando a aplicação

xidade[87] e informados pela oralidade, simplicidade, informalidade, economia processual e celeridade (Chimenti, 2000:7).

Os aludidos princípios originam, fundamentam e orientam o processo, devendo, por óbvio, ser observados em harmonia com as garantias processuais preexistentes (Dinamarco, 1985c:105). Não é difícil perceber que os critérios norteadores dos Juizados demonstram a intenção do legislador em instituir um "novo processo" (Dinamarco, 1985c:106) e uma nova lógica na resolução dos conflitos, além de pregar a deformalização, em obediência à facilitação do acesso à Justiça (Dinamarco, 2002c:1.427).

Com a "oralidade", típica dos sistemas da *common law*, a simples verbalização confere ao ato eficácia processual — diversamente de nossa tradição luso-romana, que exige a forma escrita. A "economia processual" traduz-se na escolha, entre duas opções processuais ou procedimentais, da alternativa menos onerosa às partes e/ou ao Estado (Mirabete, 2000:36).

A inserção da "celeridade" entre os princípios orientadores dos Juizados justifica-se pela constatação de que a demora excessiva na duração dos processos gera, na população, um sentimento de injustiça, além de onerar financeiramente as partes menos favorecidas.

Ao prever a regra da "informalidade", o legislador buscou dispensar a adoção de formas sacramentais e o rigor formal no processo. No que tange à "simplicidade", pretendeu diminuir tanto quanto possível os procedimentos, reduzindo-os aos essenciais (Mirabete, 2000:35).

Além da regra do art. 2º, os princípios informativos dos Juizados estão incutidos em todo o texto legal: por exemplo, na possibilidade de apresentação do pedido inicial e da contestação de forma "oral" (arts. 14 e 30); na redução a termo apenas dos atos essenciais (art. 13, §3º); na previsão de que a inicial seja escrita de forma "simples" e "sucinta", em linguagem acessível (art. 14 e respectivos parágrafos); na versão "imediata" da conciliação inexitosa em instrução, desde que não cause prejuízo à defesa (art. 27); na previsão de um único recur-

---

subsidiária da Lei nº 9.099/95. As principais diferenças em relação à Lei nº 9.099/95 tangem: (i) ao valor da causa, fixada em 60 salários mínimos nos Juizados Especiais Federais, conhecidos como JEFs (art. 3º, caput); (ii) à regra da competência absoluta nos foros em que houver JEF instalado (art. 3º, §3º). Outras inovações importantes merecem destaque, como: (i) expressa previsão de deferimento, pelo juiz, de medidas cautelares (art. 4º); (ii) a proibição de recurso contra decisões interlocutórias — exceto em se tratando de medidas cautelares (art. 5º); (iii) admissão de pessoas incapazes e empresas de pequeno porte no polo ativo das demandas (art. 6º, I) e (iv) inclusão da União, autarquias e fundações no polo passivo das ações (art. 6º, inciso II)

[87] Além dos Juizados Especiais Criminais, destinados aos crimes de pequeno potencial ofensivo.

so (art. 41 e segs.) e na regra de que os atos processuais são válidos sempre que preencherem sua finalidade, em respeito à "economia processual".

Em observância às determinações constitucionais, a Lei nº 9.099/95 introduziu algumas modificações pontuais em relação à Lei das Pequenas Causas, como a obrigatoriedade da criação dos Juizados pelos estados (que era facultativa pela Lei das Pequenas Causas); a inserção da transação, ao lado da conciliação, como sua finalidade precípua; e a criação da figura do juiz leigo, como auxiliar do togado.[88]

Ademais, alterou a denominação original, Juizados Especiais de Pequenas Causas, para Juizados Especiais Cíveis. Cogita-se que a supressão do termo "pequenas causas" busque evitar a errônea impressão de que se trata de uma Justiça de menor importância; ou, ainda, que a expressão reflita um demérito ao interesse que se encontra em litígio.[89]

Para Fátima Andrighi, com quem concordo,[90] a denominação Juizados de Pequenas Causas representa, para o cidadão, a ideia de um acesso facilitado à Justiça, e constitui uma "verdadeira logomarca" que integra o cotidiano das pessoas, vista como uma entrada ao judiciário sem burocracias (Andrighi e Beneti, 1996:24).

Além disso, a expressão "pequenas causas" — adotada em outros países, como Estados Unidos, Canadá (*small claims*), Espanha, México, Colômbia e Costa Rica (*menor cuantía*) (Ovalle Favela, 1981b) —, além de mais popular e acessível, é menos tecnicista, e não traz demérito algum ao sistema dos Juizados.

Antes da alteração do *nomen juris* pela Lei nº 9.099/95, a Carta de 1988 tratara do instituto com dois nomes distintos: Juizados de Pequenas Causas (art. 24, X) e Juizados Especiais para causas cíveis de menor complexidade (art. 98, I).

Com a duplicidade no tratamento, chegou-se a defender que a Constituição teria apartado os institutos.[91] Embora alguns autores ainda defendam que os Juizados de Pequenas Causas não se confundem com os Juizados Especiais

---

[88] Vide, ao final deste item, quadro comparativo das regras da Lei nº 7.244/84 e Lei nº 9.099/95.

[89] Miranda, Petrillo e Oliveira Filho, s.d.:14-15.

[90] De fato, parece-me que a população assimilou o nome Juizados de Pequenas Causas muito mais do que Juizados Especiais Cíveis. Durante a realização dos trabalhos de campo da pesquisa do Cebepej nas cidades de Salvador e Fortaleza, abordei algumas pessoas nos arredores dos Juizados, pedindo informações sobre o local. Nenhuma delas sabia onde ficava o Juizado Especial, mas todas responderam prontamente quando perguntadas sobre as "Pequenas Causas".

[91] Para a maioria da doutrina, a Carta tencionava criar dois institutos diversos, um para tratar das causas de menor valor, e o outro, de menor complexidade. Nesse sentido: Rodrigues (2002:29-31), Andrighi e Beneti (1996:23-24), Salvador (2000:11-12), Alvim (2007:119), Chimenti (2000:1-4), Tourinho Neto e Figueira Júnior (2005:62-63).

Cíveis,[92] ao menos no que tange a sua sistematização, essa tese foi superada pela edição da Lei nº 9.099/95, que expressamente revogou a Lei nº 7.244/84 e, embora apenas faça menção às "causas cíveis de menor complexidade", também enumera, entre elas, causas de "menor valor", de até 40 salários mínimos (art. 3º, inciso I, Lei nº 9.099/95) (Alvim, 2007:119).

As principais mudanças operadas pela Lei dos Juizados Especiais Cíveis residem exatamente na ampliação da sua competência,[93] conforme demonstrado no quadro 1, e na alteração da regra da dispensa do advogado.

QUADRO 1

Competência material e pelo valor da causa — Juizados Especiais Cíveis

Lei nº 9.099/95 (art. 3º)	Causas de pequeno valor econômico (até 40 salários mínimos)	Ações em geral (inciso I)
		Ações possessórias (inciso IV)
		Execução de título extrajudicial (§1º, I)
	Causas cíveis de menor complexidade (sem limitação de valor)	Causas descritas no art. 275, inciso II, do CPC: ❒ arrendamento rural e parceria agrícola; ❒ ressarcimento de danos em prédio urbano ou rústico; ❒ ressarcimento de danos decorrentes de acidente de automóvel e cobrança de seguro; ❒ cobrança de verba condominial e de honorários de profissionais liberais.
		Despejo para uso próprio (inciso III)
		Execução de seus julgados (§1º, inciso I)

Fonte: Elaboração própria, com base na Lei nº 9.099/95 e CPC.

Quanto à competência em razão da matéria, foram incluídas nos Juizados as causas dispostas no art. 275, inciso II, do CPC, além do despejo para uso próprio e da execução (tanto dos seus acordos e julgados, quanto de títulos

---

[92] Nesse sentido, Andrighi e Beneti (1996:23-24), Salvador (2000:11-12). Para Ricardo Chimenti (2000:3-4), que também defende a distinção entre os JECs e os JEPCs, pela regra constitucional, os estados têm maiores poderes para legislar sobre os Juizados Especiais de Pequenas Causas, que poderiam ser criados por lei complementar e funcionar na mesma estrutura da Justiça comum. Vejo dois fatores negativos em sua sugestão: ser operado pelo mesmo juiz da Justiça comum, e ser realizado na mesma "arena" daquela.

[93] Na época da promulgação da Lei das Pequenas Causas, Dinamarco (1985b:125) lamentara a estreiteza de sua competência, afirmando que havia sido dado apenas o primeiro passo de uma longa caminhada — sugerindo a necessidade de ampliar as causas passíveis de julgamento pelos Juizados.

executivos extrajudiciais).[94] No tocante ao valor da causa, o teto foi aumentado de 20 para 40 salários mínimos.[95]

O polo ativo, antes restrito às "pessoas físicas capazes",[96] foi ampliado por via oblíqua, passando a abarcar também o "condomínio". Posteriormente, alargando ainda mais o rol dos legitimados, a Lei nº 9.841/99 incluiu nele a "microempresa".

O ingresso nos Juizados é facultativo,[97] cabendo ao autor optar pelas Pequenas Causas ou pela Justiça Comum.[98] Diversamente da Lei nº 7.244/84, que trazia esta disposição expressamente, a Lei nº 9.099/95 consagra a regra de forma implícita,[99] em seu art. 3º.

Por fim, a Lei nº 9.099/95 determinou que a contratação de defensor seria obrigatória nas causas que superassem 20 salários mínimos, sendo facultativa nas demais. Essa alteração parece ter sido fruto da pressão exercida por órgãos de classe dos advogados por mais de uma década. Com efeito, desde a criação das Pequenas Causas, as entidades representativas buscavam riscar a facultatividade dos advogados da lei (Reinaldo Filho, 1999:110).

Em 1988, com a consagração do preceito constitucional de que o advogado é essencial à administração da Justiça (art. 133), iniciara-se a discussão

---

[94] São expressamente excluídas dos Juizados causas de natureza alimentar, falimentar, fiscal, de interesse da Fazenda Pública, relativas a acidentes de trabalho, resíduos, estado e capacidade das pessoas.

[95] A execução — que constava no Anteprojeto das Pequenas Causas e foi suprimida ao longo da tramitação do Projeto de Lei nº 1.950/83 — foi incorporada aos Juizados, com a inclusão de títulos executivos, ao lado de seus acordos e julgados.

[96] A Lei nº 9.099/95 veda a atuação, como partes, do incapaz, preso, pessoas jurídicas de direito público, empresas públicas da União, massa falida e insolvente civil (art. 8º). Ademais, somente as pessoas físicas capazes são admitidas a propor ação perante o Juizado Especial, excluídos os cessionários de direito de pessoas jurídicas (§1º). O § 2º — que determinava que o maior de 18 anos poderia ser autor, independentemente de assistência, inclusive para fins de conciliação — perdeu sentido com a edição do Novo Código, que alterou as regras da capacidade, passando a considerar absolutamente capazes os maiores de 18 anos, e relativamente capazes os maiores de 16 e menores de 18 anos (art. 1º, inciso I, NCC).

[97] Diversamente, a Lei nº 10.259/2001, que trata dos Juizados Especiais Federais, expressamente determina que, no foro onde houver Vara do JEF instalada, sua competência é absoluta (art. 3º, §3º). Vide, a respeito de possíveis impactos da competência absoluta nos Juizados, estudo de caso realizado pelo Cebepej em que se tenta apurar o montante de causas que tramitam na Justiça comum que seriam de competência dos Juizados (cf. Cebepej. *Juizado Especial Cível: estudo*, anexo II, p. 95-107, 2006b). Vide, ainda, Dinamarco (2002c:1429-1433), em que o autor defende a facultatividade de ingresso nos Juizados, enquanto, contrariamente, Kazuo Watanabe (2006a:13) posiciona-se favoravelmente à obrigatoriedade.

[98] Esse entendimento, tomado em votação acirrada do Colégio Permanente dos Presidentes de Tribunais de Justiça, é também o do Fonaje (Fórum Nacional dos Juizados Especiais, Enunciado nº 1) e da Comissão Nacional de Interpretação da Lei nº 9.099/95, realizada pela Escola Nacional da Magistratura (5ª conclusão).

[99] Art. 3º, §3º. A opção pelo procedimento previsto nesta Lei importará renúncia ao crédito excedente ao limite estabelecido neste artigo, excetuada a hipótese de conciliação.

acerca da validade da regra que dispunha sobre a facultatividade na Lei das Pequenas Causas.

Como se não bastasse, sobreveio o Estatuto dos Advogados, que enumerava, entre as prerrogativas do advogado, a postulação "a qualquer órgão do Judiciário e aos Juizados Especiais" (art. 1º, inciso I, Lei nº 8.906/94). O Estatuto, muito polêmico, foi atacado pela Associação dos Magistrados Brasileiros por meio de Ação Direta de Inconstitucionalidade (nº 1.127-8/DF), pedindo, entre outras, a supressão da expressão "Juizados Especiais" do citado dispositivo, nos seguintes termos:

> Se a opção política, contida na regra impugnada, é censurável porque se destina, claramente, apenas a ampliar o mercado de trabalho da nobre classe dos advogados, sem outras preocupações, que a realidade brasileira torna impositivas, aquele preceito não resiste ao confronto com os art. 98, incisos I e II (...) da Constituição, tornando-se indispensável a declaração de sua inconstitucionalidade.

Analisando o pedido de liminar antes da edição da Lei nº 9.099/95, o Supremo Tribunal Federal decidiu que a expressão "Juizados Especiais" (art. 1º, inciso I, *in fine*, Lei nº 8.906/94) não compreendia os Juizados de Pequenas Causas, a Justiça do Trabalho e a Justiça de Paz — e que, portanto, a dispensa de defensor continuava válida em tais arenas,[100] fundando-se na tese de que a exigência do advogado criava um pressuposto processual incompatível com a singeleza que essas normas quiseram emprestar aos Juizados Especiais e à Justiça de paz.

Como se pode perceber, a polêmica acerca da facultatividade de advogado não foi sepultada com a edição da Lei das Pequenas Causas, mas continuou sendo alimentada ao longo dos anos, culminando em uma vitória — ainda que parcial — dos advogados.

A Lei nº 9.099/95 manteve as figuras do árbitro e do conciliador previstas pela Lei das Pequenas Causas, além de ter criado o juiz leigo,[101] em conformidade às modernas tendências de inserção de profissionais "parajurídicos" nas Cortes, para aprimorar seu funcionamento (Cappelletti e Garth, 2002:145).

---

[100] STF: ADI-MC 1127-8/DF, relator Min. Paulo Brossard, Tribunal Pleno, *DJU*, 29 jun. 2002, p. 32.

[101] Os juízes auxiliares vêm sendo utilizados com sucesso nos Estados Unidos (*magistrate judges*), Alemanha (*rechtspfleger*), Áustria, Espanha e Argentina, e, neste último país, foram criados como resposta às críticas sobre a morosidade da justiça (Spector, 2001:53-54). Os *magistrate judges* são diretores de cartório que assistem os juízes distritais americanos, preparando os processos para julgamento e decidindo alguns casos cíveis e criminais, com a anuência das partes litigantes. (*The lectric law library's lexicon*. Disponível em: <www.lectlaw.com/def2/m057.htm>. Acesso em: 31 out. 2007)

Ademais, manteve o fortalecimento dos poderes instrutórios e decisórios do juiz, conferindo-lhe total liberdade para encaminhar a produção probatória; dar "especial valor" às regras de experiência comum ou técnica; decidir de forma "justa e equânime" e atender, no julgamento, aos fins sociais e ao bem comum.[102]

Assim, o magistrado pode solucionar os litígios com base nos elementos culturais pertinentes ao cotidiano da sociedade em que vive (Chimenti, 2000:73) — sem, por óbvio, contrariar as regras legais, sob pena de ferir a Constituição (Grinover, 1985a:12). Nesse sentido, Cappelletti (1984:14-15) adverte que a criatividade judicial numa decisão não significa necessariamente "direito livre", arbitrariamente criado. Em maior ou menor grau, os limites substanciais (lei, jurisprudência ou ambos) vinculam o juiz, que tem o dever mínimo de apoiar neles suas argumentações.

Essa disposição legal também se coaduna com as tendências mais modernas, que acentuam o papel preponderante do juiz na direção do processo,[103] conferindo-lhe ampla iniciativa na verificação dos fatos relevantes para a solução do litígio,[104] não sendo mais mero autômato.[105] Posicionando-se favoravelmente a essa tendência, Barbosa Moreira (1994d) anota que é intuitivo que um bom julgamento seja baseado em fatos reconstituídos com a maior exatidão possível.

Para o autor, o uso das faculdades instrutórias não é incompatível com a imparcialidade do juiz, que precisa "conhecer" os fatos para "decidir" com justiça — mesmo porque, ao solicitar a diligência, o juiz não sabe qual será seu

---

[102] Uma das medidas adotadas para fortalecer as Small Claims Courts de Nova York quando passaram por uma profunda crise, nas décadas de 1960 e 1970, foi dotar o juiz de maiores poderes, conferindo-lhe um papel mais ativo na condução do processo, na produção probatória e na decisão. O sistema brasileiro beneficiou-se, desde logo, dessa disposição na Lei das Pequenas Causas, repetida, posteriormente, na Lei nº 9.099/95. Vide, a respeito, os itens I.3.1 e III.3.4.

[103] Essa atitude positiva do juiz resulta, segundo Mauro Cappelletti (1984:22), da "revolta contra o formalismo" (a expressão é de Morton White), causada pela mudança no papel do estado — agora visto com provedor do bem-estar social — e, consequentemente, da magistratura.

[104] Pesquisa realizada na Argentina concluiu ser necessário haver um juiz mais ativo, confiável, preocupado com uma justiça célere e que não fique paralisado por interpretações errôneas do princípio dispositivo (Spector, 2001:38-39).

[105] O tema dos poderes instrutórios do juiz está intimamente ligado ao princípio dispositivo, interpretado erroneamente por alguns como limitação à iniciativa probatória do juiz. Barbosa Moreira (1989b) critica a invocação do princípio dispositivo para designar, genericamente, tudo o que tenha relação com a atribuição do papel predominante às partes, reduzindo ou mesmo suprimindo o papel do juiz. Na verdade, embora o CPC tenha adotado o princípio dispositivo, o mesmo está mitigado pelos poderes investigatórios atribuídos ao magistrado (art. 130). Bedaque (2001:86-90).

resultado. No mesmo sentido, Dinamarco (2003:239) acrescenta que a indiferença é intolerável no juiz contemporâneo.

Se o fortalecimento do papel do juiz é importante na Justiça comum, ele é essencial nos Juizados Especiais Cíveis, pois, não raro, as partes são despreparadas, desassistidas por advogado e não têm conhecimento jurídico necessário para conduzir a fase probatória.[106]

Cappelletti e Garth (2002:21) observam que um juiz ativo também é capaz de minorar as diferenças econômicas, sociais e culturais entre os litigantes, sobretudo nos casos em que apenas um deles é acompanhado por defensor.

De qualquer sorte, a doutrina vê com bons olhos o aumento dos poderes instrutórios do juiz nas Pequenas Cortes, por ir de encontro à instrumentalidade do processo (Figueira Júnior e Lopes, 1997:169), exemplificando-a na oitiva de testemunha não arrolada; determinação de juntada de documentos; requisição de dados a repartições públicas; apresentação de provas não tipificadas, como fotografias de acidentes de trânsito etc. (Silva, 2001:33).

Na prática, contudo, sabemos que há o comodismo, a sobrecarga de trabalho, as condições desfavoráveis de trabalho, a mentalidade que rejeita a atuação do juiz em matéria probatória — tudo a justificar a passividade do magistrado (Barbosa Moreira, 1984a:53).

Nesse contexto, uma pesquisa de âmbito nacional realizada nos Estados Unidos demonstra que a totalidade dos magistrados concorda que a atuação nas Pequenas Causas exige deles uma postura muito mais ativa do que na Justiça comum e que a maioria deles acredita que o procedimento das Small Claims Courts é mais eficiente.

Aproximadamente metade dos magistrados consultados identifica-se com as Pequenas Cortes e gosta do papel ativo que elas exigem, enquanto a outra metade afirma que preferiria atuar apenas na Justiça Comum, por considerar as Small Claims Courts "muito trabalhosas".[107]

---

[106] Barbosa Moreira (1984a:43 e segs, 52). No mesmo sentido — avaliando o tema sob a ótica processual penal — Ada Pellegrini Grinover (1999:71-73) leciona haver quem argumente que a postura ativa do juiz na instrução probatória insere-se no tema da dicotomia existente entre o *adversarial system* e o *inquisitorial system*, cuja diferença reside em quem recai predominantemente a marcha do processo: partes no primeiro caso, ou juiz, no caso do *inquisitorial system*. Para ela, contudo, o papel do juiz, num processo publicista, coerente com sua função social, é necessariamente ativo, característico do *inquisitorial system* adotado pelo sistema anglo-saxão.

[107] Ruhnka e Weller (1978:18). Vide, a respeito da importância do juiz no sistema dos Juizados, o item V.4.

Quadro 2
Comparativo: Lei dos Juizados de Pequenas Causas e Lei dos Juizados Especiais

Dispositivo	Juizados de Pequenas Causas	Juizados Especiais Cíveis
Criação dos juizados pelos estados	Facultativa	Obrigatória, no prazo de seis meses a contar da publicação da lei
Objeto	Causas de reduzido valor econômico	Causas de menor complexidade (embora também preveja as de reduzido valor econômico)
	(i) condenação pecuniária; (ii) condenação de entrega de coisa certa móvel ou obrigação de fazer (fabricante ou fornecedor de bens de consumo); (iii) desconstituição de decretação de nulidade contratual (coisas móveis e semoventes).	(i) causas enumeradas no art. 275, II, CPC (ii) despejo para uso próprio (iii) ações possessórias sobre bens imóveis (iv) execução (de títulos extrajudiciais e de seus julgados)
Princípios informadores	Oralidade, simplicidade, informalidade, economia processual e celeridade	Oralidade, simplicidade, informalidade, economia processual e celeridade
Valor da causa	Até 20 salários mínimos	Até 40 salários mínimos, podendo, contudo, extrapolar o teto em se tratando de causas descritas no art. 275, II, CPC
Autor	Exclusivamente pessoa física	Pessoa física e condomínio (art. 275, II). O Estatuto da Microempresa ampliou ainda mais o rol de legitimados
Finalidade	Conciliação como fim precípuo	Conciliação e transação como fins precípuos
Conciliador	Preferencialmente bacharel em direito	Preferencialmente bacharel em direito
Advogado	Facultativo	Facultativo (até 20 salários mínimos) Obrigatório (de 20 a 40 salários mínimos)
Árbitro	Advogados com mais de cinco anos de experiência	Advogados com mais de cinco anos de experiência Devem ser nomeados entre os juízes leigos
Arbitragem	Decisão irrecorrível	Decisão irrecorrível
Juiz leigo	Não havia	Advogados com mais de cinco anos de experiência, com poderes para presidir audiência de instrução e julgamento e preparar relatório de sentença, a ser homologado pelo juiz togado

Continua

Dispositivo	Juizados de Pequenas Causas	Juizados Especiais Cíveis
Execução	Juízo ordinário competente	Nos próprios Juizados Especiais Cíveis
Sessão de conciliação	Deve ser agendada no prazo de 10 dias	Deve ser agendada no prazo de 15 dias
Recursos	Inominado, para o próprio Juizado e Embargos de Declaração	Inominado, para o próprio Juizado e Embargos de Declaração
Julgamento do recurso	Três juízes de 1º grau	Três juízes de 1º grau

I.4.2. Procedimento

O procedimento dos Juizados Especiais obedece ao seguinte fluxograma:

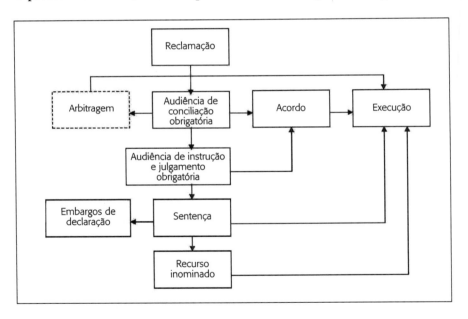

Nos Juizados, o pedido inicial pode ser feito oralmente ou por escrito, devendo ser sucinto, simples e redigido de forma acessível pela parte, por seu advogado ou pelos atendentes dos Juizados.[108]

---

[108] Os Juizados possuem atendentes que orientam a população acerca dos documentos necessários para ajuizar a demanda e sobre seus direitos, além de redigir a petição inicial. Com isso, formou-se, de fato, o serviço de informação e orientação preconizado por Kazuo Watanabe (1998:133).

A citação do réu é feita pelo correio, com aviso de recebimento — uma grande novidade em nosso sistema jurídico. Como demonstrado no fluxograma, inicialmente é agendada a audiência de tentativa de conciliação obrigatória (a lei estabelece o prazo máximo de 15 dias, a contar da distribuição), presidida pelo conciliador, juiz togado ou juiz leigo, com o fim precípuo de pacificar as partes.

No início da sessão, as partes devem ser informadas sobre as vantagens da conciliação e os riscos do litígio. Se o autor não comparecer, o processo é extinto sem julgamento de mérito; caso ausente o réu, fica sujeito aos efeitos da revelia.

Firmado o acordo, é homologado pelo juiz, vertendo-se em título executivo. Se o acerto entre as partes não for promovido, a lei prevê duas possibilidades: (i) *juízo arbitral*,[109] a cargo de um árbitro, escolhido entre os juízes leigos, que deve proferir seu laudo, irrecorrível, em cinco dias; e (ii) *audiência de instrução e julgamento* perante o juiz leigo ou togado, realizada "imediatamente", desde que não haja prejuízo à defesa, ou, no máximo, nos 15 dias subsequentes.

A despeito da previsão legal,[110] não há registro de instalação de arbitragem nas Pequenas Cortes brasileiras,[111] Nas dezenas de Juizados visitados em nove capitais para a realização dos trabalhos de campo, não encontramos sequer um caso em que a prática tenha sido realizada.[112]

O insucesso da arbitragem não é exclusividade dos Juizados. Fora deles, embora previsto tradicionalmente nas legislações civil e comercial e revigorado pela Lei nº 9.307/96, o instituto ainda não se consolidou, a contento, entre nós.[113]

Entre as razões para o insucesso da arbitragem no Brasil, merecem destaque a "resistência cultural", decorrente do desconhecimento e da cultura de

---

[109] A arbitragem prevista nos Juizados Especiais Cíveis é um pouco diversa daquela prevista na Lei nº 9.307/96, pois que, (i) enquanto a Lei da Arbitragem instituiu uma "jurisdição privada", que pode ser exercida por qualquer pessoa capaz de confiança das partes (art. 13), nos Juizados, ela é de responsabilidade exclusiva do juiz leigo, que, por seu turno, é advogado com mais de cinco anos de experiência (art. XX); (ii) a Lei nº 9.307/96 confere eficácia executiva ao laudo arbitral, dispensando a homologação pelo juiz togado requerida pela Lei nº 9.099/95 (Santos, 2001:26).

[110] Arts. 25 a 27, da Lei das Pequenas Causas, art. 24 a 26, da Lei dos Juizados Especiais Cíveis.

[111] Ricardo Cunha Chimenti (2000:168) afirma que, em quase dez anos de atividade nos JECs e JICs no estado de São Paulo, nunca constatou sequer um caso de arbitragem.

[112] De forma isolada, há notícia de que Juizados Especiais do Paraná instituíram a arbitragem, muito mais em decorrência do empenho pessoal dos juízes — conscientes e extremamente dedicados — do que por força da lei (Carmona, 2006:20).

[113] Gajardoni (2003:124-127). A despeito disso, a arbitragem, paulatinamente, ganha fôlego entre nós, sobretudo no âmbito empresarial.

solução adjudicada dos conflitos (Watanabe, 2005a); as dúvidas acerca de sua inconstitucionalidade — a técnica apenas foi declarada constitucional em 2001 pelo Supremo Tribunal Federal (Gajardoni, 2003:124-127) — e a "impossibilidade de recurso", que contraria a tradição jurídica brasileira.

Há, ainda, quem aponte "óbices econômicos", pois a arbitragem é técnica custosa, incompatível com a renda da maior parte da população ou com a verba disponibilizada pelos Tribunais para o funcionamento dos Juizados.[114] Lembro, contudo, que os obstáculos financeiros podem ser contornados pela atividade voluntária dos árbitros.

Concorre, ainda, para o fracasso da arbitragem nos Juizados, a "falta de iniciativa dos juízes",[115] justificada pelo receio enganoso de perda do monopólio da jurisdição e/ou pelo seu grande volume de trabalho, que não permite que se dediquem à tarefa de organizar e instituir a medida.

Há quem alegue também que a arbitragem "serve apenas para grandes, e não pequenas causas" [116] — o que não se confirma na prática, pois a técnica responde pela grande maioria da solução de litígios[117] nas Small Claims Courts de Nova York.[118]

Por fim, merece menção a "falta de estratégia" na introdução da técnica, aliada à falta de campanha de informação e divulgação. Nesse sentido, o sr. Joseph Gebbia, coordenador geral das Small Claims Courts de Nova York e do corpo de árbitros daquela cidade concedeu-nos um depoimento valioso:

> Quando nós decidimos instalar a arbitragem nas Small Claims Courts de Nova York, enfrentamos muitas resistências, dos advogados e também das partes, que queriam ter suas demandas solucionadas pelo juiz (invocando o *right to see the judge*). A resistência foi quebrada em razão de um bem-sucedido plano piloto, que mostrou excelentes resultados. Para tanto, selecionamos cuidadosamente e treinamos excelentes advogados com mais de 10 anos de experiência. A pauta desses Juizados onde instituímos o plano piloto foi tão reduzida que a técnica

---

[114] Nesse sentido, Paulo Cézar Pinheiro Carneiro (2000:154) narra que, em uma das pesquisas que realizou nas Pequenas Cortes cariocas, foi informado de que havia um árbitro nos Juizados da Barra cujos serviços, pagos pelos usuários, não foram jamais solicitados.

[115] Prova disso é que, como mencionado, a arbitragem foi instituída no estado do Paraná graças à atuação de juízes vocacionados, com o apoio do Tribunal de Justiça local.

[116] Figueira Júnior Lopes, 1997:162; Chimenti, 2000:168.

[117] O relatório anual das Small Claims Courts registra que a grande maioria das pequenas causas é resolvida pelo corpo de árbitros voluntários, que são treinados pelas Cortes (Cf. Fisher, 2006:15). Da mesma forma, pesquisa realizada em 1978 nas *small claims courts* aferiu que 90% dos casos de Manhattan e Harlem eram submetidos à arbitragem (Ruhnka e Weller, 1978:145).

[118] Vide, acerca da arbitragem nas Small Claims Courts de Nova York, Evans e Bulman (1983).

se espalhou rapidamente. Hoje temos um grande corpo de árbitros voluntários e vocacionados à função, que atuam apenas uma noite por mês. Para promover a sua união e incentivar a sua atuação (já que eles não são remunerados), eu promovo muitos eventos e jantares. A vida social do grupo é bastante intensa, e os encontros, muito festivos. Os árbitros formam um grupo coeso, e todos são muito satisfeitos com a atividade. O resultado é que, ao menos nas Cortes de Manhattan, a arbitragem responde por 90% da solução dos conflitos, com a vantagem adicional de que o laudo arbitral é irrecorrível.[119]

Pude acompanhar a arbitragem nas Small Claims Courts de Nova York (em Manhattan, Brooklin, Bronx e Queens) e aferir que, de fato, a prática funciona bem naquela cidade. Em entrevista aberta, um árbitro explicou-me as razões pelas quais exerce a função, mesmo não sendo remunerado:

> Eu sou advogado há 25 anos, especializado na área de contratos empresariais. Com isso, meu trabalho é muito repetitivo, não tenho novidades no meu cotidiano profissional — diversamente da atuação aqui nas Small Claims Courts do Brooklin, onde sempre tem um caso novo, diferente, interessante. Portanto, a primeira razão pela qual eu atuo como árbitro é para sair um pouco da minha rotina como advogado. Tem também o aspecto comunitário; eu me sinto muito bem atuando como árbitro, eu ouço as pessoas e soluciono o seu problema. Ademais, a tarefa não compromete a minha agenda, pois eu só venho aqui uma noite por mês, já que a cidade de Nova York possui um grande corpo de *arbitrators*. Por fim, tem o aspecto social: todos os árbitros se dão muito bem, fazemos muitos encontros e jantares, que são sempre muito animados. Há também um respeito da população em relação aos árbitros.[120]

A audiência perante o *arbitrator* é semelhante àquela presidida pelo juiz: as partes podem comparecer com ou sem advogado, e têm a palavra para narrar sua versão dos fatos e apresentar os documentos relevantes, avaliados e imediatamente devolvidos; ao final, é proferido o laudo arbitral,[121] que não pode ser atacado por recurso.

---

[119] Informado em entrevista aberta realizada com o sr. Joseph Gebbia, nas Small Claims Courts de Manhattan, Nova York, no dia 14 de fevereiro de 2007.

[120] Entrevista aberta realizada com o sr. Mark Chalfin, árbitro das Small Claims Courts do Brooklin, em Nova York, no dia 21 de fevereiro de 2007.

[121] Cf. acompanhamento de uma noite de audiências presididas pelo sr. Mark Chalfin, nas Small Claims Courts do Brooklin, em 21 de fevereiro de 2007.

Como a arbitragem não foi instituída entre nós, resta às partes que não se compuseram amigavelmente ter sua demanda decidida pelo juiz, e, para tanto, devem apresentar suas provas na audiência de instrução e julgamento.

Embora a lei preveja sua realização "imediatamente" após a sessão de conciliação infrutífera, na prática, convencionou-se agendar a produção probatória em separado, o que tem onerado a duração dos processos.[122] Outro dado observado nos Juizados de todo o Brasil é que o comportamento dos advogados não difere de sua atuação na Justiça comum: a contestação é apresentada por escrito, as provas são arroladas, sua postura é, ainda, bastante formal.

Por seu turno, a despeito dos poderes conferidos ao magistrado pela lei, a dinâmica da audiência de instrução pela ótica do juiz também não é muito diferente daquela da Justiça comum: via de regra, o juiz não lança mão das ferramentas que lhe foram conferidas pela lei.

Nesse sentido, fenômeno interessante foi constatado em uma pesquisa sobre as Small Claims Courts realizada nos Estados Unidos (Ruhnka e Weller, 1978:20 e segs.): a condução do processo pelos juízes simpáticos às Pequenas Causas é bastante diversa da dinâmica da audiência de um juiz não vocacionado. O juiz mais ativo, inquisitorial, investigativo, que tem maior controle na audiência, trabalha de acordo com a seguinte dinâmica:

QUADRO 3

Dinâmica do trial presidido por juiz vocacionado às Small Claims Courts

Faz breve resumo oral da causa, pois já está ciente dos fatos e das questões controvertidas
↓
Perquire o autor sobre as razões da demanda e as provas que pretende produzir
↓
Interroga o réu para clarificar suas justificativas, decidindo se reduz ou desqualifica o pedido do autor
↓
No desenrolar dos trabalhos, decide se é necessária ou não a oitiva de testemunhas e produção probatória, e, se for o caso, determina de ofício a produção de provas que reputar importantes
↓
Sentencia em audiência, dando justificativas sobre sua decisão

---

[122] Essa prática não é observada no estado do Rio de Janeiro; se a audiência de conciliação é inexitosa, é imediatamente convolada em instrução e julgamento, havendo, inclusive, agendamento da data de publicação da audiência, nos casos em que não é proferida de plano. Vide, acerca de dados empíricos sobre os prazos da audiência de instrução, o item V.2.2.

Por outro lado, os juízes mais passivos — que não se identificam com as Small Claims Courts — conduzem o *trial* em observância ao seguinte esquema:

QUADRO 4

Dinâmica do trial presidido por juiz que não se identifica com as Small Claims Courts

Não toma ciência dos fatos antes da audiência
↓
Pede ao autor para contar sua versão dos fatos
↓
Pede ao réu para contar sua versão dos fatos
↓
Ouve "todas" as testemunhas arroladas pelas partes e acata a produção de "todas" as provas requeridas, sem avaliar sua pertinência
↓
Não necessariamente sentencia em audiência

Outro problema reside na demora em proferir a decisão final; a despeito de a lei determinar que o juiz sentencie ao final da audiência, os números mostram que, não raro, os juízes têm o hábito de postergar os julgamentos.[123]

Quanto às impugnações, os Juizados possuem um sistema recursal próprio, composto por uma turma de três juízes que atuam no primeiro grau, reunidos na sede do Juizado,[124] sendo certo que a homologação de acordo e o laudo arbitral são irrecorríveis. O recurso inominado, interposto no prazo de 10 dias, por escrito, tem efeito devolutivo; o efeito suspensivo é determinado pelo juiz, de acordo com as necessidades do caso concreto.[125]

Tencionando refrear o sistema recursal, a contratação de advogado em segunda instância é obrigatória, bem como o recolhimento de custas e taxas processuais.

Por fim, a execução da sentença se dá nos próprios Juizados, podendo ser iniciada por solicitação verbal do interessado, sendo dispensada nova citação. Tão logo seja efetivada a penhora, é agendada audiência de conciliação, na qual

---

[123] Vide item V.2.3.

[124] Em São Paulo, contrariando-se esta tendência, foi criado um Colégio Recursal unificado para todo o estado. Vide, a respeito, item V.2.4.

[125] Cabem embargos de declaração nos casos de sentença que apresentar obscuridade, contradição, omissão ou dúvida.

o devedor pode ofertar embargos à execução ou fazer acordo. Caso não se encontrem bens, ou não se localize o devedor, o processo deve ser extinto.

I.4.3. Panorama atual

Para se traçar o panorama atual dos Juizados Especiais, um bom parâmetro é a sua movimentação processual. A tabela 2, a seguir, apresenta dados extraídos dos relatórios *Justiça em números* elaborados pelo Conselho Nacional de Justiça (CNJ).

Para possibilitar a comparação entre os estados, inseri na tabela o número de processos para cada grupo de 100 mil habitantes e, para aferir a tendência de aumento ou queda, todo o período disponível no banco de dados do CNJ (2003 a 2005).[126] Também inseri, para se ter uma ideia da participação dos Juizados nos Tribunais de Justiça, os dados relativos à Justiça comum.

TABELA 2

Casos novos por 100 mil habitantes — Juizados Especiais Cíveis (JEC) e Justiça Comum (JC)

Estado	IDH[127]	2003		2004		2005	
		JC	JEC	JC	JEC	JC	JEC
Acre	1	3.046	4.554	2.919	4.158	5.015	5.648
Alagoas	1	2.373	667	N/D	N/D	977	345
Amapá	3	2.798	5.227	N/D	7.117	7.733	4.639
Amazonas	2	1.882	532	2.840	950	1.475	845
Bahia	1	2.488	636	2.176	1.144	2.204	1.020
Ceará	2	2.453	735	2.310	603	2.888	600
Distrito Federal	4	11.039	3.999	8.232	4.295	7.213	4.568
Espírito Santo	3	2.619	1.328	4.089	N/D	3.588	1.668
Goiás	3	4.794	1.997	4.748	1.578	4.477	2.235
Maranhão	1	1.377	714	1.403	177	1.453	625

Continua

---

[126] Vide, a respeito do número de municípios brasileiros que contam com Juizados Especiais, Sadek (2006:252-254).

[127] O IDH (Índice de Desenvolvimento Humano), concebido pelo Pnud (Programa das Nações Unidas de Desenvolvimento), combina três fatores (expectativa de vida, educação e renda per capita) para avaliar a qualidade de vida em determinada localidade. Os números da tabela devem ser lidos da seguinte forma: 1 = IDH baixo (até 0,697); 2 = IDH médio-baixo (de 0,698 a 0,735); 3 = IDH médio-alto (de 0,736 a 0,778); 4 = IDH alto (de 0,779 a 1,0). Cf. Sadek, Lima e Araújo (2001).

Estado	IDH[127]	2003		2004		2005	
		JC	JEC	JC	JEC	JC	JEC
M. Grosso	3	8.110	2.289	4.877	2.859	5.676	2.005
M. Grosso Sul	3	7.214	2.596	7.018	2.150	N/D	N/D
Minas Gerais	3	4.541	2.770	5.339	2.947	3.749	2.612
Pará	2	1.839	518	2.005	479	1.951	626
Paraíba	1	3.574	1.301	3.618	1.448	4.646	1.185
Paraná	4	4.081	1.990	5.235	922	1.131	2.094
Pernambuco	2	2.845	1.245	3.191	1.315	2.684	1.367
Piauí	1	2.148	787	1.613	808	1.536	457
Rio de Janeiro	4	3.121	3.062	3.077	3.324	3.059	3.210
Rio Grande do Norte	2	N/D	N/D	2.858	2.272	2.942	2.873
Rio Grande do Sul	4	9.108	4.178	8.107	4.695	9.800	4.455
Rondônia	2	5.105	2.230	4.348	2.582	7.585	2.469
Roraima	3	3.417	1.847	N/D	N/D	4.525	2.205
Santa Catarina	4	11.900	790	8.598	840	8.100	1.028
São Paulo	4	10.614	3.123	10.010	2.470	9.807	2.875
Sergipe	1	6.089	1.484	4.201	1.163	4.011	1.308
Tocantins	2	3.019	1.262	3.163	1.306	4.035	1.121
Média BR		**4.677**	**1.994**	**4.416**	**2.150**	**4.318**	**2.080**

As estatísticas do CNJ[128] demonstram que os Juizados Especiais Cíveis têm uma procura muito significativa; em termos genéricos, respondem por cerca de um terço de todo o ajuizamento dos Tribunais estaduais.[129]

Em algumas unidades da federação, como Acre, Amapá,[130] Paraná,[131] Rio Grande do Norte e Rio de Janeiro, o número de feitos dos Juizados supera ou é muito próximo ao acervo da própria Justiça ordinária.

---

[128] Disponível em: <www.cnj.gov.br/index.php?option=com_content&task=blogcategory&id=97&Item id=245>. Acesso em: nov. 2007.

[129] Coincidentemente, essa é a mesma proporção das Small Claims nas Civil Courts americanas (34%). *National Center for State Courts*. Disponível em: <www.ncsconline.org.br/D_research/csp/2006_files?civil.pdf>. Acesso em: 20 jan. 2008.

[130] No Amapá, o ajuizamento dos feitos nos Juizados, que aumentara expressivamente em 2004, apresentou uma tendência de queda, e, no ano de 2005, foi superado pela justiça comum.

[131] Ao contrário do Amapá, no Paraná, o número de ações das Pequenas Causas caiu em 2004, para, em 2005, ultrapassar a Justiça comum.

Ademais, os números apontam que oito dos 10 estados com maior movimentação processual[132] possuem IDH alto ou médio alto[133] e, entre as seis unidades da federação com menor índice de ajuizamento, todas elas têm IDH baixo ou médio baixo[134] — confirmando a existência de correlação entre o índice de desenvolvimento humano e o crescimento da demanda pela Justiça.[135]

Embora não seja possível fazer uma comparação rigorosa — já que os dados de que disponho são relativos apenas a algumas cidades e estados americanos nos anos de 1975 e 1992 —, as estatísticas demonstram que a movimentação dos Juizados brasileiros é importante também em confronto com as Small Claims Courts dos Estados Unidos,[136] país que conta com uma excepcional taxa de adjudicação de conflitos.[137]

A média nacional brasileira — em torno de 2 mil ações por 100 mil habitantes — faz frente à movimentação das Small Claims Courts de Seattle, San Diego, Sacramento, Portland e Cambridge. Os índices do Amapá no ano de 2004 superaram o ajuizamento de feitos por 100 mil habitantes de Washington em 1992, como demonstra a tabela 3:

TABELA 3
**Casos novos por 100 mil habitantes — Small Claims Courts, EUA
(1975 e 1992)**

Small Claims Courts	Processos por 100 mil habitantes	
	1975-80	1992
Montana	298	—
Fairfax	—	317
Michigan	501	—

Continua

---

[132] Estados com mais de 2 mil processos por 100 mil habitantes, acima da média nacional: Acre, Amapá, Distrito Federal, Mato Grosso, Mato Grosso do Sul, Minas Gerais, Rio de Janeiro, Rio Grande do Norte, Rio Grande do Sul, São Paulo e Rondônia.

[133] IDH alto: Distrito Federal, Rio de Janeiro, Rio Grande do Sul e São Paulo; IDH Médio alto: Amapá, Mato Grosso, Mato Grosso do Sul e Minas Gerais.

[134] Alagoas, Amazonas, Ceará, Maranhão, Pará e Piauí.

[135] Sadek (2004:17) e, ainda, Sadek, Lima e Araújo (2001). Se esse fenômeno se confirma no Brasil, estudos realizados na Espanha, por Toharia, entre 1900 e 1970, demonstram exatamente o contrário, isto é, que há uma relação inversa entre taxas de litigância e desenvolvimento econômico naquele país (Cf. Friedman, 1981:265).

[136] Os dados relativos à justiça estadual americana são compilados pelo National Center for State Courts. Contudo, a maioria dos estados americanos não desmembra as Small Claims, que são, via de regra, computadas entre o acervo da Civil Court.

[137] Vide, a respeito da litigiosidade e de suas causas nos Estados Unidos: Galanter (1983), Friedman (1985, 1989) e, mais recentemente, Jacobi (2005).

Small Claims Courts	Processos por 100 mil habitantes	
	1975-80	1992
New Jersey	506	—
Omaha	511	—
Denver	—	668
Wichita	—	672
Seattle	—	673
Ohio	794	—
San Diego	—	1.733
Sacramento	2.015	1.748
Spokane	631	—
Portland	—	1.962
Cambridge	—	2.004
California	2.020	—
Minneapolis	2.824	3.204
Des Moines	5.242	4.397
Manhattan	1.100	—
Hartford	—	4.829
Washington D.C.	3.658	6.201
Média	—	**1.900**

Fonte: National Center for State Courts, 1978 e 1992.[138]

Quanto às tendências, na média nacional, o ajuizamento nas Pequenas Causas teve um pico no ano de 2004, seguido de uma leve queda no ano de 2005. Entre 2003 e 2004, a procura pelos Juizados praticamente dobrou em estados como Amazonas e Bahia.[139]

Em suma, no período de 2003 a 2005, na média brasileira, o volume de ações propostas nos Juizados apresenta uma tendência de crescimento.[140] Apesar de o ajuizamento de demandas nas Pequenas Causas ter sido menor em

---

[138] Ver Ruhnka e Weller (1978), p. 43 e 45, respectivamente para os anos de 1978 e 1992.

[139] Contrariando o comportamento nacional, São Paulo apresentou uma queda na distribuição de feitos em 2004, que pode ser justificada pela greve dos serventuários da Justiça nos meses de maio e agosto daquele ano.

[140] Em sentido inverso, o número de ações propostas nas Small Claims Courts da cidade de Nova York vem caindo consideravelmente: de 55.221, em 1997 (9% do sistema de Justiça), para 43.862, em 2006 (5% do sistema). Cf. Fisher (2006:2).

2005 do que em 2004, ele ainda supera a marca atingida no ano de 2003, confirmando a propensão ao aumento.

A análise individualizada da movimentação processual dos Juizados paulistas ilustra com maiores detalhes o seu crescimento, por contemplar um período mais abrangente (de 1988 a 2005).

Desde a promulgação da Lei nº 9.099/95, o número de feitos em andamento[141] nas Pequenas Causas no estado de São Paulo passou de 94.101, em 1995, para 1.195.985, em 2005, apresentando um incremento de mais de 1.000%, como mostra a tabela 4, enquanto o crescimento populacional, no mesmo período, não chegou a 20%.[142]

Além do agigantamento do acervo dos Juizados, pode-se aferir o pico no crescimento do número de ações em andamento no ano de 1995 (81,3% em relação ao ano anterior), ano da promulgação da Lei nº 9.099.

No ano de 2004, em que os servidores judiciais ficaram em greve por quatro meses, percebe-se um aumento de aproximadamente 40% (o dobro dos anos anteriores, de 22 e 20% respectivamente) que se justifica pelo represamento de causas, não finalizadas em razão da paralisação das atividades.[143]

TABELA 4

Evolução do acervo dos Juizados do estado de São Paulo (1988 a 2005)

	Ano	Feitos em andamento JECs	Crescimento (%)
	1988	1.736	—
	1989	4.736	172,8
Juizados de Pequenas Causas	1990	7.789	64,5
	1991	14.162	81,8
	1992	25.522	80,2
	1993	37.418	46,6
	1994	51.891	38,7

Continua

[141] Observe que, na tabela anterior, inseri o número de feitos "ajuizados"; nesta, são apresentados os feitos "em andamento", resultantes da soma dos processos entrados e em andamento, subtraídos os casos findos.

[142] De 33.811.868 habitantes em 1995, para 40.442.795 em 2005. Fonte: Fundação Sistema Estadual de Análise de Dados — Seade. Disponível em <www.seade.gov.br/produtos/500anos/consulta.php>. Acesso em: 22 dez. 2006 e Instituto Brasileiro de Geografia e Estatística — IBGE. Disponível em: <www.ibge. org.br>. Acesso em: 23 dez. 2006.

[143] Como mencionado, por seu turno, o ajuizamento diminuiu em razão da greve.

	Ano	Feitos em andamento JECs	Crescimento (%)
Juizados Especiais Cíveis	1995	94.101	81,3
	1996	142.609	51,5
	1997	164.146	15,1
	1998	196.575	19,8
	1999	278.350	41,6
	2000	359.522	29,2
	2001	470.461	46,2
	2002	575.406	22,3
	2003	692.742	20,4
	2004	966.908	39,6
	2005	1.195.985	23,7

Fonte: Grupo de Movimentação do Judiciário de SP.[144] e Corregedoria do Tribunal de Justiça de SP.[145]

Diante dos números apresentados, é evidente a expressiva movimentação processual dos Juizados Especiais brasileiros, bem como sua tendência de crescimento — o que parece sugerir que houve a almejada ampliação do acesso à Justiça (Sadek, 2006:256).

Contudo, a investigação não se encerra aqui.

Quais seriam os impactos do agigantamento do acervo no sistema das Pequenas Causas? A ampliação teria sido tão dramática e desproporcional a ponto de afetar sua capacidade de processamento e comprometer a qualidade dos serviços prestados? (Fix-Fierro, 2003:9)

Para responder a esta indagação, é preciso avaliar a capacidade das Cortes em finalizar os processos. Um parâmetro útil para aferir o comportamento do acervo de ações dos Juizados e sua tendência de crescimento ou queda é a chamada "taxa de congestionamento".[146]

---

[144] Dados dos anos de 1988 a 2000 disponíveis em Cunha (2006:50).

[145] Cf. dados dos anos de 2001 a 2005 no site do Tribunal de Justiça do Estado de São Paulo. Disponível em: <www.tj.sp.gov.br>. Acesso em: 30 nov. 2006.

[146] A taxa é calculada da seguinte forma: taxa de congestionamento = 1 – sentenças extintivas/casos novos + casos pendentes de julgamento.

TABELA 5
Taxa de congestionamento — Juizados Especiais Cíveis (%)

Estado	2003	2004	2005
Acre	58,8	5,9	48,6
Alagoas	N/D	N/D	N/D
Amapá	27,8	45,0	13,2
Amazonas	59,0	36,0	48,3
Bahia	54,3	75,8	64,0
Ceará	92,8	85,5	41,2
Distrito Federal	26,4	25,6	10,9
Espírito Santo	48,5	N/D	4,4
Goiás	51,6	1,9	56,8
Maranhão.	55,5	53,9	50,3
Mato Grosso	45,0	59,5	47,6
Mato Grosso do Sul	2,3	28,1	N/D
Minas Gerais	36,9	49,1	35,3
Pará	81,7	83,8	67,7
Paraíba	30,4	35,4	31,0
Paraná	N/D	7,0	11,8
Pernambuco	14,3	35,4	N/D
Piauí	63,5	43,1	51,5
Rio de Janeiro	62,6	55,6	55,2
Rio Grande do Norte	N/D	25,9	69,8
Rio Grande do Sul	38,4	31,6	36,8
Rondônia	35,9	59,6	21,5
Roraima	63,0	N/D	54,2
Santa Catarina	60,8	44,9	68,4
São Paulo	65,0	74,7	64,5
Sergipe	40,9	30,3	28,8
Tocantins	56,8	75,5	29,1
Média BR	**48,8**	**50,2**	**42,1**

Fonte: *Justiça em números*, CNJ 2003, 2004 e 2005. Disponível em: <www.cnj.gov.br/index.php?option=com_content&task=blogcategory&id=97&Itemid=245>. Acesso em: nov. 2007

Como se afere da tabela 5, que apresenta dados coligidos pelo Conselho Nacional de Justiça, a taxa de congestionamento dos Juizados é expressiva, em torno de 40% a 50% na média nacional.

No Ceará, no ano de 2003, a taxa atingiu o pico de 92,8%. No ano de 2004, São Paulo (74,4%, o que pode ser justificado pela greve dos servidores judiciais), Pará (83,8%) e Bahia (75,8%) também apresentaram índices preocupantes. Por outro lado, a tendência nacional é de redução dos índices de represamento, que passaram de 48,8%, em 2003, para 42,1%, em 2005.[147]

Isso revela que, assim como na Justiça comum, o bloqueio do acesso nos Juizados Especiais pode estar menos na entrada dos conflitos, e mais na saída das decisões (Falcão, 1996:273).

O enorme saldo remanescente de ações de um ano a outro sugere que os Juizados não são aptos a absorver o volume de trabalho que lhes é apresentado.

Contudo, investigações adicionais ainda merecem ser realizadas. Além da avaliação da qualidade dos serviços prestados — que será realizada nos capítulos seguintes —, é preciso averiguar quem tem feito uso dos Juizados.

É o cidadão comum, como pretendido pela Lei das Pequenas Causas?[148] Ou, ao revés, a inserção de condomínios e microempresas no polo ativo acabou por verter os Juizados em balcões de cobrança,[149] utilizados em desfavor do cidadão, a exemplo do que ocorreu nas décadas de 1960 e 1970 nos Estados Unidos?[150]

A tabela 6 agrega dados acerca dos usuários dos Juizados Especiais em âmbito nacional e traz informações inéditas acerca da atuação de microempresas e condomínios nas Pequenas Cortes:

---

[147] Nos Estados Unidos, estudo realizado em 1992 aponta que a média de congestionamento das Small Claims Courts é de apenas 11,3%, com picos de 43,8% em Washington D.C., enquanto diversos Juizados conseguem processar todos os feitos que são distribuídos no período de um ano, apresentando, portanto, uma taxa de congestionamento nula (Portland, Minneapolis, Fairfax, Whicita). Goerdt (1992:78).

[148] Como afirmava Cândido Rangel Dinamarco (1985b:126) à época da criação das Cortes de Pequenas Causas, "o Juizado é instituído como tribunal do cidadão e em princípio não visa a oferecer soluções a problemas de empresas ou mesmo associações, mas ao indivíduo enquanto tal".

[149] Vide, a respeito do desvio de finalidade dos Juizados canadenses em razão de sua aceitação, Axworthy (1976).

[150] Vide item III.3.

TABELA 6
Composição dos usuários dos Juizados Especiais Cíveis

Estado	Pessoa física		Microempresa*		Condomínio*	
	N	%	N	%	N	%
Amapá	502	77,8	143	22,2	0	0
Bahia	723	87,7	40	4,9	61	7,4
Ceará	583	91,5	14	2,2	40	6,3
Goiás	592	93,7	37	5,8	3	0,5
Minas Gerais	593	91,1	58	8,9	0	0
Pará	532	95,0	8	1,4	20	3,6
Rio de Janeiro	666	98,1	13	1,9	0	0
Rio Grande do Sul	612	91,2	45	6,7	14	2,1
São Paulo	637	98,5	10	1,5	0	0
Brasil	**5.440**	**91,5**	**368**	**6,2**	**138**	**2,3**

* Os dados relativos à microempresa e condomínio são inéditos.
Fonte: Banco de dados Cebepej, 2006b (dados inéditos).

As informações reunidas pelo Cebepej demonstram que a pessoa física é a usuária, por excelência, dos Juizados (91,5%), seguida por microempresa (6,2%) e, em menor escala, pelo condomínio (2,3%). Nos casos de São Paulo e Rio de Janeiro, o cidadão responde pelo ajuizamento da quase totalidade dos feitos.

Em posse desses fatos, poder-se-ia imaginar que o receio de que a admissão de microempresas e condomínios verteria os Juizados em balcões de cobrança não se confirmou[151] e que, portanto, a alteração legislativa foi correta.

Contudo, a análise qualitativa dos dados parece sugerir que a baixa atuação de condomínios e microempresas em alguns estados justifica-se pela adoção de políticas restritivas, formuladas pelo temor de que a ampliação do polo ativo desvirtuasse os Juizados Especiais.

No Rio de Janeiro (1,9%), há jurisprudência razoavelmente consolidada no sentido de não admitir demandas propostas por microempresas nos

---

[151] Pesquisa realizada recentemente nos Estados Unidos que compara diversos Juizados, concluiu que a inclusão de agências de cobrança nas Small Claims Courts não reduz as taxas de ajuizamento por pessoas físicas em comparação com as Cortes em que sua atuação é proibida (Goerdt, 1992:xiv).

Juizados. Na Bahia (4,9%), embora elas sejam aceitas, há muitas restrições à sua atuação, por meio da análise rigorosa da documentação comprobatória de sua atividade e renda anual.[152]

De outra sorte, em alguns estados, foram adotadas medidas de incentivo à microempresa, como em Macapá (22,2%), Goiás (5,8%) e Minas Gerais (8,9%), que contam com Juizados Especiais especializados em demandas propostas por esse tipo de autor, o que justifica os seus autos percentuais.

No que tange ao condomínio, se, no Amapá, a inexistência de ações propostas por esses entes reflete as particularidades locais (praticamente não há prédios de apartamentos na região), nos estados de Minas Gerais e Rio de Janeiro a inexistência de demandas proposta por condomínios pode ser explicada por uma restrição ao ajuizamento deste tipo de ação.

De qualquer sorte, o fato é que a maioria absoluta dos reclamantes dos Juizados é constituída por pessoa física. Como se não bastasse, a pesquisa demonstrou que a maioria dos usuários atua nos Juizados em causa própria, sem a contratação de defensor,[153] o que expressa o exercício direto da cidadania pelos cidadãos.

De posse dessa informação, é importante avaliar o "perfil" das pessoas físicas que deles se utilizam. Embora não exista um mapeamento nacional mais aprofundado, a pesquisa realizada pelo Cebepej no estado de São Paulo, abarcando capital, interior e litoral, pode nos apresentar um norte importante, e os dados, inéditos, serão demonstrados a seguir.[154]

Quanto à escolaridade, aproximadamente um terço dos usuários dos Juizados possui 2º grau incompleto (33,1%), um terço possui 2º grau completo (32,3%) e um terço chegou a ingressar em um curso superior, ainda que não tenha sido concluído (34,6%), o que demonstra que os usuários das Cortes Informais têm os mais variados níveis de formação. É curioso perceber que o percentual de usuários com nível universitário (completo ou incompleto)

---

[152] Curiosamente, no estado de São Paulo, não há muitas demandas propostas por microempresas nos Juizados, e isso não retrata qualquer política restritiva. O chefe do cartório do Juizado Especial Cível Central da Capital acredita que esses números se justificam pela orientação jurídica dos advogados, que preferem atuar na Justiça comum, em razão dos ônus de sucumbência. Para ele, as microempresas atuam, em sua maioria, representadas por advogados.

[153] Vide Centro Brasileiro de Estudos e Pesquisas Judiciais (2006b:30), que aponta que 60,2% dos reclamantes atua sem advogado na média nacional. Por seu turno, a pesquisa do Cebepej (2003:79) realizada no estado de São Paulo apontou que 69,3% dos autores não constitui advogado.

[154] A pesquisa foi financiada pela Fapesp, Fundação de Amparo à pesquisa do Estado de São Paulo, entre 1º de fevereiro de 2002 e 30 de julho de 2003. Embora não tenha sido publicada pelo Cebepej, alguns dos resultados do estudo foram citados em artigo de Sadek (2006:266-270).

coincide com a estrutura educacional censitária (Centro Brasileiro de Estudos e Pesquisas Judiciais (2006b:76). Merece nota, ainda, o baixo percentual de reclamantes sem qualquer instrução (1,8%) e com pós-graduação (1,5%).

TABELA 7
Escolaridade dos usuários*

Grau de escolaridade	Total	
	N	%
Sem instrução	13	1,8
1º grau incompleto	96	13,4
1º grau completo	83	11,6
2º grau incompleto	45	6,3
2º grau completo	231	32,3
Universitário incompleto	84	11,7
Universitário completo	153	21,4
Pós-Graduação	11	1,5
Total	716	100,0

* Esta pesquisa ainda não foi publicada; as informações foram extraídas do relatório final entregue à Fapesp.
Fonte: Cebepej (2003).

No tocante à situação financeira dos usuários dos Juizados Especiais Cíveis, como se afere pelos dados apresentados na tabela 8, infra, 57% dos usuários dos Juizados têm renda mensal de até três salários mínimos, entre os quais 9% não possui qualquer tipo de renda, 24,5% ganha até 400 reais por mês e 32,5%, entre 700 reais e mil reais mensais. Um quarto dos entrevistados percebe de R$ 1.001,00 a 2 mil reais; e 18,5% da amostra tem renda superior a R$ 2.001,00.

TABELA 8
Renda individual dos usuários (em R$)

Renda	Total	
	N	%
Sem renda	64	9,0
De 1 a 200	28	3,9
De 201 a 400	83	11,6

Continua

Renda	Total	
	N	%
De 401 a 700	119	16,7
De 701 a 1.000	113	15,8
De 1.001 a 2.000	175	24,5
Acima de 2.000	132	18,5
Total	**714**	**100,0**

Fonte: Cebepej (2003).

Para completar o traçado do perfil socioeconômico do usuário do Juizado, a pesquisa do Cebepej aferiu o segmento profissional ao qual pertence.

A tabela 9 mostra que mais de um terço (36,9%) dos reclamantes atua como técnicos e outras ocupações sem instrução formal, e 11,2% dos usuários são aposentados, desempregados ou "do lar". Merecem menção, ainda, os empresários, que correspondem a 18,7% dos casos.

TABELA 9

Classificação dos usuários de acordo com o segmento socioprofissional

Instrução dos usuários	Total	
	N	%
Profissionais liberais e intelectuais	73	10,1
Empresários	135	18,7
Setor público	25	3,5
Professores	32	4,4
Técnicos e ocupações sem instrução formal	266	36,9
Outras	100	13,9
Aposentado/do lar/desempregado	81	11,2
Sem informação	9	1,2
Total	**721**	**100,0**

Fonte: Cebepej (2003).

A análise conjunta da classificação dos usuários dos Juizados por escolaridade, renda e ocupação profissional permite inferir que os Juizados Especiais têm sido utilizados por cidadãos de diferentes camadas da sociedade, de variadas formação, renda mensal e atividade, sobressaindo-se os de renda mais baixa e os que possuem ocupação que dispensa instrução formal.

No que toca à percepção dos Juizados pelos usuários, a pesquisa do Cebepej apontou que a grande maioria dos entrevistados (81%) considerou o atendimento bom, muito bom ou ótimo, como detalhado na tabela 10.

TABELA 10
Avaliação do atendimento no Juizado Especial

Atendimento	Total	
	N	%
Ruim	40	5,6
Regular	78	10,8
Bom	253	35,2
Muito bom	115	16,0
Ótimo	215	29,9
Não se aplica/sem opinião	18	2,5
Total	719	100,0

Fonte: Cebepej (2003).

No mesmo sentido, recente pesquisa de opinião realizada pela Associação dos Magistrados Brasileiros (AMB) acerca da credibilidade das instituições revelou que — entre imprensa, governo e justiça — os Juizados Especiais são as que contam com a maior confiança da população (71,8%).[155]

Em conclusão, os dados são um forte indicativo de que os Juizados Especiais Cíveis:

(i) vêm sendo utilizados pelo seu destinatário principal, o cidadão comum, e não por microempresas ou condomínios. Mesmo nos casos em que sua atuação é estimulada localmente, ainda predominam, no polo ativo, a pessoas físicas;

(ii) têm cumprindo a missão de inserir a população, sobretudo a mais carente e humilde, no sistema de Justiça;

---

[155] Os Juizados ficaram à frente da imprensa (59,1%), do Supremo Tribunal Federal (52,7%), dos juízes (45,5%) e da Justiça/Poder Judiciário em geral (42,8%). Associação dos Magistrados Brasileiros (2007). Disponível em: <http://amb.com.br/portal/docs/noticias/pesquisa_opiniao.pdf>. Acesso em: 10 jan. 2008.

(iii) contam com a aprovação de seus usuários e da sociedade brasileira, o que ajuda a fortalecer, em última análise, a credibilidade das instituições de Justiça.[156]

Em posse dessas informações, cuidarei, nos capítulos seguintes, de avaliar a "qualidade" dos serviços prestados pelos Juizados Especiais. Antes, contudo, faço uma breve análise das tendências de reforma nas Pequenas Causas, por meio da aferição dos Projetos de Lei existentes acerca do tema.

I.4.4. Tendências de reforma

A análise dos projetos de lei que versam sobre os Juizados Especiais Cíveis permite avaliar suas tendências de reforma.[157]

Raríssimos projetos propõem a redução a "competência de valor" das Pequenas Causas:[158] a maioria pretende ampliá-la para 60[159], 100[160] e até 200 salários mínimos.[161]

No mesmo sentido, inúmeros esboços legislativos aumentam a "competência de matéria" dos Juizados, nela incluindo ações relativas a:

(i) direito de família;[162]

(ii) despejo para uso próprio,[163] para uso de ascendentes e descendentes,[164] para realização de obras urgentes[165] e por infração legal ou contratual, falta de pagamento ou encargos;[166]

---

[156] No mesmo sentido, Sadek (2006:270).

[157] Como o objetivo é justamente analisar a tendência das eventuais reformas dos Juizados, inseri todos os projetos de lei sobre o tema encontrados, mesmo aqueles que eventualmente já tenham sido arquivados ou rejeitados, de origem na Câmara ou no Senado. Desde a elaboração da pesquisa até a publicação deste livro, muitos projetos mencionados não estão mais em vigor.

[158] Isoladamente, o PL nº 6.954/02 e o PLS nº 520/99 buscam reduzir sua competência para R$ 4.800,00, e o PL nº 7.165/02, para R$ 12.000,00.

[159] PL nº 4.000/97; PL nº 4.021/97; PL nº 4.275/98; PL nº 6.429/02; PL nº 6.910/02; PL nº 275/03; PL nº 3.309/04.

[160] PL nº 4.404/98.

[161] No âmbito da Justiça Federal (PL nº 3.283/97).

[162] PL nº 5.659/01; PL nº 599/03; PL nº 1.415/03; PL nº 3.309/04; PLS nº 302/05. O PL nº 4.049/01 permite a homologação de acordos em causas de alimentos e separação judicial ou divórcio consensual, qualquer que seja o valor da causa. Os PL nº 5.659/01 e 599/03 preveem até mesmo causas de investigação de paternidade nos Juizados e facultam a criação do Juizado Especial da Família.

[163] PL nº 94/03.

[164] PLS nº 66/05.

[165] PL nº 94/03.

[166] PL nº 59/03.

(iii) acidentes de trabalho;[167]

(iv) multas de trânsito;[168]

(v) conciliação para ações alimentares, falimentares, fiscais, trabalhistas, patrimoniais e de interesse da fazenda pública.[169]

Também se tenciona alargar o polo ativo da ação, incluindo microempresas,[170] condomínios,[171] entidades beneficentes ou assistenciais,[172] Oscips (Organizações da Sociedade Civil de Interesse Público),[173] empresas de pequeno porte,[174] firmas mercantis individuais,[175] empresas enquadradas no sistema "simples",[176] pessoas jurídicas de direito público,[177] empresas públicas da União[178] e até pessoas jurídicas em geral[179] que integrem o polo ativo da demanda, e que a Fazenda Pública estadual ou municipal, pessoas jurídicas de direito público e empresas públicas estaduais ou municipais figurem como rés nos Juizados.[180]

Há projetos que pretendem criar Juizados Especiais Trabalhistas, vinculados àquela Justiça,[181] Juizados Especiais da Fazenda Pública,[182] Juizados Especiais Cíveis da Mulher,[183] Juizados Especiais Cíveis assistenciários, para pessoas com renda inferior a dois salários mínimos,[184] e, ainda, Varas Especializadas nos Juizados estaduais.[185]

Outros preveem recurso das decisões da Turma Recursal para o Tribunal de Justiça ou Superior Tribunal de Justiça.[186] Absurdamente, há um projeto

---

[167] PL nº 6.429/02.

[168] PL nº 148/04.

[169] PL nº 5.306/05.

[170] PL nº 4.537/98; PL nº 4.835/98; PL nº 811/99; PL nº 215/01.

[171] PL nº 4.021/97; PL nº 4.275/98.

[172] PL nº 1.626/96.

[173] PL nº 1.355/03.

[174] PL nº 4.835/98; PL nº 3.005/97; PL nº 807/99; PL nº 811/99.

[175] PL nº 4.537/98.

[176] PL nº 807/99.

[177] PL nº 3.673/00; PL nº 3.309/04.

[178] PL nº 3.673/00.

[179] PL nº 4.404/98.

[180] PL nº 6.910/02.

[181] PL nº 2.837/97.

[182] PLS nº 118/05.

[183] PLS nº 54/05.

[184] PL nº 269/03.

[185] PEC nº 485/05.

[186] PL nº 3.994/00.

que dispensa a conciliação nos Juizados[187] e outro que transfere a entrega da contestação para a audiência conciliatória.[188]

Provavelmente motivado pelos baixos índices de aprovação no exame da Ordem dos Advogados, um esboço legislativo possibilita bacharéis não admitidos na prova a atuar nas Pequenas Causas,[189] enquanto outros preveem a obrigatoriedade da assistência jurídica em todas as causas propostas perante os Juizados.[190]

Como se pode aferir, há uma clara tendência de "ampliação" das Pequenas Cortes, por meio do alargamento de sua competência (em razão de valor e matéria), do seu polo ativo e da fixação, mesmo sem um estudo aprofundado sobre suas eventuais consequências, da competência absoluta dos Juizados.[191]

---

[187] PL nº 4.987/05.
[188] PL nº 1.280/03.
[189] PL nº 6.743/06.
[190] PL nº 209/03; PL nº 3.112/97; PL nº 5.096/05.
[191] PL nº 3.914/97; PL nº 3.947/97; PL nº 4.000/97; PL nº 4.021/97; PL nº 4.404/98; PL nº 7.165/02.

II. Acesso à Justiça Qualificado

II.1. O movimento do acesso à Justiça no Brasil

Não há como cuidar do "acesso à Justiça" sem mencionar o tão citado arranjo das "ondas renovatórias" traçado por Cappelletti e Garth, que constitui, certamente, um marco sobre o tema.

No âmbito teórico, o mérito do movimento foi ampliar o espectro da ciência jurídica[192] que, além do estudo das normas, passou a se ocupar também (i) dos problemas e das necessidades sociais que antecedem e justificam sua elaboração e (ii) dos seus impactos na comunidade.[193]

A partir da detecção dos óbices ao acesso e da forma mais adequada de superá-los, as reformas do sistema de Justiça foram estruturadas em etapas, denominadas "ondas renovatórias". Conforme observa Marc Galanter (1981:147), mais do que uma tentativa de reforma institucional, o movimento representa uma sequência de arranjos intelectuais que refletem o próprio entendimento do papel do direito na sociedade.

---

[192] Entre nós, Cândido Rangel Dinamarco (1998a:114) observa a tomada de consciência sobre a necessidade de observar o sistema jurídico a partir de perspectivas externas, não bastando o tradicional exame introspectivo.

[193] Cappelletti (1994:82-83). Não se pode ignorar que o Projeto Florença também foi um importante alerta sobre a necessidade de realizar estudos empíricos e comparativos dos sistemas jurídicos. Vide, a respeito, Cappelletti (1978b).

Na "primeira onda", buscou-se fortalecer a assistência judiciária, a partir da constatação de que a necessidade de contratar advogado é uma barreira ao ingresso nos Tribunais aos menos favorecidos (obstáculo econômico).

A "segunda onda" — calcada na tese de que o processo tradicional, moldado nas relações individuais, não se adequava aos conflitos de massa então emergentes (obstáculo organizacional) — preconizava a tutela coletiva dos direitos.

Por fim, na "terceira onda", a concepção do acesso à Justiça foi renovada e ampliada, preocupando-se com sua "efetividade", pela aferição de que, em certas áreas ou tipos de conflitos, a solução tradicional, adjudicada, poderia não ser a mais adequada (obstáculo processual) (Cappelletti, 1994:87-88).

A terceira onda reclama por mudanças profundas e estruturais na administração da Justiça, mais célere, conciliatória, acessível, desburocratizada e participativa, incluindo a postura proativa dos magistrados (Cappelletti, 1982).

Requer, assim, uma ampla variedade de reformas: alterações no procedimento; mudanças nos tribunais e/ou criação de novos *locus* de solução de conflitos; inserção de pessoas leigas ou paraprofissionais na Justiça e na assistência judiciária e de métodos alternativos de solução de litígios (Capelletti e Garth, 2002:71), entre muitos outros.[194]

A última fase não desconsidera as anteriores, que, ao revés, coexistem, de modo a atacar as barreiras ao acesso de modo mais articulado e compreensivo (Cappelletti e Garth, 2002:31-73). Como anota Cappelletti (1981:5-6), a terceira onda não deve ser vista como "substituição", mas sim como "absorção" das anteriores.

Nos países desenvolvidos — sobretudo os Estados Unidos, que inspiraram a formulação da teoria —, as ondas renovatórias obedecem a um arranjo mais ou menos sequencial, onde cada uma delas surge após relativa consolidação da outra.

No Brasil, contudo, o quadro é diverso: as três ondas emergiram praticamente juntas, na década de 1980, pela conjunção de fatores de cunho político, econômico, social, jurídico e cultural.[195]

À época, embora o Brasil não fosse de todo urbanizado, tinha um caráter preponderantemente urbano (Deák, 1999:9-13). Para se ter uma ideia, em

---

[194] Diante deste quadro, fica fácil perceber que os Juizados Especiais estão em consonância com as reformas preconizadas pela terceira onda de direitos.

[195] Para Maria Tereza Sadek (2006:249), os anos 1980 foram palco de uma extraordinária transformação no sistema de Justiça; as sementes lançadas, embora nem sempre tenham encontrado um solo fértil para germinar, cravaram um potencial transformador e desencadearam um "processo inexorável de mudanças".

1950, havia, no país, 33 milhões de camponeses, enquanto 19 milhões de pessoas viviam nas cidades; em 1980, a população do campo era de 39 milhões, e as cidades contavam com mais 80 milhões de habitantes.[196]

Por óbvio, paralelamente ao intenso êxodo rural, as cidades sofreram modificações qualitativas, e as necessidades sociais tornaram-se mais complexas; as diferenças foram intensificadas e passou-se a reclamar pela inclusão da classe menos favorecida no sistema de Justiça, pelo tratamento coletivo de interesses difusos que se delineavam e pela redução dos diversos óbices ao acesso. Surgiram novos atores sociais e políticos,[197] que exerceram forte pressão para a instituição de uma cidadania ativa (Motta, 2007).

Com a saída da ditadura militar de cena, o panorama político também era favorável, delineando-se a abertura e a consequente transição democrática. Como afirma Lavínia Barros de Castro (2005:117, 135), no início da década de 1980, "o Brasil vivia o sonho de que a democracia resolveria todos os problemas do país". A campanha das Diretas Já e a eleição de Tancredo Neves geraram um clima de "esperança".

No campo econômico — depois da crise da dívida externa, seguida pelo esgotamento do modelo de "crescimento com endividamento" (Hermann, 2005) —, ressurge a crença na Nova República (Castro, 2005:117, 135).

Nesse contexto favorável, as ideias desenvolvidas por um grupo de juristas[198] conectados às tendências mais modernas do direito americano[199] e da doutrina italiana[200] encontrou solo fértil para prosperar.[201]

Assim, ao mesmo tempo, tramitaram dois projetos de lei completamente inseridos na temática do acesso à Justiça, um sobre Tutela Coletiva (segunda onda) e outro sobre Juizados de Pequenas Causas (terceira onda).[202]

---

[196] Fonte: IBGE. Disponível em: <www.ibge.gov.br/home/estatistica/populacao/censohistorico/1940_1996.shtm>. Acesso em: dez. 2007.

[197] No início da década de 1980, havia mais de 8 mil associações de moradores de bairros; sem contar as organizações civis e religiosas, como a CNBB; associações profissionais (OAB, ABI); sindicatos de trabalhadores (CUT), Movimento dos Trabalhadores Rurais sem terra, movimentos ecológicos etc.

[198] Com destaque para Kazuo Watanabe, Ada Pellegrini Grinover e Cândido Rangel Dinamarco.

[199] Como descrito no capítulo anterior, os Juizados de Pequenas Causas foram inspirados nas Small Claims Courts americanas. Vide item I.3.1.

[200] A real preocupação com interesses transindividuais e a sua defesa em juízo iniciou-se no final da década de 1970, por inspiração da doutrina italiana, tendo como marco os textos de Barbosa Moreira; Waldemar Mariz de Oliveira e Ada Pellegrini Grinover. Por seu turno, a doutrina italiana inspirou-se nas Class Actions norte-americanas (Komatsu, 2003:127).

[201] Não se pode, contudo, ignorar as resistências encontradas, como a da classe de advogados aos Juizados. Vide, a respeito, o item I.3.1.

[202] Acerca da elaboração legislativa das Pequenas Causas, vide item I.3.2.

Ambos os projetos, redigidos na mesma época e tendo autores em comum, foram aprovados praticamente juntos: a Lei dos Juizados, em 1984, e a Lei da Ação Civil Pública, em 1985.[203]

Em seguida, a Carta de 1988 veio dar novo vigor aos instrumentos de efetivação do acesso à Justiça: além de tratar dos Juizados Especiais[204] e da Tutela Coletiva, ampliou o alcance da assistência judiciária, concebida como "assistência jurídica integral e gratuita".[205]

Por fim, fortalecendo ainda mais o sistema de tutela coletiva, foram editados, em 1990, o Estatuto da Criança e do Adolescente e o Código de Defesa do Consumidor.

Como se pode aferir, o Brasil não observou a sequência cronológica das ondas renovatórias:[206] no mesmo contexto histórico, tentamos transpor todos os obstáculos do acesso à Justiça. Com isso, não é difícil perceber que os desafios para a sua consolidação — que já não são pequenos — são muito maiores entre nós (Campilongo, 1999:15).

Há quem acredite que o Brasil sequer vivenciou, de fato, o movimento do acesso à Justiça. Para alguns autores, os Juizados são parte de um projeto de "autorreforma" do Poder Judiciário, criados sem a participação da sociedade civil e sem a consolidação da primeira e segunda ondas,[207] em resposta a um quadro de crise da Justiça.[208]

Essa tese não é totalmente descabida quando avaliamos a interação dos Juizados com os outros mecanismos de promoção do acesso à Justiça, que deixa transparecer sua fragilidade.

---

[203] Embora já houvesse algumas leis específicas para a defesa de determinados direitos metaindividuais, restritas a determinados setores da sociedade, como a Consolidação das Leis Trabalhistas (Decreto nº 5.452/43) e o Estatuto da Ordem dos Advogados do Brasil (Lei nº 4.215/63), além de uma legislação mais abrangente para cuidar dos interesses difusos — Lei da Ação Popular (Lei nº 4.717/65) e Lei da Política Nacional do Meio Ambiente (Lei nº 6.938/81) —, a Lei da Ação Civil Pública foi o verdadeiro marco em tema de tutela coletiva de interesses transindividuais entre nós (Komatsu, 2003:126 e segs.).

[204] Acerca do tratamento constitucional dos Juizados Especiais, item II.4.1.

[205] A assistência judiciária já havia sido prevista em textos constitucionais (1934 e 1946), e legislativos (CPC de 1939; Lei nº 1.060, de 1950), mas foi com a Carta de 1988 que o instituto foi revitalizado. A doutrina entende que houve ampliação do conceito, envolvendo não apenas a assistência jurídica, como também o auxílio extrajudicial, o que já era preconizado por Kazuo Watanabe (1985a: 161, 167) em 1985. Vide, a respeito do desenvolvimento da garantia em nosso sistema, Barbosa Moreira (1994b).

[206] Da mesma forma, como observa Eliane Junqueira (1996:3-4), no Brasil, as discussões acerca do acesso à Justiça não foram motivadas pela crise do Estado do bem-estar social, mas pela exclusão da grande maioria da população a direitos sociais básicos, não tendo sido observado, igualmente, entre nós, o esquema teórico de Marshall de consolidação sequencial e ordenada dos direitos: primeiro os individuais, seguidos pelos políticos, e, por fim, os sociais.

[207] Entre outros, Falcão (1984) e Junqueira (1992).

[208] Nesse contexto, vale rememorar a lição de Kazuo Watanabe (1985b:1-3, 7), para quem os Juizados Especiais de Pequenas Causas "não" foram criados para solucionar a crise da Justiça.

Tome-se como exemplo a assistência judiciária nas Pequenas Cortes: embora a Lei nº 9.099/95 preveja sua instalação na sede do Juizado[209] — vigorando o princípio da "incindibilidade da relação entre o Juizado e a assistência judiciária" (Watanabe, 1985a:165) — não há oferecimento desses serviços essenciais aos usuários de todos os Juizados.[210]

Para piorar este quadro, nos poucos Tribunais de Pequenas Causas que contam com o plantão estruturado, há um racionamento dos serviços em razão da amplitude da demanda e da escassez da mão de obra, violando a garantia constitucional da assistência judiciária integral e plena, conforme narrado em entrevista:

> Eu sou a única defensora, para uma infinidade de pessoas. Eu sou obrigada a triar os casos, atendendo apenas aquelas pessoas que são realmente muito pobres. Além disso, eu não pego causas de menos de 20 salários mínimos, mesmo que a pessoa seja extremamente pobre; eu apenas atendo os casos de mais de 40 salários, que são aqueles em que a lei exige a presença de advogado.[211]

Assim, a deficiente ou inexistente estruturação da defensoria e/ou dos serviços de assistência judiciária compromete a qualidade das Pequenas Cortes, inaptas a cumprir plenamente o seu papel (Watanabe, 1998:133-134).

Fenômeno ainda mais interessante pode ser observado na análise de outro mecanismo de promoção do acesso à Justiça: a tutela coletiva. Estudo de caso realizado pelo Cebepej (2007:59-78) sobre o contencioso da tarifa básica de assinatura de telefonia constatou que a cultura da defesa coletiva de interesses transindividuais não foi devidamente absorvida por nossos operadores do direito.[212]

---

[209] Art. 56. Instituído o Juizado Especial, serão implantadas as curadorias necessárias e o serviço de assistência judiciária.

[210] Esse fato foi constatado a partir da observação de mais de 30 Juizados Especiais Cíveis em nove capitais brasileiras, durante a condução dos trabalhos de campo da pesquisa Cebepej, 2006. Do mesmo modo, a pesquisa quantitativa acerca dos Juizados realizada pelo Cebepej (2003:89) feita em 2003 em São Paulo aponta os reflexos negativos que a (então) ausência da implantação da defensoria no estado causou às Pequenas Cortes. Vide, a respeito da Defensoria Pública no Brasil, o I e II Diagnósticos realizados pelo Ministério da Justiça, em 2004 e 2006. Disponível em: <www.mj.gov.br/reforma>. Acesso em: 20 jan. 2008.

[211] Entrevista aberta concedida em um Juizado Especial Cível da cidade de Goiânia, em março de 2005. Da mesma forma, presenciamos diversos casos em que eram entregues senhas de atendimento e havia triagem das pessoas ao longo do Brasil.

[212] Kazuo Watanabe (1993) já previra que surgiriam muitas dúvidas e que se cometeriam muitos equívocos na utilização desse instrumento processual, até que a doutrina e a jurisprudência precisassem seus contornos.

Prova disso é que, apenas no estado de São Paulo, foram propostas 26 ações coletivas, de idêntico conteúdo, contestando a cobrança da tarifa telefônica — o que contraria a lógica de tratamento único e molecularizado dos interesses difusos.

Como se não bastasse, foram ajuizadas dezenas de milhares de ações individuais sobre o mesmo assunto nas Pequenas Causas, causando um verdadeiro colapso no sistema.[213]

Os dados disponibilizados parecem sugerir (ao menos no que tange a este tipo específico de litígio) que, ante a ineficiência dos instrumentos de defesa coletivos — que deveriam solucionar, de forma unificada, os problemas de caráter difuso e servir como anteparo à atomização das demandas —, as Pequenas Causas acabam sendo oneradas.[214]

Assim, a falta de consolidação da assistência judiciária e da tutela coletiva dificulta o desenvolvimento dos Juizados Especiais, comprometendo a qualidade dos serviços prestados. Apesar das deficiências na estruturação dos respectivos mecanismos entre nós, a doutrina prevê o surgimento de uma "nova" onda no movimento do acesso à Justiça.[215]

A tese é proposta por Kim Economides, professor de direito na Universidade de Exeter, na Inglaterra, que trabalhou com Cappelletti como pesquisador no Projeto Florença. Para Economides, a quarta onda surge a partir da constatação de que a formação e a atuação adequada dos operadores do direito é pré-requisito para a mudança do sistema de Justiça e para o acesso efetivo dos cidadãos.

Embasando-se em diversos estudos empíricos, que apontam para a atuação dos advogados, juízes e promotores de justiça como um importante fator no tema do acesso à Justiça, Economides questiona o acesso e a forma de ingresso às faculdades de direito, além do modo como este é ensinado, e conclui que o ingresso democrático e o ensino de qualidade são precondições para o acesso à Justiça.

Ademais, uma vez graduados e inseridos no mercado de trabalho, os operadores do direito precisam preocupar-se com o seu próprio acesso à "Justiça", o

---

[213] Conforme informado em entrevista realizada com o juiz assessor da Corregedoria, dr. Ricardo Cunha Chimenti, acerca dos Juizados Especiais de Santo Amaro, na capital paulista. Vide, a respeito, o item III.4.

[214] Vide item III.2.3.

[215] Em 1981, Marc Galanter (1981:147) já dizia que o desenvolvimento do acesso à Justiça continuava, mencionando o surgimento de uma futura quarta ou até mesmo quinta onda. Para ele, contudo, diversamente de Economides, a próxima fase do movimento deveria explorar a possibilidade de que o "modelo centralizador" do direito é deficiente.

que envolve padrões mínimos de profissionalização e questões que perpassam pela ética legal (Economides, 1999); pela correta atuação e aconselhamento dos clientes; pela resistência a procedimentos burocratizados que se perpetuam nos fóruns judiciais, entre outros.

A necessidade de mudança da mentalidade dos operadores do direito e do ensino jurídico — reiteradamente anotada por diversos doutrinadores brasileiros[216] — é, a meu ver, questão central na consolidação do acesso à Justiça, uma vez que pode propiciar o progresso e a solidificação das demais ondas.

II.2. O conteúdo da garantia do acesso à Justiça

Não pretendo elaborar uma definição[217] de acesso à Justiça,[218] impertinente nos estreitos limites deste trabalho, pautado em outros objetivos. Com efeito, além da polivalência semântica da expressão, o tema, suscetível ao tempo e às ideologias (Cichocki Neto, 1996:82-85), comporta tamanha gama de interpretações e abordagens (econômica, política, jurídica, sociológica) (Falcão, 1996:271), que exigiria um trabalho específico.

Meu objetivo, ao revés, é delimitar a noção de acesso à Justiça qualificado para os fins deste estudo. Para tanto, farei dois recortes temáticos: primeiramente, cuidarei do enfoque sociológico e jurídico da garantia; em seguida, no âmbito jurídico, avaliarei o acesso à Justiça nos limites do direito processual civil.

Alerto, contudo, que a classificação não é, de forma alguma, estanque (já que não há, a rigor, como apartar o enfoque jurídico do sociológico) e tem a finalidade precípua de sistematizar o estudo.

Por outro lado, é preciso ter em mente que, a par da necessidade prática de reduzir a termos palpáveis o conteúdo do acesso à Justiça, não se pode perder de vista que a expressão deve ser interpretada da forma mais ampla possível.

---

[216] Entre outros, Watanabe (2005a), Faria (2002b:19-25), Nalini (1999), Rodrigues (1995), Unger (2005). Em Portugal, Boaventura de Sousa Santos (1997) também menciona a necessidade da nova geração de juízes e magistrados com conhecimentos vastos e diversificados sobre a sociedade em geral e sobre a administração da justiça em particular.

[217] Como já anotei em trabalho anterior, sob a ótica filosófica, conceito e definição apresentam significados distintos. Conceito é a ideia abstrata e geral que se tem em relação a determinado objeto. É formado pela compreensão (que consiste em suas propriedades) e extensão (que representa seu alcance), valores inversamente proporcionais. A definição, por seu turno, consiste na manifestação das propriedades (ou seja, da compreensão) do conceito, limitando-o, restringindo-o, especificando-o. "Definição" é a busca da determinação clara e precisa de um "conceito". (Cf. Ferraz, 2003:4).

[218] Vide, a respeito, Cichocki Neto (1996:70-100).

Assim, a "justiça" deve ser concebida não apenas como a solução adjudicada do litígio, mas como uma vasta gama de possibilidades para resolver os conflitos (Galanter, 1981:148); e o "acesso" não apenas como o ingresso nos Tribunais, mas também em outras arenas.[219]

II.2.1. A abordagem sociológica

Como observa Boaventura de Sousa Santos, o tema do acesso à Justiça é o que mais diretamente equaciona as relações entre a igualdade jurídico-formal e a desigualdade socioeconômica, aproximando o direito da sociologia.[220]

Todavia, enquanto a ciência processual preocupa-se com os mecanismos destinados a promover o acesso à Justiça qualificado, a sociologia — atenta à existência de grupos em desvantagem, inaptos a utilizar o sistema de Justiça (Cappelletti, 1981:1) — busca investigar os obstáculos à acessibilidade, traçando alguns nortes para suplantá-los.[221]

A literatura americana do início do século XX centra o problema do acesso à Justiça e da exclusão dos pobres nos óbices econômicos.[222] Para Reginald Smith, os "defeitos da administração da Justiça" são a demora,[223] as altas taxas/custas processuais e as despesas com advogados (Smith, 1919:3-33) — que culminam na "negação de Justiça aos pobres".[224]

Mais modernamente, embora não se negue que as questões econômicas representam um importante obstáculo ao acesso à Justiça,[225] estudos realizados a partir da década de 1960 ampliaram o espectro da análise.

---

[219] Rhode (2004:21). O trabalho *Acesso à justiça por sistemas alternativos de administração de conflitos* (Brasil, 2005) traz um mapeamento de iniciativas desta ordem no Brasil. Disponível em: <www.mj.gov. br/reforma>. Acesso em: 22 jan. 2008.

[220] Na verdade, não se pode perder de vista o fato de que, sob os discursos retóricos de ampliação do acesso, ocultam-se embates mais profundos, tangentes à própria distribuição do poder na sociedade (Trubek e Trubek, 1981:119).

[221] Santos (1997:168-169). Isso não significa, por óbvio, que não se possa detectar óbices ao acesso de ordem endoprocessual (como se verá, um dos óbices ao acesso é de ordem técnica). Vide, a respeito, Cichocki Neto (1996:176 e segs).

[222] Nesse sentido, merecem destaque: Pound (1913), que motivou a criação das Small Claims Courts americanas, Smith (1919) e Maguire (1923). Veja também Nehemkis Junior (1933), Nims (1934), Rose (1935), Bissele (1935) e Gardner (1937).

[223] Os mais humildes, como é intuitivo, são mais penalizados pela demora do que os abastados (Santos, 1997:168).

[224] Não se pode desconsiderar, contudo, que além da exclusão dos mais humildes, os altos custos processuais e as despesas com advogados também penalizam as pessoas que têm condições de arcar com os custos da demanda, mas não o fazem pela sua desproporção com o valor a ser eventualmente recebido.

[225] Nesse contexto, Trocker (1974:298) cuidava da capacidade financeira das partes como um dos "pressupostos" da defesa dos direitos em juízo.

Entre eles, uma pesquisa empírica desenvolvida na Inglaterra por Carlin e Howard constatou que mesmo as pessoas mais pobres que tinham à disposição a assistência judiciária efetiva não se socorriam do Poder Judiciário para resolver seus conflitos. Avaliou-se que, antes da procura e da contratação do advogado, é preciso que haja (i) consciência ou reconhecimento de que o problema se trata de uma questão jurídica; (ii) vontade de iniciar uma ação judicial para solucioná-lo.[226]

Verificou-se, assim, que outros obstáculos, além dos econômicos, impedem o acesso à Justiça, como os de natureza política, processual, psicológica, cultural e socioeconômica.[227]

Os óbices de cunho político tangem à ausência de uma correta organização do sistema de Justiça pelos Tribunais.

Em sua análise da racionalidade econômica das Cortes, Héctor Fix-Fierro (2003:211) aponta que a estruturação apropriada do aparato judicial é uma das questões fundamentais da administração judiciária. É que, com o crescimento dos níveis de ajuizamento de demandas, surge a necessidade de estabelecer novos fóruns, recrutar novos juízes e promover uma distribuição razoavelmente uniforme do volume de trabalho — o que exige gestão e planejamento estratégico.

Entre nós, essa tarefa parece não ser realizada a contento.

Para Barbosa Moreira (1994a:130-131), a divisão judiciária brasileira é "absolutamente irracional" e é uma das causas da lentidão da Justiça. Na lição de Cichocki Neto (1996:141-142), neste campo, as decisões são tomadas de forma mais ou menos aleatória, por uma cúpula alheia às reais carências sociais, sem um mínimo de conhecimento da realidade (que poderia ser obtido com a realização de pesquisas empíricas).

A par dessa deficiência administrativa,[228] a ideologia conservadora do Judiciário, sua carência estrutural, material e humana e questões de natureza

---

[226] Economides (1999:23-25). Mais recentemente, pesquisa realizada na Alemanha por Hannes Kniffka demonstrou que, embora a grande maioria da população tenha declarado que considera muito caro defender seus direitos na Justiça, apenas 6% respondeu que deixou de propor uma ação em virtude de seus altos custos (Fix-Fierro, 2003:211).

[227] Cappelletti e Garth, 2002:15 e segs.; Santos, 1997:168-171; Adorno, 1995:10; Cichocki Neto, 1996:136 e segs.; Watanabe, 1998:133 e segs.

[228] Como assevera Kazuo Watanabe (1998:134), o direito à melhor organização da Justiça é dado elementar do acesso à ordem jurídica justa. Vide, a respeito do acesso à ordem jurídica justa, o item II.2.2.2. Santos (1997:180) também menciona a nova gestão de recursos de tempo e capacidade técnica, aliada à racionalização da divisão do trabalho, como requisito da democratização interna do Poder Judiciário. No mesmo sentido, Passos (1985:86).

técnico-processual (como o correto manejo do aparato legislativo da tutela coletiva) também limitam o acesso à Justiça (Watanabe, 1998:135; Cappelletti, 1982).

Quanto aos aspectos psicológicos e culturais, não se pode ignorar o fato de que a mera ideia de ir aos Tribunais atemoriza muitas pessoas (Fix-Fierro, 2003:5), em virtude da linguagem técnica, da formalidade excessiva e dos mecanismos processuais incompreensíveis (Johnson Júnior, 1978:878).

Como se não bastasse, é preciso haver uma predisposição para lutar pelos direitos, e a falta de iniciativa é um dos óbices mais difíceis de serem transpostos, pois resulta da interiorização de valores de inferioridade incutidos na população (Santos, 1997:168-171).

No que toca ao Brasil, esse problema é ainda mais grave, pois grande parcela do seu povo é composta por indivíduos que gravitam à margem das prestações estatais, entre as quais as jurídicas.[229]

Na lição de Orlando Villas Bôas Filho (2006:332-342), a exclusão social brasileira expressa-se sob a forma de uma indiferença, por parte dos próprios segregados, em relação à estrutura jurídica. Esse afastamento, justificado por séculos de abandono dos "subcidadãos", compromete a formação da identidade da nação: não apenas os opressores, mas as próprias pessoas (escravos, pobres, minorias étnicas) tinham e ainda têm uma visão distorcida e redutora de si mesmas.

No tocante aos obstáculos de caráter socioeconômico, há quem mencione a maior proteção legislativa dos interesses da minoria dominante como um limitador ao acesso (Cichocki Neto, 1996:143).

Ademais, estudos apontam que, quanto mais baixa a classe econômica de uma pessoa, maior é o seu distanciamento do sistema de Justiça. Essa falta de aproximação justifica-se por diversos fatores, que vão desde a insegurança e o medo de sofrer represálias até o desconhecimento completo do direito material[230] e/ou da forma de reclamar por ele (Santos, 1997:168-171).

---

[229] Pesquisa recente demonstrou que, além de o Brasil ser um dos países com o maior nível de desigualdade de renda do mundo, os abismos educacionais são ainda maiores entre nós. A pesquisa foi coordenada por José Francisco Soares, do Grupo de Avaliação e Medidas Educacionais da Universidade Federal de Minas Gerais. Para fazer o cálculo, o pesquisador utilizou o índice de Gini, usado por economistas para avaliar o grau de desigualdade da renda. Para se ter uma ideia, enquanto o índice de aferição da desigualdade econômica do Brasil, calculado pelo IBGE, é de 0,545; a desigualdade educacional atingiu a marca de 0,635 (*Folha de S.Paulo*, 24 dez. 2007. Cotidiano, p. C1).

[230] O direito à informação para perfeito conhecimento do direito substancial, contudo, é um dos componentes essenciais ao acesso à ordem jurídica justa (Watanabe, 1998:135).

No Brasil, a exclusão do sistema de Justiça apenas reflete os intensos abismos sociais existentes no país:[231] assim, os grupos socialmente vulneráveis tornaram-se, também, os grupos "legalmente" mais fracos e desprivilegiados (Cappelletti e Garth, 1981:3).

Deste modo, em paralelo ao crescente número de demandas e à inserção de pessoas mais humildes no sistema de Justiça (sobretudo nas Pequenas Causas),[232] ainda há uma importante parcela da população "fora" do sistema de Justiça (Rhode, 2004:5).

Paulo Sérgio Pinheiro avalia que a maioria[233] da população brasileira, ou seja, 70% de pobres, indigentes e miseráveis não têm seus direitos individuais assegurados na justiça (Carneiro, 1999:12). Estimativas feitas nos Estados Unidos apontam que 80% dos pobres e de 40 a 60% da classe média não têm suas necessidades legais atendidas (Rhode, 2004:3).

Pesquisa empírica realizada na região metropolitana do Rio de Janeiro pelo Centro de Pesquisa e Documentação da História Contemporânea do Brasil (Cpdoc/FGV), intitulada *Lei, justiça e cidadania*, revelou o desconhecimento sobre os direitos civis por parte dos entrevistados, que não sabiam enumerar ao menos três deles. Ao lado desta constatação, a pesquisa apurou que a população marginalizada sente falta da Justiça, mas não se utiliza dela por desconhecimento ou pela ausência de cultura política participativa (Pandolfi, 1999b).

Assim, é seguro afirmar que, a despeito dos crescentes índices de movimentação processual nos Juizados, ainda há muitos cidadãos afastados do Judiciário, não por renúncia, mas por pleno desconhecimento[234] do direito, caracterizando o fenômeno que chamo de "litigiosidade latente".[235]

---

[231] Diante da multiplicidade legislativa, mesmo as pessoas com base educacional têm dificuldade para conhecer o direito substantivo (Watanabe, 1998:132). Nesse caso, contudo, o problema pode ser sanado com a contratação de um advogado (o que exige capacidade financeira). Quanto aos mais humildes, apesar da regra constitucional, a Defensoria ainda não está estruturada de modo a prover, como deveria, serviços de orientação à população.

[232] Vide item I.4.3.

[233] Costuma-se dizer que, enquanto nos países mais desenvolvidos, o acesso à Justiça é um problema de minorias, entre nós, trata-se de um problema das maiorias, "a esmagadora maioria da população de um país como o Brasil não tem acesso à Justiça" (Campilongo, 1999:15). No mesmo sentido, Passos (1985:82).

[234] Carneiro (1998:335). Como anota Kazuo Watanabe, esse desconhecimento pode ser causa da falta de acesso à educação.

[235] Latente significa tudo aquilo que é oculto, encoberto; é a doença cujos sintomas ainda não se manifestaram; é o órgão ou organismo que, mesmo estando vivo, não manifesta os sintomas próprios da vida (verbete: latente. *Priberam — Dicionário on line da língua portuguesa*. Disponível em: <www.priberam.pt/dlpo/definir_resultados.aspx>. Acesso em: 20 jan. 2008).

Esse conceito difere da noção de litigiosidade contida[236] desenvolvida por Kazuo Watanabe (1985b:2): "conflitos que ficam completamente sem solução, muitas vezes até pela renúncia total do direito do prejudicado". É que a contenção pressupõe: (i) a existência de um litígio e (ii) o conhecimento do direito lesado, que é contido, represado, reprimido[237] — entre outros fatores, pela descrença na Justiça.[238]

Ao revés, a litigiosidade latente é a completa inércia do cidadão, decorrente do "desconhecimento". Assim, na litigiosidade contida, a parte sabe qual é o seu o direito, mas "reprime-o"; na latência, o sujeito sequer tem discernimento para detectar a existência de um direito material passível de reivindicação.

Como se não bastasse, se, de um lado, a escassez do acesso à Justiça gera os fenômenos da litigiosidade contida ou latente, o excesso de demanda pelos serviços de Justiça pode gerar um fenômeno oposto: o da explosão da litigiosidade ou da litigiosidade estimulada.

Como ensina Héctor Fix-Fierro (2003:9), o crescente ajuizamento de ações não caracteriza, por si só, a explosão da litigiosidade; é preciso, para tanto, que o aumento seja tão dramático e desproporcional que afete a capacidade de as Cortes processarem as demandas com qualidade e eficiência.

O curioso é que, entre nós, todos os fenômenos — litigiosidade latente, litigiosidade contida e explosão da litigiosidade — coexistem; na verdade, a fragmentação da sociedade brasileira pelas desigualdades sociais (Dupas, 2005:185) é reproduzida em desequilíbrios no acesso à Justiça, que requer estratégias diferenciadas para atacar cada um dos problemas.[239]

Assim, ao mesmo tempo em que o número de excluídos do sistema está sendo reduzido,[240] ainda há uma enorme parcela da população sem qualquer contato com a Justiça (quer por renúncia, quer por desconhecimento do direito). Como se não bastasse, um pequeno estrato utiliza-se

---

[236] A esse despeito, Maria Cecília MacDowell dos Santos utiliza as expressões litigiosidade contida ou latente como sinônimo e afirma que, na verdade, havia e sempre houve no Brasil uma *litigiosidade patente* (Juizados informais de conciliação em São Paulo: sugestões para a pesquisa sociojurídica. *Revista da Ordem dos Advogados do Brasil,* São Paulo, n. 50, 1989, p. 109).

[237] Contido (do latim *continere*) representa ter dentro; encerrar, reprimir, refrear, moderar. (Verbete: contido. *Priberam — Dicionário on line da língua portuguesa*).

[238] Watanabe (1985b:2) desenvolve a noção de litigiosidade contida da seguinte forma: "e por que esses conflitos, que ordinariamente são de pequena expressão econômica, não são levados ao Judiciário? A causa primeira é, certamente, a crença generalizada de que a Justiça é lenta, cara e complicada e por isso, além de difícil, é inútil ir ao Judiciário em busca da tutela do direito. Quantos de nós não conhecemos casos de parentes, amigos e de nós mesmos, em que os direitos foram simplesmente renunciados?".

[239] Vide, a respeito, o quadro 5.

[240] Vide item I.4.3.

amplamente do sistema, extraindo vantagens de suas supostas ou reais deficiências (Sadek, 2004:12).

QUADRO 5
Desequilíbrios no acesso à Justiça

Litigiosidade	Características do cidadão	Consequências	Estratégias para minimizar o problema
Latente	Desconhecimento do direito, que se traduz na inércia e na indiferença.	Acentuação da exclusão social.	Campanhas de esclarecimento. Fortalecimento da assistência judiciária (não apenas litigiosa, mas consultiva).
Contida	Conhecimento do direito. Descrença no Poder Judiciário, óbices financeiros, sociais, culturais, psicológicos.	Explosão da panela de pressão social, com a soma dos pequenos conflitos cotidianos.	Facilitar o acesso à Justiça, diminuindo custas e burocracia e promovendo resgate da credibilidade. Solução diversa da adjudicada (ADR). Criação de Juizados Especiais Cíveis.
Estimulada	Conhecimento do direito e possibilidade de lutar por ele (financeira, cultural, psicológica) e até se aproveitar das deficiências e da lentidão do Judiciário.	Aumento desproporcional do número de casos, que o Poder Judiciário não consegue mais administrar. Altos índices de congestionamento e lentidão.	Triagem dos casos que vão ao Poder Judiciário.[242] Solução de demandas em nível coletivo (agência regulatória/tutela coletiva). Criação de outras arenas para solução dos conflitos. Solução diversa da adjudicada (ADR). Melhor estruturação (recursos materiais e pessoais) do Poder Judiciário, para que possa dar vazão à demanda.

Em síntese, na lição de Maria Tereza Sadek, o sistema de Justiça brasileiro estimula um paradoxo: demandas de menos e demandas demais; de um lado, setores expressivos da população acham-se completamente marginalizados dos serviços de Justiça; de outro, há os que usufruem em excesso desse sistema,[241]

---

[241] Esse fenômeno também foi descrito por Marc Galanter, (1974) que dividiu as partes em: (i) litigantes que não têm acesso (*have not-parties*); (ii) litigantes eventuais ou ocasionais (*one shotters*) e (iii) litigan-

"gozando das vantagens de uma máquina lenta, atravancada e burocratizada" (Sadek, 2004:12).

Esse panorama de desequilíbrio explicita os múltiplos desafios da administração da Justiça, e, em especial, dos Juizados: além de "facilitar" a entrada da população, sobretudo a mais carente, é preciso, ao mesmo tempo, absorver o impacto do aumento da demanda sem comprometer a qualidade e a eficiência da prestação jurisdicional.

Como observam Cappelletti e Garth (1981:1), "quantidade" e "qualidade", nesta área, estão inevitavelmente em tensão, tornando difícil o estabelecimento de um equilíbrio apropriado entre os valores de "acesso" e "Justiça".

II.2.2. A abordagem jurídica

Como já mencionado, é impossível elaborar uma classificação estática do acesso à Justiça, pois o conceito se espraia por diversos ramos do conhecimento. No âmbito jurídico, não é diferente: além do direito processual, a temática do acesso à Justiça importa aos outros ramos do direito, como constitucional, administrativo, civil, penal, tributário etc.

Em observância à pertinência temática, cuidarei do enfoque processual da garantia do acesso à Justiça, reforçando que as abordagens sociológica e jurídica não se excluem, mas, ao revés, são complementares. O tratamento apartado justifica-se pela necessidade de sistematização e de delimitação de acesso à Justiça para fins deste trabalho.

II.2.2.1. A abordagem processual

Além da abordagem sociológica, o "acesso à Justiça" pode ser analisado sob a ótica interna do "processo" (Santos, 1997:177). Nesse sentido, não há como negar a íntima conexão existente entre os temas: Cichocki Neto (1996:86-89) vislumbra uma relação de conteúdo e funcionalidade, uma vez que — ao menos sob a ótica jurisdicional — é impensável fazer menção ao acesso à Justiça sem invocar o instrumento que viabiliza sua realização.

---

tes habituais (*repeat players*). Ainda hoje, nos Estados Unidos, fala-se na existência de "muito direito para aqueles que podem pagar por ele, e bem pouco para os demais" (Rhode, 2004:24-31).

[242] Além do tratamento adequado para cada tipo de demanda (v.g., individual ou coletiva, pequenas causas etc.), há sistemas que limitam o número de demandas ajuizadas por autor.

Enquanto alguns autores contextualizam o tema do acesso à Justiça nas garantias constitucionais do processo, outros focam o estudo na sua instrumentalidade ou efetividade. Haveria diferenças substanciais entre o conceito de acesso à Justiça qualificado e o que se convencionou chamar de processo civil de resultados? É o que tentarei aferir, por meio do levantamento bibliográfico.

Inicialmente, é preciso esclarecer que não existe, a rigor, um ramo científico autônomo denominado processo constitucional, que é, na verdade, um arranjo científico destinado a examinar o processo em suas relações com a Constituição (Cintra, Grinover e Dinamarco, 2004:81).

A tutela constitucional do processo apresenta uma dúplice configuração: (i) acesso à Justiça, ou direito de ação e defesa;[243] (ii) direito ao processo[244] (garantias do devido processo legal) (Cintra, Grinover e Dinamarco, 2004:82). É exatamente a primeira abordagem que importa ao nosso estudo.

O acesso à Justiça está previsto no art. 5º, inciso XXXV, que dispõe que "a lei não excluirá da apreciação do Poder Judiciário lesão ou ameaça a direito". A garantia, inicialmente concebida como o mero direito de ação/ingresso no Judiciário,[245] ganhou contornos mais amplos, passando a significar o acesso à tutela jurisdicional "qualificada" (Silva, 1999).

Para Lord Woolf (1996), que conduziu, na Inglaterra, uma extensa pesquisa acerca do acesso à Justiça qualificado, para que o sistema judicial assegure esta garantia, é necessário:

(i) proporcionar resultados precisos e tratamento justo aos litigantes;
(ii) adotar procedimentos adequados, a custos razoáveis;

---

[243] Esse aspecto diz respeito à promoção do acesso à Justiça, nos mecanismos da tutela coletiva, da assistência judiciária plena e da sua facilitação, por meio dos Juizados Especiais Cíveis.

[244] Na busca de desenvolver um modelo internacional de processo justo e *equo*, com enunciados concentrados e sintéticos, Luigi Paolo Comoglio (1994) enumera, como elementos essenciais e comuns aos diversos ordenamentos: (i) a igualdade entre as partes; (ii) a independência e imparcialidade do órgão judicante; (iii) a publicidade das audiências e das decisões judiciais; (iv) a duração razoável do processo; (v) a efetividade do acesso à Justiça, sem qualquer discriminação; (vi) o contraditório e a defesa técnica; (vii) o direito à prova.

[245] Essa noção reflete a ética individualista do Estado liberal dos séculos XVIII e XIX, que via a admissão nas Cortes como um direito natural. Nesse contexto, o acesso à Justiça traduzia-se na declaração de que nenhum cidadão seria impedido de atuar nos Tribunais, e, para garanti-lo, bastava ao Estado adotar uma postura não proibitiva. Com o surgimento do Estado do bem-estar social — em que os direitos deixam de ser apenas declarados para serem reconhecidos —, a garantia da mera entrada nas Cortes não é mais satisfatória: é preciso tornar o acesso à Justiça efetivo, sobretudo em virtude de seu papel central como mecanismo de reivindicação efetiva de todos os demais direitos (Cappelletti e Garth, 2002:9-11). O fenômeno descrito aplica-se aos Estados Unidos e Europa, onde a efetividade do acesso à Justiça foi motivada pela expansão dos serviços do *welfare state*; no Brasil, ao revés, o tema foi introduzido em virtude da exclusão da grande maioria da população aos direitos sociais básicos (Junqueira, 2007:390-391).

(iii) solucionar os casos com razoável velocidade;

(iv) ser compreensível às pessoas que dele se utilizam;

(v) prover o máximo de "certeza" possível (o que envolve um bom sistema probatório);

(vi) ser efetivo.

Segundo Paulo Cezar Pinheiro Carneiro (2000:55-101), os princípios que informam o acesso à Justiça são:

(i) acessibilidade, tangente à ideia da redução de óbices ao ingresso;

(ii) operosidade, entendida como a correta conduta dos operadores do direito e da adequada utilização dos meios e instrumentos processuais (próxima à ideia de adequação procedimental e financeira de Lord Woolf);

(iii) utilidade, noção similar à de efetividade;

(iv) proporcionalidade (opção do julgador, com base no cotejamento dos possíveis resultados de uma dada medida, pela mais valiosa ou harmônica aos princípios jurídicos).

De acordo com Sydney Sanches (1997:266), o acesso à Justiça traduz-se na possibilidade de obter prestação jurisdicional do Estado, imparcial, rápida, eficaz, eficiente e barata.

Sintetizando o conceito, Kazuo Watanabe assevera que a garantia do art. 5º, inciso XXXV, da Constituição Federal, assegura ao cidadão não apenas o acesso nominal à Justiça, mas sim um acesso que propicie uma tutela jurídica "adequada", "tempestiva" e "efetiva".[246]

Na órbita infraconstitucional, o movimento do acesso à Justiça deslocou o foco do direito de ação — polo metodológico da ciência processual primitiva (Cichocki Neto, 1996:86) — para a concepção instrumental do processo.

Superadas as fases "sincretista" (que não distinguia o direito material e substancial) e "autônoma" (que conferiu independência científica ao direito processual), a ciência processual atingira maturidade, tendo objeto, premissas metodológicas e estrutura sistemática bem definidas.

Resolvidas as questões de ordem técnica, surgiram novas preocupações, afeitas à ideia de assegurar às partes o devido processo legal e suas garantias (delineando-se o chamado direito processual constitucional) e, sobretudo, de promover sua "efetividade".

---

[246] Watanabe (1991:49-50, 1993b:19-51). No mesmo sentido, Marinoni (1999:20).

Delineou-se, nesse ponto, a terceira linha evolutiva do processo, caracterizada pela ideia de instrumentalidade, destinada a atenuar o tecnicismo exacerbado da fase anterior[247] e propor aprimoramentos no sistema processual (Dinamarco, 2003:17-67).

Na ótica dos processualistas, a garantia do acesso à Justiça, concebida como "premissa síntese" (Dinamarco, 2001, v. 1, p. 134), reflete-se na noção de efetividade (Barbosa Moreira, 1995; Bedaque, 2006:49) ou instrumentalidade (Dinamarco, 2003:18) do processo, atrelada à ideia de processo civil de resultados.[248] Nesta nova etapa, o processo é visto como instrumento para a realização dos direitos por intermédio da jurisdição (Cichocki Neto, 1996:88).

Apesar de não ser possível falar em efetividade sem ter em mente os fins almejados pelo processo, Barbosa Moreira observa que essa discussão reclama por tantas abstrações conceituais e dogmáticas que causa "certo cansaço".[249] Para Barbosa Moreira (1984b:27), mais proveitoso do que discutir os fins do processo é "traçar os elementos comuns" que o qualificam como efetivo.

Para tanto, em razão da inexistência de um arranjo uniforme, farei um levantamento das diversas definições de processo efetivo, para, ao final, tentar extrair elementos comuns às noções apresentadas pela doutrina.

A efetividade, em seu sentido mais estrito, consiste no recebimento, pela parte, daquilo a que faz "jus". Contudo, o termo também é empregado pela doutrina em sentido amplo, compreensivo de diversos outros elementos, entre os quais a própria efetividade em sentido estrito, denominada, neste caso, de "utilidade".

Héctor Fix-Fierro (2003:26) concebe a efetividade como um conceito abrangente, que envolve:

(i) desenho institucional adequado às demandas;
(ii) juízes e servidores devidamente treinados e preparados, devendo haver incentivos à carreira;

---

[247] Como alerta Kazuo Watanabe (2005b:22), não se trata, contudo, de negar os resultados obtidos até então; ao revés, quer-se com base nas conquistas já alcançadas, aprofundar a visão crítica da utilidade do processo e aproximá-lo da realidade sociojurídica, para que possa cumprir sua vocação, qual seja, servir de instrumento para a efetiva realização dos direitos.

[248] A expressão, cunhada por Dinamarco (2001, v. 1, p, 126), tange à consciência de que "o processo vale pelos resultados que produz na vida das pessoas ou grupos" e que "o valor de todo o sistema processual reside na capacidade que tenha de propiciar ao sujeito que tiver razão uma situação melhor do que aquela em que se encontrava antes do processo".

[249] A este despeito, Dinamarco (2003:181-182) dedicou-se a esta árdua tarefa e atribuiu ao processo escopos sociais (pacificação com Justiça e educação da sociedade); políticos (afirmação do poder estatal, concretização da liberdade individual e promoção da participação social) e jurídicos (como o processo e os seus resultados repercutem no sistema jurídico).

(iii) seletividade, isto é, o Tribunal deve ser apto a triar os casos considerados relevantes e/ou os casos para os quais ele foi instituído;

(iv) capacidade de processamento das demandas que lhe são apresentadas;

(v) advogados treinados e capazes de interagir corretamente com a Corte;

(vi) legitimidade: as Cortes requerem um mínimo de credibilidade social e visibilidade.

Barbosa Moreira (1995:168) entende que o processo efetivo requer:

(i) mecanismos de tutela efetivos;

(ii) instrumentos passíveis de utilização prática;

(iii) um aparato que permita reconstituir os fatos com a máxima fidelidade possível, de modo a viabilizar uma decisão justa;

(iv) resultado que assegure à parte vitoriosa o gozo pleno da utilidade a que faz "jus";

(v) mínimo dispêndio de tempo e energia.

Na concepção de Cândido Rangel Dinamarco (2003:118-119), a efetividade (ou instrumentalidade) do processo, examinada sob seu aspecto positivo, apresenta quatro pontos sensíveis, que reclamam por atenção:

(i) busca da redução dos óbices de acesso à Justiça;

(ii) adequação do processo, para que o instrumento não seja um obstáculo ao acesso à ordem jurídica justa;

(iii) justiça nas decisões;

(iv) utilidade das decisões ou efetividade em sentido estrito, concebida como a potencialidade de o processo ser útil, cumprindo todos os seus escopos institucionais.

Para José Carlos Bedaque (2006:50), processo efetivo é aquele que, "observado o equilíbrio entre os valores *segurança* e *celeridade*, proporciona às partes o resultado desejado de direito material".

Há quem analise o tema da efetividade em termos práticos, e, ao invés de esmiuçar seu conteúdo, opte por enumerar as providências a serem tomadas para que se tenha um processo efetivo: previsão de meios aptos a reconstituir os fatos com a maior fidelidade possível (Barbosa Moreira, 1984b:27-28); obtenção de instrumentos e condições materiais de trabalho; reorganização judiciária; alteração procedimental; formação adequada de juízes e preparo de novos bacharéis de direito (Beneti, 1995:378), entre muitos outros.

Como se vê, em virtude de sua fluidez, não há, na doutrina pátria, um significado uniforme para a "efetividade do processo".

Contudo, na análise dos inúmeros conceitos desenvolvidos pelos processualistas, afere-se, invariavelmente, a presença dos três elementos de acesso à Justiça qualificado sintetizados por Kazuo Watanabe:

(i) adequação (dos instrumentos, das condições materiais de trabalho e dos recursos humanos);
(ii) celeridade, tempestividade ou mínimo gasto de tempo possível;
(iii) utilidade ou efetividade em sentido estrito.

Desse modo, a despeito da falta de padronização conceitual — havendo autores que tratam da instrumentalidade ou efetividade do processo (em seu sentido estrito ou amplo), enquanto outros falam em acesso à Justiça efetivo ou qualificado —, a noção de acesso à Justiça qualificado avizinha-se da ideia de instrumentalidade do processo.

Na verdade, a efetividade do processo nada mais é do que um recorte temático na garantia do acesso à Justiça, concebida como premissa maior. Como observa Dinamarco (1998b:27), "a tônica principal do processo instrumentalista é a efetividade do acesso à Justiça, para plena consecução da promessa constitucional da tutela jurisdicional efetiva".

II.2.2.2. O acesso à ordem jurídica justa

Aprofundando o sentido do acesso à Justiça, Kazuo Watanabe (1998) desenvolveu o conceito de "acesso à ordem jurídica justa", mais abrangente que a ideia de acesso à Justiça qualificado ou de instrumentalidade do processo. Para ele, o sistema legal e institucional de justiça deve ser avaliado sob a ótica de seus destinatários. Assim, sua concepção ultrapassa os limites processuais, para atingir também o direito substantivo. Nesse sentido, o "acesso à ordem jurídica justa" refere-se à correta construção legislativa do direito material (precedida por pesquisas empíricas multidisciplinares para a correta compreensão do fenômeno e sua adequação à realidade social), além da interpretação e aplicação adequadas (Cichocki Neto, 1996:90).

A garantia exige, ainda, direito à informação e perfeito conhecimento do direito substancial por parte da sociedade. Para tanto, é importante que ele seja objetivo e compreensível, sob pena de haver, por exemplo, desrespeito não intencional da norma ou propositura de demandas desprovidas de sentido (Tunc, 1981:325).

Ademais, a assistência judiciária precisa estar estruturada de modo a prover, além do acompanhamento litigioso, orientação jurídica e assessoria extrajudicial à população. Ainda sob a ótica dos consumidores, é essencial que os obstáculos de natureza econômica, social ou cultural sejam devidamente removidos.

Para que esses ideais sejam atingidos, é imprescindível a existência de um sistema de Justiça organizado e devidamente administrado, que apresente instrumentos adequados à tutela efetiva dos direitos, em observância às suas peculiaridades. Ademais, não se pode desconsiderar a instituição de outras arenas, diversas dos Tribunais, para a solução dos conflitos.

O acesso à ordem jurídica justa pressupõe também uma Justiça composta por juízes capacitados, comprometidos e sensíveis aos problemas sociais (Watanabe, 1998:135), que sejam recrutados de forma criteriosa e constantemente aperfeiçoados.

Como se pode perceber, a noção de acesso à "ordem jurídica justa" transita entre a abordagem sociológica e jurídica do acesso à Justiça, sem desconsiderar a justa elaboração e aplicação do próprio direito material.

II.2.3. Acesso à Justiça para fins deste trabalho

Para adequar a ampla temática do acesso à Justiça aos apertados limites deste trabalho, farei uso da abordagem jurídico-processual da garantia. Com este recorte, ficam excluídas a abordagem sociológica e a concepção mais ampla de "acesso à ordem jurídica justa".

Assim, empregarei, neste estudo, a noção de "acesso à Justiça qualificado",[250] sintetizada no trinômio "adequação-efetividade-duração razoável",[251] elementos que adotarei como parâmetros de aferição da qualidade dos serviços prestados pelos Juizados Especiais Cíveis.

---

[250] Embora, como visto, não haja diferenças significativas entre as noções de acesso à Justiça qualificado e processo efetivo, prefiro utilizar a primeira denominação em virtude de seu enfoque processual-constitucional.

[251] Esclareço que o emprego da expressão "duração razoável", em detrimento de "celeridade" ou "tempestividade", justifica-se pela observância do texto constitucional.

III. A conciliação nos Juizados Especiais Cíveis

III.1. Introdução

O presente capítulo está dividido em três seções. Na primeira delas, com base no levantamento bibliográfico, traço um modelo teórico da conciliação e do conciliador, buscando demonstrar a adequação da técnica ao sistema de Pequenas Causas e a importância da capacitação do sujeito destacado para a tarefa.

Na sessão seguinte, avalio dados empíricos acerca da mediação, de modo a aferir seu funcionamento nos Tribunais de Pequenas Causas, buscando, primeiramente, diagnosticar se os índices atingidos são, ou não, satisfatórios.

Na sequência, tentando avaliar a eventual influência do tipo de litigante e da natureza do litígio na celebração do acordo, ponho à prova duas hipóteses: (i) pessoas jurídicas celebram menos acordos; (ii) demandas que envolvem relações de consumo têm menor probabilidade de serem solucionadas amigavelmente.

Ao final, com base nos dados doutrinários e empíricos, esboço algumas reflexões acerca do funcionamento da conciliação nos Juizados Especiais Cíveis.

III.2. Conciliação e Juizados Especiais Cíveis

III.2.1. Conciliação como método de solução adequado às pequenas causas

O "acesso à Justiça qualificado" requer uma tutela jurisdicional finda em "prazo razoável" e que apresente resultados "efetivos" — o que exige a adoção de instrumentos "adequados" (Cichocki Neto, 1996:97). Na verdade, a "qualidade" da prestação jurisdicional depende diretamente da pertinência da tutela que lhe é deferida (Passos, 1998:84). Nesse contexto, emerge a necessidade de o Judiciário aprender a lidar com a diversidade e com a especialização (Faria, 1992:145), prevendo mecanismos apropriados para a solução dos diversos tipos de demanda (Watanabe, 1998:132).

Como bem observa Carlos Alberto de Salles (1999:41-42), a efetividade da tutela jurisdicional (em seu sentido mais amplo) precisa considerar, além das finalidades de "produção", a capacidade do órgão jurisdicional em conhecer corretamente os fatos apresentados, mediar e conciliar posições conflitantes, perceber a verdadeira necessidade das partes e responder às suas expectativas pessoais. Isso, segundo ele, impõe a formulação de um juízo sobre a "adequação" do procedimento ou provimento a determinada situação de fato.

Avaliando as finalidades para as quais os Juizados foram criados (facilitar o acesso à Justiça pela instituição de uma Corte simples, rápida, informal e barata), e a natureza das demandas que são julgadas nesta arena (causas de pequeno valor ou complexidade), fica fácil perceber que a conciliação[252] é o

---

[252] Neste trabalho, utilizarei os termos "conciliação" e "mediação" indistintamente, por visualizar um entrelaçamento natural dos institutos — já que ambos são meios alternativos de solução de conflitos, nos quais um terceiro neutro, qualificado em técnicas de comunicação e negociação, auxilia as partes a encontrar a melhor solução ao conflito — e por acreditar que, mais importante do que sua distinção teórica, é preciso atentar à "técnica" adequada ao caso concreto. A despeito disso, a doutrina pátria preocupa-se em distingui-las; assim, concebe-se a mediação como a técnica aplicável aos conflitos que envolvem relações continuadas, por privilegiar a retomada do diálogo entre as partes e o estímulo de soluções propostas por elas próprias. Por seu turno, a conciliação seria adequada aos casos em que o conflito é eminentemente objetivo, sem haver relação interpessoal, requerendo a atuação mais ativa do conciliador, na tentativa de solucionar o conflito. Enquanto o conciliador teria uma postura mais ativa, podendo propor soluções ao conflito, o mediador apenas tentaria aproximar as partes (Cf. Silva, 2007:50-56, 283-284; Demarchi, 2007:100; Bacellar, 2003:174-176; Sales, 2004:35 e segs). Avaliando a diferenciação elaborada pela doutrina, Kazuo Watanabe (2003:49) observa que ela é mais plausível em nível teórico, pois, na prática, o mediador sempre sugere alguma forma de solucionar o conflito, e sua figura acaba sendo híbrida, de conciliador-mediador. A preocupação também alcança os demais países da América do Sul. Vide, a respeito, Bersal Mesa e Restrepo Serrano (2007). Vide, também, Álvarez et al. (1996, 1998). Ao invés de enclausurar os conceitos em institutos chave, entendo ser mais apropriado atentar aos seus aspectos práticos, como faz a doutrina americana, que usa o termo genérico *mediation* e cuida das técnicas a serem aplicadas de acordo com as particularidades do caso concreto: (i) "Mediação valorativa": o mediador avalia o caso e sugere algumas soluções às partes. Nesta modalidade, portanto, ele expressa sua opinião e tem grande controle sobre o resultado do processo. A mediação valorativa seria similar à conciliação da doutrina brasileira; (ii) "Mediação facilitativa": o mediador busca facilitar o contato entre as partes, mas não tece opiniões ou formula qualquer sugestão de acordo, atividade que é relegada às partes; (iii) "Mediação transformativa": o principal foco desta técnica é transformar a relação das partes, em detrimento da mera busca pela celebração do acerto. Ela pressupõe a existência de uma relação continuada e depende totalmente das partes, pois o mediador jamais expressa opinião ou formula sugestão. Aproxima-se do conceito de mediação adotado entre nós (Vide, a respeito, Goldberg, Sander e Rogers (1992); Fine e Plapinger (1987:10); Bennett e Hugges (2005:3).

método mais adequado para solucionar os conflitos levados às Pequenas Cortes, conforme irei minuciar a seguir.

Inicialmente, a própria gênese das Small Claims Courts está atrelada à conciliação. Nos Estados Unidos, em 1912, a recém-criada Corte Municipal de Cleveland havia aprovado uma lei que tratava da assistência às partes pelo escrevente, motivada pela rejeição popular aos abusos das justiças de paz e pelos reclames de uma justiça mais simples e acessível.

Em se tratando de causas de pequeno valor, o *clerk* William Bourke, nomeado para auxiliar as partes na promoção das demandas, nomeava informalmente os litigantes, tentando acertá-los.[253] Mais de 1.200 acordos foram firmados no primeiro ano da atividade, o que chamou a atenção dos magistrados.

O sucesso da medida, aliado à publicação do artigo de Roscoe Pound (1913:319) — que defendia a inadequação dos Tribunais para solucionar pequenos litígios e reclamava por uma Justiça barata e informal —, culminou em sua judicialização (Smith, 1919:48), por intermédio da criação da Conciliation Branch of the Municipal Court,[254] a primeira Small Claims Court americana.[255]

Entre nós, o processo de recepção das Small Claims Courts americanas também foi impulsionado pelos bons índices de acordos nas Cortes de Conciliação e Arbitramento gaúchas.[256]

Explicitando a conexão entre os temas, Ada Pellegrini Grinover (1985b:159) observa que os Juizados Especiais e as tentativas de institucionalizar a mediação são tendências que se completam, como face e verso da mesma medalha: além de ser impensável a criação de Juizados sem a técnica conciliatória, também não seria recomendável criar a conciliação como alternativa ao processo sem prever, paralelamente, um procedimento simples, oral, célere e gratuito para os pequenos litígios para o caso de seu insucesso.

De fato, há uma mútua interpenetração dos institutos: se, no Brasil, os Juizados foram responsáveis pela promoção efetiva da conciliação judicial,[257] a

---

[253] Vide, a respeito de experiências modernas acerca da conciliação, o volume 2, tomo 1, parte II de Cappelletti (1978a:37 e segs.) e, mais recentemente, também coordenado por Mauro Cappelletti (1981). Especificamente sobre o funcionamento da mediação nos Juizados Especiais de outros países, merece atenção Whelan (1990a).

[254] Em Cleveland, criou-se, por provimento, uma espécie de setor de conciliação que, na verdade, era uma corte especializada em pequenas demandas: cuidava de causas de até 35 dólares e tinha por finalidade alcançar um acordo entre as partes. Ainda em 1913, Kansas criou as Small Debtor's Courts (Cortes dos Pequenos Devedores) nas três cidades mais populosas do Estado (Topeka, Leavenworth e Kansas City). Apesar do nome, cuidavam de pequenas causas cíveis em geral e também tinham por finalidade precípua obter a conciliação (Deemer III et al., 1975:720).

[255] As primeiras Cortes com a denominação Small Claims Courts foram criadas em Illinois, Chicago, em 1916 (Northrop, 1940:39).

[256] Vide item I.3.

[257] Vide, a respeito da conciliação na Justiça comum, e das dificuldades para sua implementação, o item I.2.3.

técnica, por seu turno, ajudou a traçar os contornos institucionais das Pequenas Cortes, delineando uma nova Justiça, informal e pacificadora, apartada da Justiça comum.[258]

A par desta ligação estrutural, o que faz da conciliação a forma mais adequada de solucionar os conflitos dos Juizados Especiais?

Primeiramente, as demandas apresentadas aos Juizados têm uma aderência perfeita à solução conciliatória, já que, em razão de seu baixo valor ou complexidade, reclamam por uma solução simples, rápida e sem muitos custos — sob risco de não valer a pena lutar por sua recuperação. Ademais, o caráter eminentemente individual dos direitos envolvidos autoriza a sua disposição pelas partes, sem interferência no interesse de outros indivíduos ou grupos.[259]

A solução das pequenas causas pela mediação é tão natural que, mesmo nas Cortes de Conciliação japonesas — nas quais não há limitação ao valor ou à natureza das demandas, nem obrigatoriedade da prática —, predominam as ações mais simples e de menor valia, como acidentes de trânsito, locação, comércio e agricultura (Kojima, 1990:189-190).

No que toca aos aspectos procedimentais, por dispensar a produção probatória e discussões de ordem técnica[260] — reduzindo, por via oblíqua, a excessiva burocratização da justiça (Watanabe, 1985b:7) —, a mediação promove a deformalização[261] do processo e possibilita a obtenção de resultados rápidos e baratos (Grinover, 1990:179).

Por ser tarefa atribuída ao conciliador — em observância às modernas tendências de inserção de profissionais paralegais no sistema de Justiça (Cappelletti e Garth, 1988:145) — a mediação possibilita um racionamento do trabalho do juiz, desonerando sua pauta, o que vai de encontro à celeridade, à economia processual e, em última análise, à duração razoável do processo.

Sob a ótica dos usuários, a possibilidade de negociar uma solução mais satisfatória ao litígio (com a substituição do binômio "perde/ganha" pela solução "ganha/ganha") faz da conciliação uma importante ferramenta na busca da pacificação social (Sales, 2004:65).

Em virtude de sua informalidade, a conciliação possibilita a atuação direta das partes, dispensando o defensor. Ainda, seu caráter menos confrontativo

---

[258] Vide, a respeito, Faisting (1999:43-59) e, ainda, sua dissertação de mestrado acerca do mesmo tema (Faisting, 1998).

[259] Vide item I.1.

[260] Owen Fiss (2004:136) fala que a dispensa da instrução é um dos "apelos" do acordo.

[261] Sobre a deformalização, vide interessante artigo de Earl Johnson Jr. (1981:195 e segs.) que, num exercício futurista sobre os desenhos institucionais do Poder Judiciário, prevê, entre os quatro modelos possíveis, o da máxima deformalização do sistema de Justiça.

permite que as partes fiquem mais relaxadas e tenham uma melhor oportunidade de explicar a sua versão dos fatos.[262]

Assim, o objeto da discussão é ampliado, de modo a atingir as verdadeiras causas do conflito (Watanabe, 1985b:7) — diversamente do processo tradicional, que estimula a parte a omitir aspectos fáticos relevantes, com o fito de "ganhar a causa".

Com isso, o espectro de decisão do magistrado é limitado àquilo que os litigantes e/ou seus advogados entendem oportuno revelar. Ademais, não há diálogo entre as partes; a discussão é restrita aos embates teóricos entre os defensores, cujo jargão elas desconhecem (Silva, 2007:85-86).

Pesquisas realizadas nos Estados Unidos apontam que (i) os sujeitos que resolvem seus conflitos pela mediação têm um grau de satisfação maior do que aqueles que têm seu litígio solucionado por uma sentença judicial[263] e (ii) a probabilidade de se ter o recebimento efetivo do bem é maior no primeiro caso,[264] pois o devedor participa da elaboração dos termos do pagamento.[265] Em consequência, a mediação possibilita, por via oblíqua, remover a ideia negativa de que não vale a pena ir à Justiça para lutar por pequenos direitos e melhora a imagem do Judiciário perante a população.

O resgate da conciliação — técnica primitiva de solução de conflitos[266] — não representa retrocesso; ao revés, vai de encontro à tendência moderna de estabelecer uma justiça coexistencial ou conciliatória (Cappelletti, 1994:88), nos moldes da terceira onda renovatória do movimento do acesso à Justiça.

Por fim, é importante salientar que, a despeito das inúmeras vantagens acima apontadas, há críticas ferrenhas, não apenas ao uso generalizado da conciliação no sistema de Justiça e sua substituição aos meios de solução de

---

[262] Goerdt (1992:24). No mesmo sentido, Cappelletti assevera que a conciliação possibilita a apresentação livre e irrestrita dos argumentos pelas partes, que não precisam temer a perda da demanda em virtude da exposição indevida de fatos (Cappelletti e Garth, 2002:86). Esse fato merece restrições, ao menos nos Juizados, onde, nos casos em que a conciliação é infrutífera, o processo segue com a instrução e julgamento.

[263] Essa comparação merece ressalvas, já que na sentença, de forma geral, há uma parte satisfeita com o resultado (a parte vencedora), enquanto a outra sai insatisfeita.

[264] Goerdt (1992:24-25). Em sentido contrário, Owen Fiss (2004:139) anota que o acordo não conta com o mesmo tipo de comprometimento para observância do que uma decisão judicial resultante de instrução e julgamento. Veja dados empíricos acerca da execução de acordos e sentenças no item IV.2.4.

[265] Cappelletti (1994:83). A participação da parte na solução do litígio não apenas aumenta a chance de cumprimento espontâneo do acordo, mas também traz ganhos à qualidade da solução encontrada (Rhode, 2004:21).

[266] Vide, acerca dos estudos sociológicos e do impacto sofrido pela aproximação da sociologia do direito à antropologia no desenvolvimento de estudos sobre forma de composição de litígios (Santos, 1997:175 e segs).

conflitos tradicionais,[267] mas até mesmo ao seu papel central nos Juizados de Pequenas Causas.[268]

Um dos principais argumentos contra a mediação, tecido por Owen Fiss (2004:122-134), toca ao próprio papel do sistema de Justiça, que, segundo ele, não é de "solucionar as controvérsias, como se fossem conflitos de vizinhos", mas sim interpretar e fazer valer a Constituição e as leis, promovendo os direitos e garantias do cidadão. Fiss também menciona a falta de consentimento legítimo de todas as pessoas ou grupos envolvidos no caso de acordos sobre interesses coletivos.

Contudo — além de suas críticas serem voltadas ao sistema americano, onde a grande maioria dos litígios é solucionada pelos chamados ADRs —, as assertivas de Fiss não se aplicam ao sistema dos Juizados, cuja finalidade é justamente solucionar controvérsias cotidianas de impactos restritos às partes (e não resolver injustiças sociais generalizadas),[269] que têm no acordo sua melhor forma de solução.

Fiss alega, ainda, que o acerto intensifica as diferenças socioeconômicas,[270] levando a parte mais pobre a ser coagida a conciliar,[271] abrindo mão de seus direitos.[272]

---

[267] Fiss (2004). Não se pode perder de vista, contudo, que a tese de Fiss foi traçada com base no sistema judicial norte-americano, estruturalmente diverso do nosso, onde o juiz decide apenas um percentual mínimo de causas (Salles, 1999:10). Vide, também, acerca do tema, Abel (1982).

[268] Terence G. Ison (1972:30-31) anota que, embora a conciliação tenha méritos em algumas áreas, e totalmente perniciosa nos Juizados Especiais, pois a técnica penaliza as pessoas menos confrontativas ou mais intimidáveis, além de conferir mais vantagem às partes com mais experiência no litígio. Para ele, os juízes deveriam ser proibidos até mesmo de sugerir acordos nos Juizados.

[269] Como já afirmado anteriormente, não desconsidero os efeitos secundários da tutela jurisdicional, como a potencialidade de orientar comportamentos futuros e mesmo de implementar, ainda que de forma atomizada, os preceitos legais (Salles, 1999:37-39). De qualquer sorte, enfatizo que os Juizados não são aptos a tutelar interesses de índole coletiva.

[270] Por ter dificuldade em avaliar o desfecho do litígio e os eventuais benefícios do acordo; por ter premência no recebimento do dinheiro ou por não ter como arcar com os custos de acompanhamento do processo.

[271] Durante a realização da pesquisa sobre os Juizados do Cebepej, em que atuei como coordenadora executiva, encontrei inúmeros processos em que a parte desistiu da ação judicial (e, portanto, não recebeu nada) por não poder sequer arcar com as despesas de condução para acompanhamento do processo. Nesses casos, o acordo certamente seria uma solução mais viável economicamente.

[272] Até mesmo Cappelletti e Garth (1981:20) — defensores da conciliação como um dos mais importantes instrumentos para viabilizar e consolidar a terceira onda de direitos — não ignoram que deve haver prudência na utilização de ADR e procedimentos simplificados, para não incorrer nos riscos de que a parte mais fraca seja explorada. Eles afirmam que a conciliação de direitos e interesses conferidos pelo Estado do bem-estar social pode inibir seu fortalecimento, na medida em que é difícil superar as disparidades entre as partes na barganha.

Esse alerta não pode ser desconsiderado, mas é importante anotar que os profundos abismos econômicos, educacionais e culturais da sociedade brasileira trazem consequências danosas não apenas ao acordo, mas "também" ao processo judicial tradicional[273] e, antes disso, ao próprio acesso à Justiça, notoriamente seletivo entre nós.[274]

De qualquer sorte — a par desta discussão, que envolve embates alheios ao escopo deste trabalho, sobre as finalidades do sistema de Justiça, a conveniência da substituição do processo pelo acordo e até as desigualdades socioeconômicas do país —, quero ressaltar que, "no tocante às demandas submetidas aos Juizados", a conciliação revela-se a solução potencialmente mais adequada.[275]

Da mesma forma que a tutela coletiva reclama por um tratamento adequado — sob pena de haver, como leciona Cappelletti (1994:87-88), um obstáculo organizacional e processual —, as pequenas causas também exigem uma solução adequada.

Nesse sentido, Kazuo Watanabe (1998:132-134) observa que os conflitos de pequena expressão econômica, cotidianos, de ocorrência múltipla (tais como vizinhança, consumidor, condomínio), precisam de uma Justiça mais ágil, leve, deformalizada, delegalizada e desprofissionalizada, muito mais adequada do que a Justiça concebida em termos tradicionais.

O emprego da mediação no trato das pequenas causas vai de encontro à própria eficiência da Justiça, por fazer uso racional e apropriado dos recursos disponíveis (Fix-Fierro, 2003:25-26). Em suma, como aponta Christopher Whelan (1990b:2), as pequenas causas podem e devem ser administradas de uma forma diferenciada, pouco combativa, em busca de melhores resultados qualitativos. Não se trata, portanto, de uma Justiça de "segunda classe",[276] mas sim de uma "Justiça especializada".

---

[273] Como anota Maria Tereza Sadek (1999a:11), é inquestionável a diferença do empenho dos advogados dativos daqueles contratados pela parte.

[274] Vide, a respeito, o item II.2.1.

[275] Nem mesmo Owen Fiss (2004:144), crítico ferrenho da conciliação, discorda que há casos em que a melhor solução é a conciliada. Ele apenas assevera que a doutrina não se preocupa em distingui-los adequadamente, *in verbis*: "a maioria dos defensores da ADR não se esforça para distinguir os diferentes tipos de casos ou para sugerir que 'as práticas amigáveis da conciliação e do acordo' podem ser particularmente apropriadas para determinados tipos de casos. Eles tratam todos os casos como se fossem iguais".

[276] Carneiro (2001:333). O autor justifica a criação dos Juizados com base na impossibilidade de o Poder Judiciário aparelhar seu pessoal e fornecer Justiça "comum" a todos. Não concordo com essa assertiva, pois os Tribunais de Pequenas Causas são a forma mais adequada de solucionar os litígios de pequena valia, e mereceriam ser implantados mesmo se a Justiça comum fosse propiciada a todas as pessoas.

III.2.2. O papel do conciliador

Embora a conciliação não seja novidade em nosso sistema processual civil,[277] a criação de uma "figura específica" para a tarefa[278] foi uma inovação importante da Lei nº 7.244/84, repetida pela Lei nº 9.099/95, na medida em que:

(i) por ser uma "técnica", sua realização por um *expert* garante a qualidade e, consequentemente, o sucesso da medida (Watanabe, 2005b:34; Lorencini, 2002:110);

(ii) como o conciliador "multiplica" o seu trabalho (Dinamarco, 1986:11), o juiz tem maior disponibilidade para tratar das demandas que, de fato, reclamam por sua atuação;

(iii) evita-se o risco do magistrado, ao presidir a audiência conciliatória, prejulgar a demanda[279] e, sobretudo, da conciliação não funcionar a contento em virtude de sua cultura calcada na solução adjudicada (Watanabe, 2005a);

(iv) impede que a parte faça um acordo apenas por receio de que o juiz julgue em seu desfavor, ressentido por sua recusa em conciliar;

(v) viabiliza a almejada participação popular[280] na administração da Justiça (Watanabe, 1985b:6).

O conciliador tem como missão precípua promover a comunicação das partes, ajudando-as a entender as necessidades, valores e emoções da outra e propondo soluções criativas ao conflito. A atividade não é simples, requer inúmeras tarefas e habilidades, como mostra a lista exemplificativa a seguir.[281]

(i) Ter controle da audiência e criar uma atmosfera segura às partes: para conduzir as tratativas de forma apropriada, é essencial que o conciliador tenha controle da audiência e das partes. Com efeito, não raro, as partes não querem se ouvir, ou querem interferir no depoimento da outra. Ademais, é preciso que as partes sintam respeito à sua figura e sintam-se seguras. No início da audiência, é importante que ele explique o procedimento, para reduzir a ansiedade das partes.

---

[277] Vide, acerca das disposições da audiência preliminar do Código de Processo Civil e suas alterações posteriores, o item I.2.3.

[278] Antes disso, a tarefa já foi de incumbência do juiz de paz, no Brasil Império (vide item I.2.2).

[279] Grinover (1985b:150). No mesmo sentido, Watanabe (2005b:34).

[280] Não se pode esquecer, nesse contexto, da lição de Ada Pelegrini Grinover (1998b:116), de que a questão do acesso à Justiça se insere num quadro participativo, isto é, a participação popular na administração da Justiça é uma das facetas do ideal de acesso à Justiça, que concretiza a democracia participativa.

[281] As lições são de Bennett e Hugges (2005:3-22).

(ii) Gerenciar o processo de conciliação: o conciliador deve conduzir a conciliação de modo a propiciar a solução amigável do litígio, explorando e desenvolvendo as oportunidades para tanto. Assim, deve encorajar as partes a contar suas respectivas versões dos fatos; fazer com que se ouçam mutuamente; restabelecer o diálogo entre elas etc.

(iii) Estruturar a oportunidade para resolução do conflito: não basta ao conciliador ouvir as partes, é preciso que ele capte a perspectiva da parte sobre o conflito, de modo a maximizar o resultado do acordo.

(iv) Aplicar a técnica conciliatória mais adequada ao caso concreto: como visto, mais importante do que diferenciar, em nível teórico, a conciliação da mediação, é dotar o terceiro neutro de capacidade para avaliar qual a técnica mais adequada ao caso concreto, em virtude das características das partes e da natureza da demanda, sem desconsiderar o tipo de relação existente entre elas.

(v) Saber relacionar-se com as partes, advogados, juízes e servidores: é preciso considerar, sobretudo nos Juizados, que o conciliador vai lidar com pessoas com ou sem instrução, representadas ou não por advogado. Não pode desconsiderar, ainda, a relação com o juiz responsável e com os funcionários dos cartórios.[282]

(vi) Ser apto a fazer uma triagem dos casos passíveis ou não de serem conciliados: um conciliador adequadamente treinado é capaz de avaliar, antes ou no desenvolver da sessão da conciliação, as reais chances de as partes se comporem amigavelmente. Nos casos em que não há possibilidade, a audiência deve ser encerrada de plano, ou não deve sequer ser realizada.

O papel do conciliador também é de grande valia para promover a chamada maximização do valor,[283] que é muito mais do que o resultado justo. Imagine o seguinte exemplo: duas crianças brigam por uma laranja, e sua mãe assume a função decisória. Como ela tem pouca informação sobre as necessidades de cada uma das "partes", determina que a laranja seja dividida ao meio e que cada uma das crianças fique com uma metade, certa de que elegeu a solução mais justa para ambas.

---

[282] Vide, a respeito das diversas interações entre juízes, advogados e servidores num fórum da Justiça comum, interessante estudo de caso desenvolvido por Bonelli (1999).

[283] A técnica foi extraída dos vídeos não veiculados publicamente, preparados pela Professora Mariana Hernandez Crespo, da Universidade de San Thomas, em Mineapolis, para o Programa "Investindo no Capital Social: o Tribunal Multiportas".

Contudo, ao deixar de investigar as razões pelas quais as crianças desejavam a laranja, ela perdeu a chance de maximizar ou potencializar os resultados da solução do conflito. Com efeito, se houvesse perquirido, descobriria que um de seus filhos queria a laranja para fazer um suco, enquanto o outro apenas queria as cascas para brincar.

Nesse caso, cada uma das crianças, em vez de 50% cada, poderia ter obtido 100% do resultado: uma ficaria com toda a parte interna da laranja e a outra, com as duas cascas. Esse caso ilustra que é possível avançar no espectro do que se considera um resultado justo, buscando também a maximização do valor.

Com a aplicação dessa técnica, mediante um treinamento adequado, o conciliador tem em mãos uma ferramenta apta a ampliar a satisfação das partes e, por consequência, potencializar os efeitos pacificadores da conciliação. Com esses breves exemplos, quero demonstrar a responsabilidade do conciliador na produção de soluções adequadas aos conflitos que lhe são apresentados.

Por fim, não se pode perder de vista que a conciliação é uma técnica, o que pressupõe rigorosos processos de seleção, capacitação e aperfeiçoamento contínuo das pessoas que irão exercer a atividade.[284]

Além destas, há uma questão árdua, segundo Cappelletti: definir quem são os sujeitos mais apropriados[285] para atuar como conciliadores (Cappelletti, 1994:89). Seria melhor que pessoas leigas, particularmente familiarizadas com os interesses e problemas das partes, presidissem os atos conciliatórios? Ou, ao revés, é essencial haver *expertise*? Em caso positivo, é preciso que o conciliador tenha conhecimentos jurídicos?

O legislador pátrio optou por recrutar o mediador — a quem confere tratamento de auxiliar da justiça — preferencialmente entre os bacharéis de direito (art. 7º, da Lei nº 9.099/95, que reproduz as disposições da Lei nº 7.244/84). Em termos práticos, isso significa que, embora seja recomendável que os advogados exerçam o papel de conciliador, qualquer pessoa maior e capaz pode realizar a atividade.

---

[284] O Projeto de Lei sobre mediação traz diversos dispositivos acerca do registro e fiscalização dos mediadores, a cargo da Ordem dos Advogados e dos Tribunais de Justiça.

[285] Outro ponto que sequer foi discutido na criação dos Juizados no Brasil tange à instituição mais adequada para promover a conciliação — o próprio Tribunal, ou entidades especializadas na técnica. Em Nova York, os serviços de conciliação — não apenas das Small Claims Courts, mas de todo o processo civil — são terceirizados, ficando a cargo de instituições especializadas em ADRs, que recrutam e remuneram conciliadores profissionais. Por seu turno, a avaliação da qualidade dos serviços é feita por um departamento do Tribunal de Nova York, denominado CDRCP (Community Dispute Resolution Centers Program), que atua em conjunto com a instituição responsável.

Para alguns doutrinadores, esta regra não foi acertada, já que a formação em direito seria indispensável para a função (Rocha, 2000:60; Figueira Júnior e Lopes, 2000:186). Nesse sentido, a falta de preparo jurídico dos conciliadores foi bastante criticada pelos juízes entrevistados durante os trabalhos de campo, já que os acordos seriam inexequíveis.[286]

Para avaliar a pertinência do dispositivo legal, vale a pena invocar as distinções entre a mediação facilitativa e a valorativa (respectivamente similares à conciliação e à mediação da doutrina brasileira), de autoria de Bennett e Hudges (2005:11), compiladas no quadro 6:

QUADRO 6

Comparação entre a mediação facilitativa e a valorativa

Variável	Mediação facilitativa	Mediação valorativa
Equivalente no Brasil	Mediação	Conciliação
Perfil do mediador	Formação nas mais diversas áreas *Expertise* na técnica de mediação	Formação jurídica (geralmente, são advogados em atividade ou juízes aposentados). *Expertise* no tema discutido
Principal tarefa	Fortalecer a compreensão mútua das partes, incluindo suas necessidades e emoções	Enfatizar a eficiência e promover a compreensão de questões legais e financeiras essenciais ao acordo
Comportamento habitual	Evitam opinar, buscando, ao revés, estimular as partes a formular propostas	Fornecem propostas para solução do conflito e têm poder no delineamento do acerto
Principais limitações da técnica	Inaptidão para suprir a deficiência das partes no tocante ao "conteúdo" do conflito (questões jurídicas). Pode ser muito demorada	Reduz a atividade de as partes encontrarem por si a solução mais conveniente. Por não considerar as necessidades e emoções dos envolvidos, pode produzir resultados "injustos"

Fonte: Elaboração própria, a partir de Bennett e Hudges (2005).

Como se afere, as duas hipóteses apresentam benefícios e limitações; de um lado, o conciliador técnico é apto a aproximar as partes, mas não é capaz de avaliar a questão jurídica envolvida e suas eventuais consequências. De ou-

---

[286] A esse despeito, em muitos estados, como São Paulo, tem-se contratado estudantes de direito sem qualquer preparo técnico e sem uma formação jurídica consolidada para conduzir a conciliação, aprovados mediante uma prova de conteúdo bastante simples.

tra sorte, o mediador com formação jurídica é hábil para produzir "acordos" — avaliando os riscos de cada uma das partes e fazendo uso dessas informações para tentar compô-las —, mas não é capaz de realizar uma abordagem profunda sobre as reais motivações do litígio.

Diante desse quadro, qual é o perfil ideal do conciliador das Pequenas Causas?

Essa resposta exige a avaliação do tipo de conflito que é decidido nesta arena. Considerando que os principais litígios dos Juizados são relativos a direito do consumidor, acidentes de trânsito, cobrança e execução de título extrajudicial[287] (resolvidos pela técnica valorativa), acredito que é, de fato, mais recomendável que o papel de conciliador seja atribuído a um advogado.

Por outro lado, não se pode ignorar que também são apresentados nos Juizados, ainda que em menor escala, conflitos como contratos civis, locação e relações de vizinhança — que reclamam pela mediação facilitativa.

Nesse aspecto, a disposição legislativa estaria correta, por privilegiar a atuação do advogado e permitir, ainda, que outros profissionais também exerçam a atividade, nos casos em que sua atuação é mais vantajosa.[288]

De qualquer sorte, independentemente de sua formação jurídica, não se pode esquecer que o recrutamento, capacitação e aperfeiçoamento contínuo dos conciliadores são indispensáveis para um bom programa de mediação nas Pequenas Causas.

III.3. Aspectos práticos da conciliação nos Juizados Especiais Cíveis

III.3.1. Percentuais de acordos firmados nos Juizados Especiais Cíveis

Analisar os índices de acordos obtidos e, sobretudo, refletir sobre as suas causas é de vital importância para o futuro dos Juizados Especiais — já que, como visto, a conciliação é a forma mais adequada de solucionar os conflitos de

---

[287] Vide item III.3.1.1.3.

[288] É preciso esclarecer que essa análise foi feita exclusivamente em nível teórico, avaliando, de acordo com as técnicas conciliatórias, qual seria o perfil mais adequado ao conciliador que atua nos Juizados. Não se pode ignorar, contudo, a discussão acerca da existência de eventuais incompatibilidades ou impedimentos das funções de advogado e conciliador. O entendimento do Fonaje é o de que apenas existe óbice nos casos em que as atividades de mediação e advocacia ocorrem no mesmo Juizado. Esse não é, contudo, o entendimento do Conselho Federal da OAB, que vê incompatibilidade entre as funções. Considerando que, em muitos estados, a atividade é voluntária, não é difícil perceber que essa decisão matou a atuação dos advogados como conciliadores. Contudo, a OAB do estado de São Paulo tem o mesmo entendimento que o Fonaje, seguido, igualmente, pelo Superior Tribunal de Justiça. Vide, a respeito, Chimenti (2000:84-86).

pequena monta.[289] Kazuo Watanabe (2006a:12) considera que a conciliação é a "pedra de toque" dos Tribunais de Pequenas Causas.

A tabela 11, a seguir, apresenta os percentuais de acordos obtidos na audiência de conciliação em todos os Estados pesquisados, além da média nacional, com e sem a inclusão do Ceará, já que os seus altos percentuais de acerto podem desvirtuar os dados.

TABELA 11
Acordos firmados na audiência de conciliação (AC)*

Estado	Nº	Acordos (%)
AP	232	45,9
BA	271	34,9
CE	411	69,0
GO	119	28,1
MG	178	32,7
PA	124	24,3
RJ	164	26,2
RS	95	21,3
SP	117	22,0
BR (total)	1.711	34,5
BR (sem CE)	1.300	28,6

* Universo de 4.962 casos.
Fonte: Cebepej (2006b).

De forma geral, o índice de acordos firmados na audiência de conciliação é de 34,5% na média nacional, caindo para 28,6% quando o Ceará (que apresenta uma variação muito grande em relação aos demais estados) é excluído do cálculo.

As variações entre os estados são bastante significativas, revelando a heterogeneidade dos Juizados. Nesse sentido, a amostra pode ser dividida em três grupos:

---

[289] Como já informado, para aferir seu funcionamento, farei uso do banco de dados da pesquisa realizada pelo Cebepej, lançando mão, além das informações divulgadas no relatório final, de estatísticas inéditas, obtidas de cruzamentos entre as variáveis investigadas e de dados qualitativos colhidos durante a realização dos trabalhos de campo da Pesquisa Nacional sobre os Juizados Especiais Cíveis, em que atuei como Coordenadora Executiva. Vide, a respeito, a Introdução, especialmente itens 3 e 4.

Goiás, Rio de Janeiro, São Paulo e Rio Grande do Sul, com 20 a 30% de acordos; Bahia e Minas Gerais, com 30% a 35% e, por fim, Ceará e Amapá, com índices expressivamente superiores à média nacional (69% e 45,9%, respectivamente).

Inicialmente, chama atenção o fato de que os altos índices de acordo do Amapá e do Ceará podem ser explicados por políticas adotadas localmente. A *performance* diferenciada de Fortaleza — equivalente ao dobro da média nacional — justifica-se pelo investimento, da Coordenadoria dos Tribunais de Pequenas Causas, nos Juizados Itinerantes de Trânsito.

Trata-se de vans que funcionam 24 horas, todos os dias, com uma equipe de conciliadores e servidores judiciais que se deslocam para o local dos acidentes de automóvel logo depois de sua ocorrência, sempre em busca da promoção do acerto. Pela natureza do conflito (exclusivamente patrimonial) e pelo momento em que é solucionado (logo depois do acidente), os acordos atingem patamares bastante satisfatórios.

No Amapá, onde o percentual de acordos firmados também é superior à média nacional (45,9%), há uma política de investimento na mediação, com diversos projetos instituídos para esse fim: "Sábado é dia de conciliar", que possibilita às partes resolver suas contendas sem perder dia de trabalho; "Arraial da conciliação", em que se organiza uma festa junina nas dependências dos Juizados, com comidas e danças típicas, para apaziguar os ânimos dos litigantes e, por fim, o "Spa da conciliação", que busca propiciar um ambiente acolhedor, por meio da distribuição de sachês aromáticos, chás relaxantes, palestras proferidas por psicólogos acerca dos benefícios da conciliação e até massagens.

Ademais — a partir da aferição de que a maioria das ações propostas pelas microempresas tange à execução ou cobrança[290] e que há altos índices de acordo nesse tipo de demanda, em razão de seu caráter eminentemente patrimonial —, a juíza coordenadora dos Juizados, dra. Sueli Pini, instituiu, no Juizado da Microempresa,[291] um procedimento ainda mais simplificado, em que os acordos são feitos por escrito, através de propostas intermediadas pelo cartório. O percentual de acordos obtidos também é bastante alto e, de quebra, a pauta dos conciliadores e do magistrado é desonerada.

Ainda no que tange ao reflexo das políticas locais na atuação dos Juizados, os estados com melhores índices de acerto — Amapá, Bahia, Ceará e

---

[290] Pesquisa estatística realizada em Montana, da mesma forma, constatou que as demandas propostas por empresas são mais simples e facilmente comprováveis, pois tangem, em sua maioria, a cobrança ou execução de contratos (Alexander, 1983).
[291] Vide item I.4.3.

Minas Gerais — têm programas de capacitação e aperfeiçoamento de seus conciliadores. Por sua vez, os estados com pior desempenho (São Paulo, Rio Grande do Sul e Pará) não contavam, na época da coleta dos dados, com nenhum tipo de treinamento dos seus conciliadores.

Em entrevistas abertas realizadas com juízes paulistas, eles se queixaram da má qualidade dos acordos firmados — o que os tornava impassíveis de serem cumpridos ou executados; da falta de preparo técnico e de vivência dos conciliadores e da sua alta rotatividade, o que os impedia de formar um corpo permanente e coeso de mediadores.[292] Contudo, quando questionados se não poderiam tentar reverter esse quadro, todos responderam que o excessivo volume de trabalho não permite que se ocupem de tarefas alheias à atividade judicante.

Esses dados sugerem que, a par das peculiaridades locais, as consideráveis variações entre os estados podem ser explicadas pela suscetibilidade das Pequenas Causas às políticas localmente adotadas e ao envolvimento do magistrado na sua condução,[293] o que provavelmente decorre de sua flexibilização e informalidade.

No tocante à média nacional, Kazuo Watanabe avalia que os percentuais de acordos obtidos na sessão conciliatória (34,5%) estão "aquém" dos níveis desejados[294], sendo necessária, para revertê-los, a adoção de uma política de recrutamento, qualificação, treinamento e aperfeiçoamento dos conciliadores.[295]

Sem discordar dessa leitura — pois, além de não ignorar a importância do preparo da técnica conciliatória, de fato constatei que os estados com melhor *performance* capacitam seus mediadores[296] — pergunto se o tema não mereceria uma avaliação mais aprofundada.

Essa análise não estaria desconsiderando os acordos firmados em outras fases procedimentais ou, ainda, extrajudicialmente? Essa conclusão não estaria ignorando a necessidade de triagem dos casos submetidos à conciliação? Os índices seriam mesmo baixos, ou, ao revés, estariam sendo minorados em virtude do processamento de causas inadequadas à estrutura simplificada e conciliatória dos Juizados?

---

[292] Entrevistas abertas realizadas com juízes dos Juizados Central (Vergueiro), Pinheiros e São Miguel Paulista.

[293] Essa é a mesma conclusão da pesquisa de Ruhnka e Weller (1978:17), realizada nos Estados Unidos.

[294] Maria Tereza Sadek (2005) também considera esses índices indesejados.

[295] Watanabe (2006a:12). No mesmo sentido, Bottini (2006:9).

[296] Essa capacitação, contudo, não apresenta nenhuma uniformidade; tampouco há controle de qualidade sobre ela, ou disposições acerca do tempo e do conteúdo mínimo necessários. De qualquer sorte, é um primeiro avanço importante. O Conselho Nacional de Justiça não está indiferente ao tema; uma das medidas adotadas nesse sentido é a criação do Movimento pela Conciliação/Programa "Conciliar é legal", que conta com uma agenda de eventos sobre a conciliação, havendo, ainda, no final do ano, a Semana da Conciliação, na qual é promovido um verdadeiro mutirão, que envolve, inclusive, as empresas mais demandadas. Vide, a respeito, <www.conciliar.cnj.gov.br>. Acesso em: 20 jan. 2008.

Em outras palavras: os percentuais refletem a má qualidade das Pequenas Causas ou, ao contrário, revelam a existência de um possível desvio de sua finalidade?

Para promover a reflexão, cuidarei de responder, nos itens seguintes, a três perguntas, calcadas em dados estatísticos:

(i) os índices de acordos firmados nos Juizados Especiais Cíveis são, de fato, insatisfatórios?

(ii) o tipo de litigante (pessoa física ou jurídica) tem alguma influência na celebração do acordo?

(iii) a natureza da demanda produz reflexos no percentual de acertos obtidos?

III.3.2. Os índices de acordos firmados nos Juizados Especiais são, de fato, insatisfatórios?

Apesar de o momento mais apropriado para se realizar a conciliação ser justamente a sessão designada para este fim — em razão da economia processual e da finalização do processo em tempo razoável —, nada impede que os acertos sejam firmados na audiência de instrução, perante o magistrado, e até mesmo extrajudicialmente, por iniciativa dos litigantes.

Assim, é importante avaliar os casos em que houve acordo em qualquer fase procedimental dos Juizados Especiais. Nessa hipótese, por óbvio, os índices alcançam patamares mais elevados, como mostra a tabela 12:

TABELA 12

Acordos firmados em qualquer fase procedimental (JECs)*

Estado	Acordos firmados na AC		Acordos firmados na AIJ		Acordos totais[297] (inclusive extrajudiciais)	
	N	%	N	%	N	%
AP	232	45,9	20	27,8	248**	40,4
BA	271	34,9	43	16,5	310**	38,8

Continua

---

[297] O universo dos casos avaliados altera-se de acordo com a variável investigada. Deste modo, o percentual de acordos na sessão conciliatória refere-se a todos os casos submetidos a esta prática (4.962 casos); da mesma forma, os índices de acerto obtidos na instrução foram computados em relação aos casos em que a audiência foi realizada (1.792 casos). Por fim, para avaliar o número "total" de acordos, tomei por base o número de sentenças homologatórias do acordo, de modo a computar, inclusive, os acertos firmados extrajudicialmente (5.585 casos).

	Acordos firmados na AC		Acordos firmados na AIJ		Acordos totais[297] (inclusive extrajudiciais)	
Estado	N	%	N	%	N	%
CE	411	69,0	15	19,7	440	71,7
GO	119	28,1	19	14,7	161	26,3
MG	178	32,7	59	27,4	253	40,9
PA	124	24,3	55	25,7	179	33,6
RJ	164	26,2	78	21,6	250	37,7
RS	95	21,3	41	20,6	140	28,9
SP	117	22,0	45	16,9	213	33,0
Brasil (total)	1.711	34,5	375	20,9	2.194	39,3
Brasil (sem CE)	1.300	28,6	360	20,1	1.754	32,9

* Os dados sobre os acordos totais são inéditos.
** *Missing* de quatro casos.
Fonte: Banco de dados Cebepej (2006b).

Com o cômputo de acordos firmados perante o juiz e em negociação privada entre as partes, a média nacional de acordos sobe de 34,5% (28,6% sem computar o Ceará) para 39,3% (32,9% com a exclusão daquele estado). Nesse quadro, o *ranking* entre os estados varia: Minas Gerais (40,9%) iguala-se a Macapá (40,5%) na vice-liderança, e os índices de São Paulo chegam a subir 11 pontos percentuais — não tanto por força do empenho do juiz na composição das partes, mas graças ao expressivo número de acordos firmados extrajudicialmente. Por seu turno, os percentuais de Goiás sofrem uma queda de 2% nos índices de acerto promovidos.

Ainda assim, afirma-se que a taxa de acordos firmados é baixa, sobretudo em comparação com outros países. Na página inicial do site do Movimento da Conciliação do Conselho Nacional de Justiça, está anotado:[298] "atualmente, a taxa de conciliação do país ainda é baixa, entre 30% e 35%, enquanto nos países desenvolvidos esse índice chega a 70%".

Essa assertiva seria correta?

---

[298] Disponível em: <http://conciliar.cnj.gov.br>. Acesso em: 25 jan. 2008.

Para elucidar essa questão, trago dados sobre os índices de acordos obtidos em Juizados de outros países. Embora não sejam passíveis de uma comparação rigorosa — já que se referem a Cortes de cidades isoladas e anos aleatórios —, as informações podem destacar alguns pontos importantes para reflexão.

Nos Estados Unidos — que, como é cediço, contam com um desenvolvido programa de ADR —, os índices de acordos firmados em algumas Small Claims Courts são os seguintes:

TABELA 13
**Percentual de acordos obtidos antes do trial —
Small Claims Courts, EUA, 1990**

Estado	Acordos (%)
Cambridge	95,0
Des Moines	84,0
Portland	55,0
Washington	47,0
Wichita	56,0

Fonte: National Center for State Courts, 1992 (Goerdt, 1992:25).

À primeira vista, a comparação entre os índices de acordo obtidos nos Juizados brasileiros e em algumas Small Claims Courts americanas parece corroborar a tese de que os percentuais de acerto são, de fato, baixos entre nós.

É preciso considerar, todavia, que — diversamente do Brasil, onde é "obrigatória"[299] —, nos Estados Unidos, a sessão de conciliação é facultativa, realizada apenas quando ambas as partes optam pela tentativa. Isso significa que os litigantes já chegam na audiência dispostos, a, no mínimo, dialogar.

Calculando o percentual de acordos firmados em relação ao número total de feitos, o quadro altera-se consideravelmente, e os índices de composição nas Cortes americanas selecionadas não passam de 7,3%, sendo de apenas 2,2% em Washington D.C.:

---

[299] Vide fluxograma do procedimento no item I.4.2.

TABELA 14

Percentual de acordos obtidos antes do trial – Small Claims Courts, EUA, 1990

Small Claims Courts	Casos distribuídos (N)	Casos submetidos à conciliação (C)		Acordos firmados (c)		Percentual de acordos/ total (c/N)
		C	%	c	%	%
Cambridge	3.609	250	6,9	238	95,0	6,6
Des Moines	14.366	1.248	8,7	1.048	84,0	7,3
Portland	11.133	1.065	9,6	586	55,0	5,3
Washington D.C.	40.061	2.328	5,8	1.094	47,0	2,7
Wichita	2.631	328	12,5	184	56,0	7,0

Fonte: Elaboração própria, a partir de dados de National Center for State Courts, 1992 (Goerdt, 1992:25).

No estado de Nova York, o Tribunal de Justiça possui programas de ADRs de competência da CDRCP (Community Dispute Resolution Centers Program), destinados a solucionar conflitos familiares, cíveis e criminais. A coordenação dos programas de conciliação das Small Claims Courts também é de responsabilidade da CDRCP, que atua em parceria com instituições privadas, especializadas em conciliação. Como o programa é unificado, não há informações específicas acerca das Small Claims Courts. Ainda assim, os índices podem dar uma ideia dos altos percentuais de acordo obtidos quando se faz uma triagem prévia dos casos, em detrimento da obrigatoriedade da medida.

TABELA 15

Percentual de casos solucionados pelo Programa de ADR de Nova York em 2004 e 2005

Ano	Casos triados previamente	Casos efetivamente submetidos ao ADR		Casos solucionados por ADRs		
	N	c	%	N	n/N (%)	n/c (%)
2004	40.576	23.635	58,2	18.745	46,2	79,3
2005	35.953	21.886	60,9	17.290	48,1	79,0

Fonte: CDRCP, 2004 e 2005.[300]

---

[300] Community Dispute Resolution Centers Program (2005:1, B2), Community Dispute Resolution Centers Program (2006:1, B2).

No ano de 2004, por intermédio de uma avaliação prévia, o CDRCP classificou 40.576 feitos como apropriados para solução por ADRs. Entre eles, 23.635 casos foram efetivamente submetidos às técnicas alternativas de solução de conflitos, com êxito de 79% — que representa, em relação ao total, 46,2%.

No ano de 2005, esses percentuais permaneceram intactos (17.290 feitos solucionados, 79%, 48% do total), embora o número de casos triados (35.953) e efetivamente submetidos às técnicas de ADRs (21.886) tenha sido menor.

Deste modo, em relação ao universo, os percentuais de casos solucionados por ADRs (46,2% e 48,1%) não são tão distantes dos índices de acordos nacionais. Isso sem contar que, enquanto no Brasil apenas há a possibilidade de conciliar as partes, nos Estados Unidos, há uma gama de técnicas possíveis (arbitragem, negociação, conciliação sem encontro pessoal das partes etc.), o que amplia as chances de solução do conflito.

Para reforçar minha tese de que a triagem prévia é o ponto central na aferição dos percentuais de acordos firmados, trago dados acerca das Cortes de Conciliação japonesas. Naquele país, que conta com um estruturado sistema de conciliação para as causas cíveis (excluídas as causas de família, conciliadas nas Varas especializadas), os índices variam entre 50% e 60%. É preciso anotar que a tentativa de conciliação é facultativa, ou seja, apenas são submetidas à tentativa de acordo as partes que optarem pela medida (Kojima, 1990:190-191):

TABELA 16
Percentual de acordos nas Cortes de Conciliação do Japão de 1970 a 1980

Ano	Acordos (%)
1970	59,6
1971	59,5
1972	60,4
1973	59,1
1974	59,7
1975	58,9
1976	57,8
1977	57,4
1978	57,6

Continua

Ano	Acordos (%)
1979	56,9
1980	55,7

Fonte: Kojima (1990:190-191).

De outra sorte, na Nova Zelândia — onde, como no Brasil, a conciliação é prática obrigatória —, estudo realizado em três Small Claims Courts demonstra que os percentuais de acordo não passam de 15% em relação à amostra total:

TABELA 17
Percentual de acordos obtidos nas Small Claims Courts da Nova Zelândia em 1990

Small Claims Court	Acordos (%)
Christchurch	15,0
New Plymouth	9,0
Rotorua	11,0
Média	13,0

Fonte: Frame (1990:75).

Essas informações sinalizam que os índices de acordos dos Juizados brasileiros talvez não sejam tão baixos como se imagina e que a obrigatoriedade da tentativa de conciliação pode não ser o arranjo procedimental mais adequado.

Embora os percentuais não permitam fazer qualquer comparação rigorosa, servem como indicativo de que os países com maiores índices de conciliação "não" fazem dela uma prática obrigatória. Ao revés, apresentam algum tipo de triagem prévia, realizada por técnicos em conciliação, que aferem as reais chances de solução amigável naquele tipo de demanda, e/ou acatam a manifestação positiva das partes.

Essa constatação faz sentido se considerarmos que a mediação é uma técnica que exige predisposição dos confrontantes. Ademais, é preciso ter em mente que "nem todos os casos são passíveis de acerto",[301] quer em razão da natureza do conflito, quer em função dos sujeitos envolvidos.[302]

---

[301] Esse fato foi apontado em entrevistas abertas por todos os conciliadores profissionais de Nova York, bem como pela sra. Lisa Courtney, responsável pelo CDRCP.

[302] Além desses, certamente há outros fatores que interferem na celebração dos acertos, como a presença do advogado (a pesquisa do Cebepej demonstrou que tem impacto negativo na celebração de acertos),

Por tal razão, acredito que os índices de acordos obtidos nos Juizados Especiais Cíveis brasileiros "não são insatisfatórios" como se supõe e ressalvo que os argumentos calcados nos percentuais de outros países são incorretos, pois desconsideram um dado importante: que a obrigatoriedade e a facultatividade da medida não permitem uma comparação direta.

Ademais, o sucesso da conciliação não deve ser avaliado apenas pelos percentuais de acordos alcançados; é preciso também aferir a satisfação dos usuários submetidos à técnica (McEwen e Maiman, [19--?]). Nesse sentido, pesquisa qualitativa realizada no estado de São Paulo pelo Cebepej (2003:83, tabela 5.10) em 2003 aferiu que, em 77,7% dos casos de respostas válidas, as partes consideraram o acordo bom, muito bom ou ótimo.

De qualquer modo, questiono se os índices de acordo firmados — que não são ruins — não poderiam ser majorados se houvesse uma "triagem" dos casos entre nós — investigação que tentarei realizar nos itens seguintes, tomando por parâmetros o tipo de litigantes envolvidos e a natureza do litígio.

III.3.3. Causas que envolvem empresas apresentam menores chances de acordo?

É correto afirmar que as empresas celebram menos acordos que as pessoas físicas na audiência de conciliação? Para responder a esta pergunta, farei, mais uma vez, uso de dados inéditos extraídos do banco de dados do Cebepej. Tentarei, a partir do isolamento desta variável, aferir se a "composição do polo passivo" tem alguma influência no índice de acordos firmados.

Como a sessão conciliatória é o momento mais oportuno para a celebração do acerto — já que agrega celeridade e satisfação à solução do conflito —, centrarei o estudo nesta etapa procedimental.

Antes de proceder à análise das estatísticas, alguns esclarecimentos de cunho metodológico são necessários:

(i) a análise do polo "passivo" justifica-se pelo fato de que as pessoas jurídicas (excetuadas as microempresas) não podem atuar como reclamantes nos Juizados;

---

o já mencionado preparo do conciliador, o próprio interesse do réu em postergar o pagamento do débito, a existência de pedido de dano moral e o valor envolvido na disputa. Em artigo acerca dos Juizados gaúchos, avaliei a influência da remuneração do conciliador na celebração de acertos e concluí que, mais importante do que seu pagamento, seu correto preparo é o que importa na sua correta atividade. Vide, a respeito, Ferraz (2006).

(ii) para que não houvesse viés nos resultados, calculei, separadamente, o percentual de acordos firmados entre os casos em que a reclamada era pessoa física e o percentual de acordos firmados entre os casos em que o réu era pessoa jurídica;

(iii) com isso, os números absolutos não são comparáveis; por esta razão, apresento, excepcionalmente, apenas os percentuais;

(iv) os casos em que ambas — pessoas físicas e jurídicas — compunham o polo passivo (94 casos) foram computados na categoria "pessoa jurídica".

TABELA 18

Percentual de acordos PF x PJ na audiência de conciliação

Estado	Pessoa física no polo passivo fez acordo? (%)		Pessoa jurídica no polo passivo fez acordo?		Diferença
	Sim	Não	Sim	Não	
AP	46,4	53,6	41,9	58,1	4,5
BA	41,6	58,4	28,2	71,8	13,4
CE	75,3	24,7	40,4	59,6	34,9
GO	34,4	59,6	22,7	77,3	11,7
MG	35,3	64,7	30,7	69,3	4,5
PA	32,3	67,7	15,9	84,1	16,4
RJ	30,0	70,0	25,8	74,2	4,2
RS	33,9	66,1	13,7	86,3	20,2
SP	26,4	73,6	20,6	79,4	5,8
BR	45,6	54,4	24,7	75,3	20,9

Fonte: Banco de dados Cebepej, 2006b (dados inéditos).

Na média nacional, a hipótese se confirma: as empresas (24,7%) celebram menos acordos na audiência de conciliação[303] do que as pessoas físicas (45,6%), e a diferença entre o percentual de acordos firmados atinge a marca de 20,9%.

Ainda que o estado do Ceará seja excluído da amostra, em razão de suas particularidades, a média nacional de acordos firmados entre pessoas físicas (37,6%) ainda supera em 13,5 pontos o índice de acertos das empresas.

---

[303] Na audiência de instrução e julgamento, não há nenhum padrão de comportamento; os dados são tão variáveis que não permitem tecer nenhuma conclusão.

No que tange aos estados, a despeito das grandes variações, a diferença também se confirma: invariavelmente, a sessão de conciliação é menos exitosa quando o réu se trata de uma empresa.

III.3.4. Causas que envolvem relação de consumo apresentam menores chances de acordo?

Uma vez confirmada a hipótese de que as ações promovidas contra empresas têm menor probabilidade de serem solucionadas por acordo, cabe avaliar se sua natureza também influencia esse comportamento. Volto a questionar se os índices de acordo dos Juizados brasileiros não são maiores em razão do processamento de demandas inadequadas, fato agravado pela obrigatoriedade da conciliação entre nós.

Estaria havendo um desvio da finalidade dos Juizados, motivado pelo julgamento de demandas que não se ajustam à sua estrutura notadamente conciliatória? Para aprofundar a investigação, é preciso avaliar, inicialmente, que tipos de ações estão sendo ajuizados nos Tribunais de Pequenas Causas.

TABELA 19

Natureza da demanda – Juizados Especiais Cíveis (%)*

Estado	Relação de consumo		Acidente de trânsito		Relação de vizinhança		Locação/ despejo		Cobrança		Execução Títulos Judiciais e extrajudiciais	
	Nº	%	Nº	%	Nº	%	Nº	%	Nº	%	Nº	%
AP	66	10,2	35	5,4	01	0,2	39	6,0	178	27,5	242	37,3
BA	275	33,4	252	30,6	09	1,1	112	13,6	83	10,1	0	0
CE	49	7,7	385	60,4	02	0,3	42	6,6	94	14,8	30	4,7
GO	198	31,3	78	12,3	07	1,1	52	8,2	109	17,2	50	7,9
MG	359	55,3	55	8,5	14	2,2	52	8,0	49	7,6	87	13,4
PA	188	33,8	118	21,2	10	1,8	53	9,5	112	20,1	16	2,9
RJ	532	79,0	16	2,4	03	0,4	14	2,1	38	5,6	22	3,3
RS	214	32,1	32	4,8	03	0,4	19	2,8	108	16,2	225	33,7
SP	327	50,8	68	10,6	18	2,8	48	7,5	84	13,0	48	7,5
BR	2.208	37,2	1.039	17,5	67	1,1	431	7,3	855	14,4	584	9,8

* Universo de 5.929 casos.
Fonte: Cebepej (2006b). Os dados desagregados por estado são inéditos.

Com exceção do Amapá (10,2%) e do Ceará (7,7%), a grande maioria das demandas ajuizadas no Brasil e nos demais estados pesquisados tange ao consumo: 37,2% na média nacional, atingindo picos de 50,8% em São Paulo; 55,3% em Minas Gerais e 79,0% no Rio de Janeiro.

No Ceará, predominam as demandas relativas a acidentes de trânsito e, no Amapá, as execuções de título extrajudicial. Com exceção da Bahia, as ações envolvendo despejo e locação têm uma participação relativamente baixa na amostra (7,3%). Os litígios referentes à relação de vizinhança são ínfimos (1,1%), tendo seu pico em São Paulo (2,8%), como pode ser visualizado no gráfico 1, a seguir.

GRÁFICO 1
Natureza da demanda – Juizados Especiais Cíveis

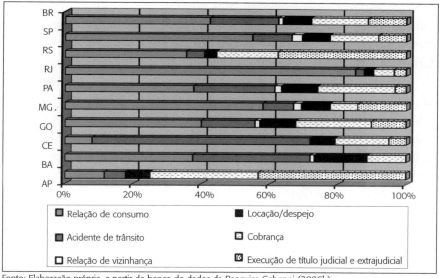

Fonte: Elaboração própria, a partir do banco de dados da Pesquisa Cebepej (2006b).

As variações significativas entre os estados decorrem, provavelmente, de uma combinação de dois fatores: (i) das políticas localmente adotadas pelas coordenadorias das Pequenas Causas; (ii) do perfil socioeconômico da capital pesquisada.

No Ceará, a pequena participação das causas de consumo novamente pode ser explicada pelo foco no processamento de causas de trânsito (que, em decorrência, respondem por 60,4% de toda a movimentação processual).

No Amapá, a instalação de um Juizado Especial na sede do Sebrae para uso exclusivo das microempresas e o alto percentual de demandas propostas por este tipo de demandante (22,2%)[304] justifica o grande número de demandas de execução e cobrança naquele estado, muito acima da média nacional (64,8% no total).

Além deles, outro estado que possui um elevado número de ações de execução é o Rio Grande do Sul, que justamente tinha, na época da pesquisa, um cartório apartado para processar as demandas executivas.

Nesse contexto, a criação de Juizados especializados em determinadas matérias parece potencializar a demanda.[305] Em Minas Gerais, que também possui um Juizado Especial da Microempresa, a execução de título extrajudicial (13,4%) igualmente supera a média nacional (9,8%).

Ademais, todos os estados com grande percentual de ações relativas a acidente automobilístico possuem um Juizado Especial de Trânsito: Bahia (30,6%), Ceará (60,4%) e Pará (21,2%). Na Bahia, eles funcionam junto ao Detran,[306] havendo, inclusive, uma interligação entre os respectivos sistemas de informática, para facilitar a localização de automóveis e sua respectiva penhora.

No que tange às diferenças socioeconômicas, com exceção da Bahia e do Pará, todos os estados da amostra com demandas de consumo superiores a 30% apresentam um índice de desenvolvimento humano alto ou médio-alto (Amapá, Goiás, Minas Gerais, Rio de Janeiro, Rio Grande do Sul e São Paulo), sinalizando que haveria uma correlação entre altos índices de escolaridade, renda e expectativa de vida e a propositura de demandas de consumo.

Contudo, justamente as duas unidades federativas que, apesar de apresentarem importantes índices de ações propostas por consumidores, têm IDH baixo (Bahia) ou médio-baixo (Pará) possuem Juizados especializados na defesa do consumidor, o que parece ser mais um indicativo de que a sua criação potencializa o ajuizamento de ações desta natureza.

De qualquer forma, a par das notáveis peculiaridades locais, pode-se afirmar, em linhas gerais, que os Juizados cuidam, predominantemente, de ações

---

[304] A iniciativa é resultado de um convênio firmado entre os Juizados Especiais e o Sebrae. Vide, a respeito, item I.4.3.
[305] Christopher S. Axworthy (1976:484) menciona que as Small Claims Courts podem "instigar" a propositura de demandas que não valeriam a pena caso elas não existissem.
[306] Departamento de Trânsito da Bahia.

de consumo (37,2%) — fato que já havia sido indicado por estudos anteriores[307] —, seguidas, em bem menor proporção, por acidentes de trânsito (17,5%), cobrança (14,4%) e execução de títulos judiciais e extrajudiciais (9,8%).

Diversas causas podem justificar a predominância das ações desta natureza: a existência de uma avançada legislação protetiva dos interesses do consumidor; maior conhecimento dessa legislação pelo cidadão comum e reconhecimento, pela população, dos Juizados Especiais como um fórum adequado para resolver conflitos desta natureza (Cunha, 2006:141).

Não se pode ignorar, ademais, como possível justificativa a este fenômeno, a inabilidade da tutela administrativo-regulatória e judicial-coletiva em solucionar problemas consumeiristas, que acaba deixando um saldo residual para os Juizados.[308]

Nesse sentido, como observa Marc Galanter (1993), a prevalência de determinadas demandas em detrimento de outras pode ser justificada pela presença de alternativas mais eficientes para lidar com os litígios.

Por fim, também é natural que numa sociedade massificada e calcada no consumo, com uma crescente oferta de produtos e serviços, prevaleçam demandas desta espécie.

Nesse contexto, é importante constatar que a criação dos Juizados Especiais deu-se justamente na época em que o movimento dos consumidores tomava força entre nós, e o próprio Código era gestado, na década de 1980.[309] Assim, quando a Lei dos Juizados foi elaborada, estavam sendo traçados os primeiros contornos da sociedade de consumo e de massa no Brasil e, sobretudo, da proteção legislativa ao consumidor.[310]

---

[307] O fenômeno, segundo as demais pesquisas, não é recente, e pode ser verificado desde a criação dos JICS (Juizados Informais de Conciliação) paulistas. Os estudos foram feitos: (i) Em São Paulo, no final da década de 1980, nos então Juizados Informais de Conciliação (JICs), por Maria Cecília MacDowell; (ii) no período de 1992 a 2002 nos Juizados Especiais Cíveis Centrais da capital, Vergueiro, por Luciana Gross Cunha (49%); (iii) No Rio de Janeiro, em 1996, por Maria Celina D'Araújo, que verificou que, em determinado Juizado carioca, 45% das demandas tratavam de consumo; (iv) em 1999, por Werneck Viana, que verificou que 36,4% das demandas ajuizadas no Rio de Janeiro cuidavam de consumo (Cunha, 2006:92).

[308] Vide, a respeito, o item III.4.

[309] Vide, a respeito do contexto histórico da criação dos Juizados Especiais Cíveis, o item I.3.1.

[310] Em 1976, o governo de São Paulo criara o Procon (Grupo Executivo de Proteção ao Consumidor); já antes da Constituição, que fortaleceu o sistema de consumo no Brasil, estava sendo discutido o Projeto de Código de Defesa do Consumidor. Em 1987, foi fundado o Idec (Instituto de Defesa do Consumidor); em, 1989, a Comissão de defesa do consumidor da Ordem dos Advogados do Brasil de São Paulo, e, finalmente, em 1990, foi editado o Código de Defesa do Consumidor.

Nos Estados Unidos, quando as Small Claims Courts foram criadas, na década de 1920, o perfil da sociedade era bastante diverso do atual. É certo que a prosperidade econômica começava a gerar importantes mudanças na comunidade americana — cada vez mais urbanizada, assistindo à proliferação de grandes companhias e a um intenso fluxo imigratório —, mas a sociedade de consumo e de massa estava longe de se manifestar em sua inteireza.

Apenas nas décadas de 1960 e 1970, justamente quando surgiu a *mass consumption society* e se consolidou o movimento do consumidor, é que a procura pelas Small Claims Courts cresceu de forma vertiginosa. Nesse período, surgem as primeiras pesquisas empíricas diagnosticando a prevalência de demandas de consumo nas Pequenas Cortes, que passaram a ocupar posição de destaque nos debates jurídicos daquele país.

Como é de se imaginar, a desproporção entre a demanda e a capacidade de processamento das Pequenas Causas comprometeu a sua atuação, gerando insatisfação generalizada de seus usuários, em razão do enorme volume de casos em andamento, grande demora, altos custos e complexidade. Naquele período, os Juizados americanos já não se diferenciavam substancialmente da Justiça comum e haviam se tornado extremamente burocratizados e inacessíveis.[311]

Como se não bastasse, os maiores usuários das Small Claims Courts eram as empresas, que promoviam ações de cobrança "contra" consumidores inadimplentes.[312] Assim, embora criados para prover Justiça ao cidadão comum, sobretudo o de mais baixa renda, os Juizados, perversamente, passaram a ser utilizados "contra" os supostos beneficiários do sistema.

Por esses motivos, iniciam-se, em 1969, movimentos de reforma das Small Claims Courts. Enquanto alguns estados simplesmente ignoraram as críticas, outros realizaram mudanças significativas em seu sistema, de modo a aperfeiçoar os Pequenos Tribunais, com destaque para Nova York, Nebraska — que passou a vedar a atuação de advogados e a simplificar o procedimento para agilizar a conclusão das demandas, além de aumentar a publicidade das cortes junto à população — e Filadélfia, que criou um sistema de assessoramento, pelos servidores, às pessoas que quisessem atuar *pro se* e instituiu julgamentos noturnos para evitar perda de trabalho.[313]

---

[311] Martin, Runkha e Weller (1978:5), Barret et al. (1993-1994:58), Steele (1981), Deemer III et al. (1975:723-726).

[312] Nos Estados Unidos, inicialmente, as empresas podiam litigar nas Small Claims Courts.

[313] Deemer III et al., 1975:726-727; Steele, 1981.

Quanto a Nova York, na década de 1970, as Small Claims Courts estavam completamente abarrotadas, com 140 mil casos em atraso, alguns aguardando julgamento há uma década (Carneiro, 1985:33).

Para resolver o problema, foram adotadas as seguintes medidas, que tencionavam vertê-las em verdadeiras "cortes comunitárias":

(i) simplificação do procedimento;

(ii) criação de Cortes especializadas no julgamento de determinadas matérias (como despejo), confiando às Small Claims Courts apenas a solução de causas de cobrança de pequenos valores em dinheiro;

(iii) aumento do poder dos juízes, que passaram a ter um papel mais ativo na condução dos processos;

(iv) orientação das partes pelos escreventes, para que pudessem atuar sem advogado (Steele, 1981);

(v) realização de um verdadeiro "mutirão" entre os juízes que, em grupos de três, assumiram a responsabilidade de sanear os Juizados;

(vi) investimento na conciliação, para reduzir o número de casos (Carneiro, 1985:34);

(vii) vedação de pessoas jurídicas no polo ativo das Small Claims Courts.

Apesar das diferenças estruturais, é surpreendente perceber a similitude entre a experiência americana e a brasileira: inicialmente criados com finalidades diversas, adequadas ao perfil da sociedade da época de sua gestação, acabaram por se verter na principal arena para solucionar os problemas dos consumidores, que se multiplicavam em paralelo ao surgimento da sociedade de massa.

De fato, quando as Small Claims Courts foram criadas — e, igualmente, quando os Juizados de Pequenas Causas foram concebidos — não era possível prever a enorme dimensão que as relações de consumo tomariam nas respectivas sociedades nem os problemas que decorreriam desse novo panorama social — e os impactos que causariam na Justiça do cidadão comum. Com atraso, a sociedade de massa se instituiu entre nós e produziu, como nos Estados Unidos, os mesmos efeitos desastrosos nos Juizados.

Contudo, muitos Estados americanos — com destaque para Nova York — promoveram uma reforma estrutural nas Small Claims Courts, de modo a evitar o seu desvirtuamento. O aprimoramento continuou nas décadas seguintes, incluindo, a partir da década de 1980, a inserção de um avançado sistema de ADRs nos Tribunais de Pequenas Causas.[314]

Ademais, alguns Juizados, como os da cidade de Nova York, organizaram-se em observância ao modelo de Tribunal Multiportas (Galanter, 1993), consistente no oferecimento de diversas formas de solução ao conflito (judiciais e extrajudiciais) à população, como mediação, arbitragem, facilitação e sentença judicial. Nessas cortes, uma triagem prévia permite adequar o litígio à forma mais apropriada para resolvê-lo.[315]

De qualquer forma, independentemente de sua justificativa, importa observar que é justamente nesse tipo de conflito — demandas de consumo — que os conciliadores apontam existir uma menor probabilidade de solução amigável.[316] A constatação de um mediador baiano, entrevistado em 2005, foi repetida em diversas entrevistas realizadas ao longo do país:

> Na maioria das causas que envolvem empresa e relação de consumo, o preposto já chega com expressos poderes para não conciliar, e eu não posso sequer iniciar as tratativas de acordo. Não adianta aplicar nenhuma técnica; resta agendar a audiência de instrução e julgamento "para o ano de 2007".

Por outro lado, este fato também foi confirmado em entrevista realizada com o sócio de um grande escritório de advocacia especializado em contencioso de massa de grandes empresas, com atuação predominante nos Juizados Especiais, que nos narrou fatos chocantes, que explicitam a lógica das empresas e a fragilidade do consumidor:

> Você não imagina a dificuldade que é administrar um contencioso de massa envolvendo direito do consumidor no Brasil inteiro. Nós temos uma estrutura enorme, com escritórios e correspondentes em todo o Brasil (...). Na maioria das questões, eu oriento os meus clientes a não firmarem acordo, pois pode abrir precedente, estimular a propositura de mais demandas... eu dou ordens expressas

---

[314] Vide, a respeito, Steele (1981:347-357).
[315] A triagem pode ser feita tanto pelo Tribunal, como pelas próprias partes, de comum acordo (como é em Nova York).
[316] Conforme entrevistas abertas realizadas com juízes e conciliadores.

ao advogado local para não conciliar. Se um acordo acontece, é por acidente, por descuido ou por medo do advogado local de que o juiz sentencie contrariamente. Mas esses são casos isolados e patológicos; *a regra é que as grandes empresas não façam acordo, sobretudo se for uma demanda de consumo repetitiva, que é a esmagadora maioria dos casos.*

Vou te dar um exemplo de um caso importante, envolvendo uma grande empresa de cartão de crédito e um banco, que utilizavam uma prática considerada abusiva: se o titular do cartão fosse correntista e não pagasse a fatura do cartão no dia do vencimento, o saldo mínimo da fatura era debitado de sua conta corrente. Mesmo que seja uma prática discutível, enquanto não houvesse uma decisão definitiva a respeito em Cortes superiores, o banco ia adotando a medida, e, obviamente, recusando-se a fazer qualquer acordo nos Juizados. Você não imagina o ganho financeiro da instituição. Mesmo que ela tivesse que pagar indenizações por dano moral, ela ainda saía no lucro, porque são poucas as pessoas que vão atrás do seu direito.

A análise "qualitativa" dos Juizados sugere, portanto, que causas que envolvem pessoas jurídicas e/ou que cuidam de relação de consumo apresentam uma menor chance de composição amigável. Nesses casos, o preparo e a habilidade do conciliador não têm nenhuma influência na obtenção do acerto.

Um indicativo de que essa assertiva não é infundada tange ao fato de que justamente os estados com maiores índices de acordo (Amapá e Ceará) apresentam o menor volume de ações de consumo. Vejamos, com maior profundidade, as indicações dos dados "quantitativos". Para tanto, realizei um novo filtro no banco de dados da pesquisa do Cebepej, partindo, inicialmente, a amostra em dois grandes grupos: relações de consumo e todos os demais tipos de conflito.

No primeiro grupo, foram incluídas todas as reclamações feitas por consumidores: serviços de telefonia e bancários; fornecimento de água, luz e internet; cartões de crédito; convênios médicos; consórcios; serviços escolares e transações comerciais.

Na segunda classe, restaram todos os demais casos, relativos a cobrança, acidentes automobilísticos, execução de título extrajudicial, locação e despejo, relação de vizinhança, ato ilícito e contratos civis em geral. Os resultados obtidos foram os seguintes:

TABELA 20

Percentual de acordos — causas de consumo x demais causas — nos Juizados Especiais Cíveis[317]

Estado	Causas de consumo (%)	Demais causas (%)
AP	45,5	46,0
BA	17,8	43,9
CE	14,0	74,0
GO	24,9	30,7
MG	29,1	37,9
PA	11,4	31,1
RJ	25,7	27,0
RS	16,3	25,9
SP	21,1	22,9
BR	22,6	43,0
BR sem CE	22,0	35,7

Fonte: Banco de dados Cebepej, 2006b (dados inéditos).

Os dados apontam que, em todos os estados, as causas que se referem a relações de consumo apresentam menores chances de solução amigável do que as demais demandas. Na maioria dos estados, a diferença é bastante expressiva.

O gráfico 2, a seguir, compara os percentuais da tabela à média nacional de acordos firmados, para que se tenha uma ideia da influência das demandas de consumo nessa variável.

O gráfico não deixa dúvidas: em se tratando de causas de consumo, a probabilidade de haver acordo na audiência de conciliação é menor, havendo diferenças expressivas na Bahia, Ceará, Minas Gerais, Pará e Rio Grande do Sul, além da média nacional. Com exceção do Amapá, onde a diferença é de apenas 0,5%, a tendência repete-se em todos os estados e sinaliza que, nas causas de consumo, a conciliação merece uma reflexão mais atenta.

---

[317] Como os números absolutos não são passíveis de comparação, já que se trata de universos distintos, apresento, excepcionalmente, apenas os percentuais obtidos com os cruzamentos.

GRÁFICO 2
Acordos firmados na audiência de conciliação — causas de consumo x demais causas — em comparação à média

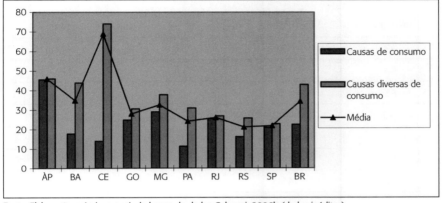

Fonte: Elaboração própria, a partir do banco de dados Cebepej, 2006b (dados inéditos).

A análise individualizada de alguns tipos de demandas pode auxiliar a compreender melhor este fenômeno. Para tanto, isolei três espécies de ações de consumo: (i) telefonia; (ii) planos de saúde e (iii) bancos. A opção se deu pelo fato de que, em maior ou menor escala, essas demandas podem ocultar direitos ou interesses de índole coletiva. Por esta razão, em tese, esses conflitos seriam solucionados mais adequadamente pela tutela administrativo-regulatória ou pela tutela judicial coletiva. Ademais, pela expressiva participação desses tipos de demanda na amostra, os dados obtidos são estatisticamente significativos, permitindo extrapolar as conclusões para toda a população.[318]

Como se afere pela leitura das informações obtidas do banco de dados do Cebepej, ações que cuidam de relações de consumo relativas a serviços bancários (17,9%, na média nacional) e planos de saúde (11,6%) apresentam percentuais de acordo muito baixos.

---

[318] Conforme informado pelo responsável pelo processamento dos dados, Fernão Dias de Lima. Isso não ocorreu no caso das demandas diversas de consumo que, portanto, foram agrupadas em uma única categoria (não consumo). Sua desagregação por estado poderia produzir dados inconsistentes.

Tabela 21

Acordos firmados por tipo de demanda — telefonia, planos de saúde e bancos — Audiência de Conciliação — Juizados Especiais Cíveis[319]

Estado	Telefonia (%)	Planos de saúde (%)	Bancos (%)
AP	40,0	0,0	37,5
BA	19,0	6,3	9,1
CE	5,3	25,0	0,0
GO	41,2	18,2	27,6
MG	32,4	0,0	33,3
PA	15,7	9,1	14,3
RJ	45,0	16,7	9,0
RS	10,4	0,0	12,0
SP	16,7	25,0	26,9
BR	29,4	11,6	17,9

Fonte: Banco de dados Cebepej, 2006b (dados inéditos).

Em alguns casos — demandas ajuizadas contra empresas de planos de saúde no Rio Grande do Sul, Minas Gerais e Amapá; e em face de bancos no Estado do Ceará — não se obteve "nenhum" acordo.

Por outro lado, ao contrário do que se poderia supor, os índices de acordos firmados pelas empresas de telefonia não são ruins: além da média nacional, de 29,4%, não destoar dos índices gerais de acordo, há picos de 45% no Rio de Janeiro, 40% em Amapá e 41,2% em Goiás.

Os bons índices de acordos em ações de telefonia nos estados do Rio de Janeiro[320] e Amapá são reflexo: (i) de uma política de aproximação dos Juizados Especiais Cíveis/Tribunal de Justiça das empresas de telefonia (traçada com base na constatação de que havia um grande número de ações contra essas empresas nas Pequenas Causas); (ii) da adoção de uma política de solução con-

---

[319] Como os números absolutos não são passíveis de comparação, já que se trata de universos distintos, apresento, excepcionalmente, apenas os percentuais obtidos com os cruzamentos.

[320] Essa política certamente impacta nos percentuais de acordo cariocas, onde o volume de ações da Telemar é muito expressivo (vide tabela 21, de percentuais firmados entre pessoas físicas e jurídicas, item III.3.1.2. e o relatório Cebepej (2006b:27).

ciliatória dos conflitos pela empresa de telefonia, como estratégia para resolver seu contingente de demandas.[321]

O gráfico 3 traz os índices de acordos firmados em ações ajuizadas contra empresas de telefonia, planos de saúde e bancos. A linha da 4ª legenda representa a média de acordos firmados em ações diversas do consumo. Os traçados evidenciam o impacto negativo causado pelos planos de saúde e serviços bancários nos índices de acerto amigável.

No que tange à telefonia — embora os números sejam baixos no Ceará, Pará, Rio Grande do Sul e São Paulo —, unidades federativas que contam com a mencionada política de acordo apresentam percentuais que chegam a superar os demais feitos.

GRÁFICO 3
Acordos firmados por tipo de demanda — telefonia, planos de saúde e bancos — em comparação à média de acordos obtidos em causas diversas da relação de consumo

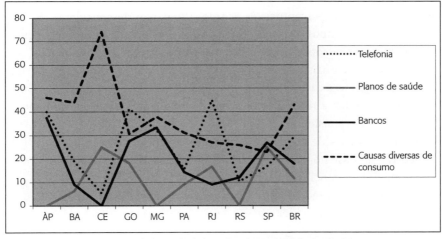

Fonte: Elaboração própria, a partir do banco de dados Cebepej, 2006b (dados inéditos).

---

[321] Observe-se, ademais, que ambos os estados possuem o chamado Expressinho que, contudo, parece não ter funcionado a contento no Rio de Janeiro. Durante a realização dos trabalhos de campo, entrevistei os administradores da Fundação Getulio Vargas que estavam trabalhando nos Juizados em um programa de qualidade instituído pelo Tribunal de Justiça carioca e fui informada que uma das sugestões da auditoria seria suprimir o Expressinho, já que sua finalidade — diminuir o contingente de demandas ajuizadas — não estaria surtindo efeito.

III.4. Reflexões acerca da conciliação nos Juizados Especiais Cíveis

Acerca da conciliação nos Juizados Especiais, tem-se afirmado, basicamente, que:

(i) os índices estão aquém do desejado, sendo necessária a urgente implementação de política de seleção, capacitação e aperfeiçoamento dos conciliadores;

(ii) a comparação dos níveis de acordos dos Juizados brasileiros (em torno de 35%) aos percentuais obtidos em outros países (cerca de 70%) explicita o mau funcionamento da conciliação entre nós.

Contudo, a leitura mais atenta dos percentuais brasileiros e a correta comparação da técnica em relação a outros países demonstram, ao revés, que, de maneira geral, os níveis de conciliação nos Juizados Especiais Cíveis brasileiros não são tão baixos como se supõe, já que:

(i) os índices de acerto sobem cerca de cinco pontos quando acrescidos dos acordos firmados em qualquer fase procedimental, ou mesmo extrajudicialmente;

(ii) a tese de que os percentuais de acordos são baixos desconsidera o fato de "nem todos os tipos de litígio serem passíveis de solução amigável" e que a conciliação pressupõe triagem dos casos e predisposição das partes;

(iii) os altos percentuais de acordos divulgados por países como Estados Unidos referem-se a casos previamente triados, tidos como apropriados à mediação, em que a realização da técnica conta com a anuência das partes, aumentando consideravelmente suas chances de sucesso;

(iv) os altos índices de composição amigável naqueles países não são calculados com base no universo total de feitos, mas sim em relação aos casos submetidos à conciliação;

(v) países como os Estados Unidos possuem outras modalidades de ADRS, além da mediação, como a arbitragem, o que aumenta o seu espectro de êxito.

Ademais, a avaliação da conciliação merece, além da análise quantitativa, um olhar mais atento para a opinião dos usuários dos Juizados Especiais Cíveis submetidos à técnica e, nesse sentido, a população tem se mostrado satisfeita com o procedimento (77,7% de respostas positivas no Estado de São Paulo) (Cebepej, 2003).

A despeito disso, seria bastante desejável que os índices de acerto alcançados nos Juizados fossem majorados. Nesse sentido, a política de preparo do conciliador — embora de vital importância ao futuro da mediação, sobretudo no que toca à qualidade do acordo — talvez não seja suficiente para, por si só, garantir melhor desempenho nesse âmbito. Com efeito, nos casos em que a parte, de antemão, estabelece que não irá firmar acordo, o conciliador, por mais que domine as técnicas conciliatórias, fica de mãos atadas.

Diante desse quadro, talvez o correto não seja perquirir se os Juizados Especiais Cíveis estão firmando muitos acordos (o que refletiria a sua capacidade para processar as demandas que lhes estão sendo apresentadas); mas sim se as ações ajuizadas (e aceitas) nas Pequenas Causas são adequadas à estrutura simplificada e conciliatória dos Juizados.

É preciso atentar ao fato de que a "adequação" é uma via de mão dupla: se, de um lado, a multiplicidade de conflitos requer a estruturação de uma Justiça adequada (Watanabe, 1998:132), de outro, é imperioso selecionar os casos submetidos a esta Justiça adequada.

Não se pode perder de vista que os Juizados Especiais foram estruturados para solucionar "pequenas causas", individuais, atomizadas, de impacto restrito aos litigantes. De sua parte, os conflitos transindividuais devem ser submetidos a um tratamento adequado, quer a tutela judicial coletiva, quer a tutela administrativo-regulatória (Friedman, 1981:251).

Em suma: como o desenho institucional dos Juizados Especiais Cíveis foi concebido com base na solução de uma categoria determinada e específica de litígios, a seletividade é fundamental para seu bom desempenho. Não se pode admitir demandas estranhas aos seus fins, sob pena de "comprometer a própria razão de ser desses Juizados" (Watanabe et al., 2004:799-800).

De outra sorte, os dados estatísticos confirmam a hipótese de que, em se tratando de pessoas jurídicas e/ou causas de consumo, o número de acordos firmados é reduzido e, em muitos casos, essa redução é substancial. Como se não bastasse, é justamente este tipo de demanda que predomina nas Pequenas Cortes.

Por que as causas que envolvem consumo e/ou empresas apresentam uma probabilidade menor de solução amigável? Esse fenômeno pode ser justificado por:

(i) intenção do réu em protelar ao máximo o pagamento, de modo a beneficiar-se financeiramente com a demora;

(ii) receio de abrir precedentes, estimulando o ajuizamento de demandas similares;

(iii) a demanda ajuizada individualmente ocultar interesse de impacto coletivo.

No que tange ao primeiro item, como observa Barbosa Moreira (1994c:2-5), é intuitivo que, na grande maioria dos casos, o desejo do devedor é prolongar o feito o máximo possível, para obter vantagens financeiras dessa demora.

Essa constatação faz sentido quando consideramos que os bancos, instituições seguramente aptas a obter juros muito superiores que os fixados legalmente, firmam poucos acordos nos Juizados — o que pode ser um indicativo da busca de obter benefícios econômicos com a delonga processual.

Na verdade, como observa Marc Galanter (1993), é cada vez mais comum que as empresas em geral façam uso de processos litigiosos como estratégia comercial de postergação do pagamento de dívidas, não sendo possível ignorar que há instituições e/ou pessoas que gozam das vantagens de uma máquina lenta e atravancada (Sadek, 2004:12).

Ademais, os litigantes habituais (categoria em que se enquadra a maioria das empresas que prestam serviços ou fornecem bens de consumo em grande escala) podem adotar diversas outras estratégias, sempre com vistas a minimizar suas perdas, que vão desde o pagamento imediato até a seleção dos casos simbólicos que exigem um investimento maior de tempo e recursos (Galanter, 1974:100-103).

Gozam, ainda, de vantagens que vão além da morosidade da solução judicial, como a economia de escala, que barateia os custos de sua assessoria jurídica (conforme informado por um advogado que atua no contencioso de massa, ele é remunerado por um valor ínfimo para cada processo que acompanha nos Juizados), e a própria facilidade no trato e relacionamento com os servidores do cartório, obtida graças às suas frequentes aparições no fórum (Galanter, 1974:100-103).

É evidente que a instituição de um procedimento célere coibiria o comportamento protelatório do devedor. Na prática, contudo — a despeito da Lei nº 9.099 determinar que, caso não haja acordo na sessão conciliatória, a audiência de instrução e julgamento deva ser realizada "imediatamente" —, convencionou-se agendar as duas audiências separadamente. Com isso, nos casos em que não há acordo, as partes precisam aguardar meses para apresentar suas provas ao juiz, o que é benéfico aos devedores que querem adiar o pagamento de sua dívida.

Nos casos em que o acordo não é firmado pelo receio de a empresa abrir precedentes, há que se buscar a finalização mais rápida do litígio, e, nesses casos, temos o mesmo problema do item anterior: a necessidade de concentrar o procedimento.

Voltamos, portanto, ao tema da imperiosa necessidade de se unificar, nos moldes da disposição legal, a sessão de conciliação da audiência de instrução e julgamento.[322] Também é preciso, na luta pelo procedimento mais célere e concentrado, que o juiz sentencie em audiência.

Nesse sentido, vale a pena registrar a experiência instituída na cidade de Quixadá, no Ceará, em que se aplica a unificação da audiência de conciliação e instrução e julgamento. O projeto, denominado "Juizado Especial Cível em ação: audiência una sai do papel e vira realidade", foi candidatado ao III Prêmio Innovare: a justiça do século XXI.

Desenvolvido a partir da constatação de que nos Juizados ocorrem, em regra, duas audiências (que podem ser desdobradas em diversas outras), "transformando o rito que deveria ser sumaríssimo em ordinaríssimo", o projeto consiste, basicamente, em realizar a instrução — nos casos em que não há acordo — imediatamente após a audiência de conciliação.

A prática, em funcionamento há dois anos, não requer nenhuma alteração legislativa ou investimento financeiro, sendo necessário, apenas, qualificar os funcionários. É interessante observar que as audiências contam com um oficial de justiça à disposição do juízo, para realizar eventuais diligências necessárias, sem a necessidade de redesignar a audiência para esse fim (em observância ao disposto no art. 35, § único, da Lei nº 9.099/95).

De acordo com a juíza responsável pelo projeto, a medida possibilitou, a um só tempo, a redução do tempo de finalização dos processos (em média, de 60 dias), o efeito positivo nos jurisdicionados e, ainda, indiretamente, aumentou o percentual de acordos firmados, já que a parte não pode mais se beneficiar da demora na conclusão do processo (Serpa, s.d.:33-37).

Nem há que se alegar que esse arranjo procedimental apenas pode ser realizado em Comarcas pequenas, pois ele foi implementado, com sucesso, na cidade do Rio de Janeiro.

Essa experiência demonstra que a audiência una pode ser um ótimo "antídoto" para os casos em que o acordo não é firmado em virtude do receio de a empresa abrir precedentes ou da intenção de se beneficiar com a demora processual.[323]

---

[322] Não se pode esquecer, nesse sentido, a lição de Athos Gusmão Carneiro (2001:5 e segs.), para quem a audiência pode ser um fator de eventual retardamento do processo.

[323] Não se pode desconsiderar também que, via de regra, as empresas (sobretudo as prestadoras de serviços e bens de consumo) contam com a orientação de um advogado que, por seu turno, como demonstrado na pesquisa do Cebepej (2003:33), "interfere significativamente na celebração de acordos. Entre os reclamantes que compareçam com advogados, os percentuais de acordo são sempre mais baixos".

Por fim, o terceiro item — baixos acordos em razão de a demanda ocultar direito ou interesse de caráter coletivo — é o mais problemático e exige algumas considerações mais aprofundadas.

Como é cediço, a sociedade contemporânea, com suas complexas interações sociais, produziu, entre tantos outros, dois tipos de conflitos bastante peculiares: (i) os pequenos conflitos, não levados à Justiça tradicional pela sua irrelevância econômica ou pela sua incompatibilidade com o excessivo formalismo do processo clássico, e (ii) conflitos metaindividuais, que extrapolam a clássica noção de interesses pessoais, atingindo grupos ou até mesmo toda a coletividade (Grinover, 1998:117).

No que toca à natureza, grande parte desses conflitos refere-se a direito do consumidor. Como anota Kazuo Watanabe (1998:131-132):

> A sociedade moderna assume uma complexidade cada vez maior. A complexidade atinge não apenas a estrutura da sociedade e as atividades econômicas (...) mas também o cidadão em suas diversas atividades cotidianas e em sua vida de relação presidida pela economia de massa, regulada por um cipoal de leis e orientada por uma massa assistemática de informações de todas as espécies, muitas delas orientadas para um incontrolável consumismo.

Por seu turno, os direitos ou interesses do consumidor podem ser tutelados[324] judicialmente[325] de forma individual (na Justiça comum ou nos Juizados Especiais Cíveis)[326] ou coletiva (art. 81, *caput*, do Código de Defesa do Consumidor, CDC), que será exercida em se tratando de direitos ou interesses difusos, coletivos ou individuais homogêneos (art. 81 § único, incisos I a II, CDC), descritos no quadro a seguir.[327]

---

[324] Vide, a respeito das novas tendências no tratamento do consumidor, Trubek e Trubek (1981:135 e segs).

[325] Não se pode ignorar a tutela administrativa dos interesses do consumidor, que se dá de diversas formas, como agências regulatórias, como ANS, Anatel, Anac etc.; órgãos de proteção ao consumidor, como o Departamento de Proteção de Defesa do Consumidor, o Procon (DCDC, art. 106, do CDC, com atribuições de orientação e fiscalização, entre outras), as Promotorias de Defesa do Consumidor etc.

[326] No que toca à tutela judicial individualizada das causas de consumo, o CDC prevê a criação de Juizados Especiais de Pequenas Causas e Varas Especializadas para solução de litígios desta natureza (art. 5º, inciso IV, CDC).

[327] Os direitos ou interesses difusos (inciso I), de natureza indivisível, tangem a pessoas indeterminadas, unidas por circunstâncias de fato; os coletivos (inciso II), também de natureza indivisível, têm como titulares grupos, categorias ou classes de pessoas unidas entre si ou com a parte contrária por uma relação jurídica base e, por fim, os interesses individuais homogêneos (inciso III) são os que apresentam origem comum.

QUADRO 7

Tutela judicial de direitos/interesses individuais e coletivos

Interesse	Natureza	Titular	Nexo	Exemplo	Forma de solução
Individual	Divisível	Indivíduo lesado	—	Roupa estragada na lavanderia	Necessariamente individual
Individual homogêneo	Divisível	Indivíduos lesados	Origem comum do dano	Indenização movida por familiares de vítimas de acidente aéreo	Individual ou "preferencialmente" agregada
Coletivo	Indivisível	Grupo, categoria ou classe de pessoas	Relação jurídica base entre as pessoas ou o causador do dano (prévia ao incidente)	Contestação do reajuste do plano de saúde X	Necessariamente agregada
Difuso	Indivisível	Pessoas indeterminadas	Circunstâncias de fato	Propaganda abusiva	Necessariamente agregada

Como se depreende do quadro 7, as demandas de consumo podem assumir caráter difuso, coletivo, individual homogêneo ou essencialmente individual.

Deste modo, é perfeitamente possível que demandas de consumo que ocultam interesses individuais homogêneos ou até coletivos[328] sejam indevidamente distribuídas (Watanabe et al., 2004:811) — e o que é pior, inadvertidamente aceitas — nos Juizados.

É justamente nesse ponto que reside o problema do processamento de demandas de consumo nos Juizados Especiais Cíveis, que pode ser ilustrado com alguns exemplos práticos.

1. Caso editora Globo/Transbrasil

Durante a realização da pesquisa de campo do Cebepej, encontrei inúmeras ações, nos mais diversos estados, envolvendo pedido de indenização em face da editora, que prometera uma passagem aérea como brinde ao consu-

---

[328] Kazuo Watanabe fala em demandas pseudoindividuais.

midor que assinasse suas revistas. Como a companhia aérea associada faliu, a empresa não conseguiu honrar seu compromisso com os assinantes.

Ao longo do país, as demandas foram solucionadas das mais diversas formas: indenização por danos materiais; indenização por danos morais; condenação da editora a conceder assinaturas de outras revistas ou passagens aéreas aos consumidores lesados etc.

Esse caso é um exemplo típico de tratamento fragmentado de um direito que deveria ter sido tutelado de forma agregada. Além dos resultados díspares, e do grande volume de ações que sobrecarregou os Juizados, esse tipo de tratamento deixa desprotegidos os consumidores que, pelas mais diversas razões, não procuram o Judiciário para recuperar o seu direito.

2. Caso da contestação da tarifa básica de assinatura de telefonia no estado de São Paulo

Outro exemplo tange às demandas que discutem a cobrança de assinatura básica de telefonia — interesse de caráter evidentemente coletivo, já que diz respeito a todos os assinantes, unidos contratualmente com a empresa de telefonia.

Foram ajuizadas 26 demandas coletivas — tanto por instituições de defesa do consumidor como pelo Ministério Público — com o fim de suspender o pagamento, considerado indevido. A par desse fato — que, por si só, demonstra a inabilidade de os operadores lidarem com a tutela coletiva[329] —, milhares de dezenas de ações individuais foram ajuizadas nos Juizados Especiais, causando um verdadeiro colapso no sistema.

O impacto foi tão grande que algumas medidas foram tomadas pelo Tribunal de Justiça para adequar os Juizados a este tipo específico de demanda, entre as quais a permissão de que a empresa de telefonia disponibilizasse em seu website seus documentos constitutivos e a contestação-padrão, já que se tratavam de demandas rigorosamente idênticas.[330]

---

[329] Vide, a respeito, o estudo de caso realizado na Pesquisa do Cebepej (2007:59-88) sobre a tutela coletiva no Brasil. Disponível em: <www.cebepej.org.br/pdf/acoes_coletivas.pdf>. Acesso em: 21 jan. 2008.

[330] No que tange ao recebimento em segundo grau dessas demandas, a dra. Mônica Carvalho, que estava nos Juizados Especiais de Santo Amaro e foi designada para o Colégio Recursal Unificado, informou-nos em entrevista: "posso te dizer que são 26 mil processos sobre assinatura básica que já haviam sido sentenciados no começo do ano pelo juiz dr. Flávio Pinella Helaehil, que me precedeu no JEC. Eu assumi em 26 de outubro agora [de 2007] e determinei a aplicação dos Enunciados 8 e 22 do Primeiro Colégio, que determinam que nem se receba o recurso se houver súmula sobre determinada matéria (no caso, que a cobrança da assinatura é legal). Essa estratégia deu certo no JEC Central e conseguimos impedir o processamento de cerca de 45 mil recursos que não teriam qualquer chance de sucesso e que somente inviabilizariam os trabalhos do Colégio Recursal".

Esse comportamento reflete a irracionalidade da administração da Justiça: em vez de as demandas serem adequadas aos Juizados — sendo repelidas, de planos, as indevidas —, os Juizados Especiais Cíveis é que se adaptam ao caráter repetitivo das ações.

3. Caso "caos aéreo"

Outro exemplo que ilustra a inaptidão dos administradores da Justiça[331] em formular políticas e estratégias adequadas, além da completa falta de visão sistêmica no que tange à indenização dos consumidores de serviços de transporte de aviação decorrentes do chamado "caos aéreo".

Como existe uma agência específica para esse setor — a Anac (Agência Nacional de Aviação Civil) —, seria natural que o problema fosse resolvido nessa arena, pela imposição de multas e/ou pela recusa em conceder licenças e permissões exigidas pela lei para funcionamento das companhias aéreas (Kötz, 1981:112). Contudo, em vez disso, foram criados Juizados Especiais em três aeroportos, para estimular o tratamento atomizado de um problema de caráter indiscutivelmente coletivo.[332]

Em virtude das distorções explicitadas nos três casos acima, Cappelletti chega a defender que as ações de consumo não devem ser processadas nos Juizados Especiais Cíveis:[333]

Isso faz compreender o defeito fundamental que existe nas tentativas, embora interessantes, de resolver o problema da proteção do consumidor no plano do procedimento simplificado das "pequenas causas". A verdade é que, corretamente vista, a "causa" do consumidor é um agregado, não raro gigantesco, de potenciais pequenas causas; portanto, ela só pode ser eficazmente resolvida como uma "causa gigante", não como pequena causa (Cappelletti, 1993:27).

No mesmo sentido, Richard Abel acredita que, em termos de políticas públicas, os Juizados Especiais Cíveis são a pior saída para resolver as demandas

---

[331] Nesse sentido, temos um claro exemplo de obstáculo político ao acesso à Justiça.

[332] Recentemente, a Anac divulgou que haveria um "pacote aéreo" contendo medidas para reduzir os problemas da crise, entre as quais um plano de ressarcimento por atraso de voo e aumento de tarifas, a ser revertido em favor do consumidor. Contudo, a medida, anunciada em dezembro de 2007, ainda não foi implementada (Passageiro terá até metade do que pagou de volta, 2007).

[333] Por mais absurdo que possa parecer, há quem defenda a inserção da tutela coletiva nos Juizados Especiais Cíveis (Rodrigues, 1997).

de consumo. Segundo Abel (1982), esse mecanismo é perverso, pois, ao resolver as demandas de forma individual, desorganiza os conflitos e, portanto, evita sua agregação — o que frustra a tentativa de responsabilização coletiva e, sobretudo, "a reparação a todos os indivíduos lesados".

Na mesma linha de raciocínio, Kazuo Watanabe lembra que, nas demandas que surgem das relações da economia de massa, quando essencialmente de natureza coletiva, o processo não atua apenas como instrumento de solução de litígios, mas sobretudo de mediação de conflitos sociais. Por tal razão, a fragmentação, além de comprometer a facilitação do acesso à Justiça, banaliza a demanda e suprime o peso político mais adequado, reclamado por esse tipo de conflito.[334]

Diante desse quadro, seria caso de retirar as demandas de consumo da competência dos Juizados Especiais Cíveis?

Acredito que não. Primeiramente, porque, entre nós, o cidadão lesado nos cotidianos e frequentes problemas de consumo vê nos Juizados Especiais Cíveis uma verdadeira "tábua de salvação", já que as outras formas de solução de seu conflito — como agências regulatórias, tutela judicial coletiva e os próprios Procons — parecem não ser tão eficazes. Além disso, não se pode ignorar que os Juizados têm inserido no sistema pessoas de origem mais humilde, ampliando, portanto, o acesso à Justiça. Por fim, é preciso considerar que há causas que envolvem relações de consumo e que, de fato, referem-se a litígios de impacto individual.

Volto a afirmar que é preciso avaliar a habilidade dos Juizados Especiais em repelir apropriadamente as demandas inadequadas à sua estrutura informal e conciliatória, desenvolvida para resolver exclusivamente litígios de impacto individual.

A questão, portanto, não reside propriamente na proibição de causas de consumo nos Juizados, mas sim na sua "seletividade", de acordo com o seu impacto. Afinal, como já apontado, se a adequação exige a previsão de mecanismos adequados de tutela, ela reclama também pela triagem das demandas, de modo a ajustá-las aos mecanismos apropriados.

---

[334] Watanabe et al. (2004:787).

IV. Efetividade dos Juizados Especiais Cíveis

IV.1. Introdução

Este capítulo está dividido em três seções. A primeira delas, de caráter teórico-explicativo, tem objetivos bem definidos: demonstrar, em breves linhas, a importância da efetividade na aferição da qualidade da prestação jurisdicional e delimitar seu sentido para os fins deste trabalho. Por fim, considerando que um dos parâmetros da efetividade é a execução exitosa, faço breves anotações acerca do procedimento executivo nas Pequenas Causas, com o fim precípuo de destacar suas notas distintivas em relação à execução tradicional.

Em linhas gerais, a segunda seção é uma tentativa de avaliar o desfecho de toda a amostra da pesquisa realizada pelo Cebepej (quase 6 mil processos). A intenção é mapear as formas de solução de litígios nos Juizados (acordos, sentenças, extinção sem julgamento de mérito) e, entre os casos de execução de acordos e sentenças, aferir quantas delas culminam com o efetivo recebimento do bem por parte do credor. Nesta seção, o objetivo é meramente descritivo, ou seja, os dados são apresentados sem qualquer análise valorativa.

Por fim, na terceira parte, realizo uma avaliação crítica dos resultados apresentados, buscando mensurar a capacidade dos Juizados Especiais Cíveis em produzir resultados efetivos.

IV.2. Efetividade e Juizados Especiais Cíveis

IV.2.1. Efetividade e acesso à Justiça qualificado

Como afirma Kazuo Watanabe (2005b:21), uma das maiores preocupações dos processualistas modernos repousa na efetividade do processo como instrumento da tutela de direitos, componente indispensável do acesso à Justiça qualificado.[335]

Nesse contexto, não basta que o processo produza resultados ("eficácia"),[336] sendo, ao revés, imperioso que se verifiquem resultados reais, palpáveis, factíveis, positivos e verdadeiros, ou seja, "efetivos". Assim, é indispensável que o instrumento assegure à parte aquilo que ela tem direito de receber — quer em virtude de decisão favorável, quer em razão de acordo homologado pelo juiz (Carneiro, 2000:79).

Se a litigiosidade contida[337] é um fenômeno extremamente perigoso para a estabilidade social, as consequências geradas pela incapacidade do sistema de Justiça em proporcionar à parte aquilo a que faz "jus" são ainda mais gravosas.

No caso da litigiosidade contida, a parte "não busca" o sistema de Justiça; na segunda hipótese, ao revés, ela procura uma solução para o seu conflito no Judiciário e não é atendida.

O autor, nesses casos, não deixa o processo da mesma forma que entrou, mas em "piores condições": além dos custos financeiros (custas e taxas processuais, despesas com advogado, deslocamento e outras decorrentes do acompanhamento do processo), há o ônus psicológico causado pela sensação de frustração e injustiça.[338]

Como se não bastasse, a inefetividade do sistema não produz apenas prejuízos individuais: ao contrário, quando o resultado do processo é frustrado, ou seja, quando as partes não obtêm dele os benefícios que concretamente deveria proporcionar, ele afasta-se de sua finalidade "jurídica, social e política" (Cichocki Neto, 1996:141-142).

---

[335] Comoglio, 2003:172; Comoglio, Ferri e Taruffo, 1995:53.

[336] Vide, a respeito do tema no âmbito do direito material, Azevedo (2000) e, no âmbito processual, Oliveira (2003).

[337] Conflitos que ficam completamente sem solução, não raro pela renúncia total do direito pelo prejudicado. Watanabe (1985b:2). Vide, a respeito, o item II.2.1.

[338] Como observa Reginald Smith (1919:10), "nada fere mais o coração humano do que o sentido de injustiça; num primeiro momento, ele produz um sentimento de abandono e, depois, de amargor".

Como observa Marc Galanter (1981:158), os Tribunais não produzem apenas decisões, mas, sobretudo, mensagens aos potenciais litigantes, que delas se utilizam como "fichas de barganha". Ora, é intuitivo que um sistema de Justiça que não produz resultados efetivos não é capaz de estimular a observância às regras legais (Smith, 1919:10).

Nesse contexto, como afirma Kazuo Watanabe (1985b:6), numa sociedade em que a Justiça é acessível e efetiva, a ameaça é feita pelos lesados ("eu te processo"); ao revés, se o Judiciário é inacessível, a ameaça é lançada contra os prejudicados ("vá procurar seus direitos").

IV.2.2. Efetividade para fins deste trabalho

Como demonstrado anteriormente,[339] a doutrina concebe a efetividade em um sentido amplo — compreensivo de diversos outros elementos, como celeridade, adequação, operosidade etc. — e também numa acepção mais estrita, denominada, nesse caso, por alguns, de utilidade[340] (recebimento, pela parte, daquilo a que faz "jus"). É precisamente este sentido mais estrito de "efetividade" que adoto neste trabalho.

Uma ressalva, contudo, se faz necessária: ao conceituar a utilidade ou efetividade em sentido estrito, a maioria dos doutrinadores aproveita-se do clássico conceito desenvolvido por Chiovenda:[341] máxima coincidência entre a tutela jurisdicional e o direito que assiste à parte.[342]

Essa noção, formulada no início do século passado, não é capaz de abarcar os meios alternativos de solução de litígios, como a conciliação, pois centra a efetividade na obtenção de exatamente tudo aquilo a que a parte tem direito e na impositividade das decisões judiciais.

Contudo, como anota Carlos Alberto de Salles (1999:36-41), a efetividade precisa considerar também as implicações secundárias para o sistema jurídico e social. Nesse contexto, embora a conciliação não ofereça à parte exatamente

---

[339] Vide item II.2.2.1.

[340] Dinamarco (1998a:119), Bedaque (2006:49), Barbosa Moreira (1995:168).

[341] *"Il processo deve dare per quanto è possibile praticamente a chi ha un diritto tutto quello e proppio quello ch'egli ha diritto di conseguire"*. Chiovenda (1930:110).

[342] Entre eles, Pisani (1979:1.738), Bedaque (2006:49): "processo efetivo é aquele que (...) *proporciona às partes o resultado desejado de direito material (utilidade)*", Dinamarco (1998a:119), que expressamente cita Chiovenda, afirmando que, "na medida em que for praticamente possível, o processo deve proporcionar a quem tem direito *'tudo aquilo e precisamente aquilo que ele tem direito de obter'*", e Barbosa Moreira (1995:168), que enumera, entre os elementos do processo efetivo, a necessidade de o resultado assegurar à parte vitoriosa o gozo pleno da "utilidade" a que faz "jus".

tudo aquilo que o direito lhe concede, promove sua satisfação imediata e, mais importante, restabelece relações sociais e promove valores, ou seja, "pacifica" os litigantes.

Assim, para fins deste trabalho, não trato da efetividade no sentido chiovendiano, mas sim com uma noção mais próxima à ideia de "processo de resultados", desenvolvida por Dinamarco, focando a análise nas modificações que o processo produz na vida dos sujeitos que se utilizam dos Juizados.

Meu enfoque é bastante objetivo: partindo da constatação de que "o pagamento é provavelmente o evento mais significante para o reclamante ordinário das Pequenas Causas" (Alexander, 1984:256), tento quantificar os casos em que, concluído o processo, a parte se vê numa situação "mais favorável" do que aquela em que se encontrava antes dele (Dinamarco, 2001:126).

Isso envolve tanto os casos em que os acordos e as sentenças judiciais são cumpridos espontaneamente, quanto aqueles em que a execução é bem sucedida, e culmina com a entrega do bem ao credor.[343]

Por fim, reproduzo o diálogo presenciado ao final de uma audiência de instrução e julgamento na cidade de São Paulo (em que a parte não estava representada por advogado), que, para mim, sintetiza a noção de efetividade sob a ótica do consumidor de Justiça:

> Juiz: Isso posto, julgo procedente a ação...
> Parte: Procedente significa o quê?
> Juiz: Significa que você ganhou a causa.
> Parte: E cadê meu dinheiro?

IV.2.3. Breves notas sobre o processo de execução nos Juizados Especiais Cíveis

Calmon de Passos (1998:84) observa que o maior problema do ordenamento jurídico não reside naquilo que ele formalmente propõe-se a realizar, mas sim no que ele "instrumentaliza" para assegurar sua efetividade. Assim, além dos mecanismos de antecipação de tutela[344] aproveitados do sistema processual civil

---

[343] Como bem observa Sidnei Beneti (1995:378), o processo sem um julgamento rápido, seguido da execução sem efetividade, não significa Justiça, mas um "puro movimentar-se de papéis".

[344] Os números acerca da antecipação de tutela não foram contemplados neste trabalho por já constarem no relatório final da pesquisa do Cebepej. Para se ter uma ideia dos dados, no Brasil, apenas em 6,8% dos casos houve pedido de tutela concedido; em 4,6% dos casos, o pedido, embora formulado, foi

tradicional,[345] os Juizados também são aptos a processar a execução dos acordos, de seus próprios julgados[346] e de títulos executivos extrajudiciais.[347]

Nesse aspecto, os Juizados Especiais Cíveis brasileiros são mais completos do que as Small Claims Courts americanas, em que a *collection*, via de regra, corre em processo apartado das pequenas causas. Nos Estados Unidos, embora alguns doutrinadores defendam que os procedimentos executivos deveriam, como aqui, integrar o sistema das Small Claims Courts, esse arranjo é justificado pela crença de que a execução não é, propriamente, uma função das Cortes. Ao revés, acredita-se que seu papel restringe-se a fornecer decisões/soluções aos litígios, cabendo aos litigantes resgatar o seu crédito (Martin, Ruhnka e Weller, 1990:18-19).

A execução dos Juizados traz diversas disposições que a tornam compatível ao espírito das Pequenas Causas, e as regras do Código de Processo Civil são invocadas subsidiariamente. Caso a sentença condenatória transitada em julgado não seja cumprida voluntariamente pelo devedor, o interessado pode solicitar, verbalmente ou por escrito, que se proceda à execução, sem a necessidade de haver nova citação (art. 52, inciso IV, da Lei nº 9.099/95).

A lei também confere ao juiz amplos poderes para tornar efetiva a execução. Nos casos de obrigação de entregar, fazer ou não fazer, pode ele, na sentença ou na fase executória, cominar multa diária, arbitrada de acordo com as condições econômicas do devedor, para a hipótese de inadimplemento. Essa multa pode, ainda, ser majorada caso o pagamento não seja realizado, ou, ainda, convertida em perdas e danos, arbitrados de imediato pelo juiz (art. 52, incisos V e VI).

Embora a lei determine que, em se tratando de execução de título extrajudicial, depois de efetivada a penhora, que seja realizada uma audiência de

---

negado e, em 87,2% dos casos, não houve pedido de antecipação de tutela ou liminar. Vide, a respeito, Cebepej (2006b:29).

[345] O art. 92, da Lei nº 9.099/95, expressamente autoriza esse aproveitamento, ao dispor: aplicam-se subsidiariamente as disposições dos Códigos Penal e de Processo Penal, no que não forem incompatíveis com esta Lei.

[346] Ao tratar do tema, Paulo Cezar Pinheiro (2000:90-91) Carneiro atrela a utilidade dos Juizados a três mecanismos: (i) antecipação de tutela; (ii) execução específica e (iii) coisa julgada. Além de não tratar da antecipação de tutela pelas razões expostas acima, entendo que a discussão acerca da coisa julgada não é necessária, já que, por óbvio, apenas nos casos em que a sentença transitou em julgado é que a execução pode ser iniciada. Portanto, em termos práticos, a coisa julgada está subentendida na execução.

[347] Na verdade, a execução — que constava no projeto original, mas foi suprimida quando da aprovação da Lei das Pequenas Causas — foi consagrada pela Lei dos Juizados Especiais, que admitiu também a execução de títulos extrajudiciais de até 40 salários mínimos (arts. 2º; 3º, §1º, incisos I e II c/c art. 52, da Lei nº 9.099/95). Vide, a respeito, item I.3.2.

tentativa de conciliação (na qual o devedor pode firmar acerto, ou, ainda, apresentar embargos, oralmente ou por escrito), na prática, o juiz tem agendado audiências conciliatórias mesmo no caso de execução de título judicial.

Em conformidade aos princípios da celeridade e economia processual, a lei determina que, nesta audiência, deverá ser "buscado o meio mais rápido e eficaz para a solução do litígio, se possível com dispensa da alienação judicial, devendo o conciliador propor, entre outras medidas cabíveis, o pagamento do débito a prazo ou a prestação, a dação em pagamento ou a imediata adjudicação do bem penhorado" (art. 53, § 2º).

Ciente de que a alienação forçada dos bens pode ser morosa e, ademais, danosa ao credor, o legislador previu, além das ferramentas ordinárias previstas pelo CPC, a possibilidade de a alienação ser realizada pelo próprio particular (seja ele o devedor, o credor ou pessoa idônea), desde que autorizado pelo juiz.[348] Por fim, nos casos em que não se localiza o devedor ou bens à penhora, o processo deve ser extinto.

Em suma, a execução, nos Juizados Especiais, pode se encerrar de cinco maneiras diferentes:

(i) acordo;
(ii) pagamento voluntário pelo devedor;
(iii) realização forçada do crédito, em suas diversas modalidades;
(iv) extinção, caso o devedor ou seus bens não sejam localizados;
(v) extinção por desinteresse e/ou inércia do credor.

É interessante observar que dois institutos contidos na Lei dos Juizados foram aproveitados pela reforma da execução do processo civil tradicional. Com efeito, a Lei nº 11.382, de 2006, além de ter implementado a alienação por iniciativa particular, com algumas modificações,[349] uniu, a exemplo dos Juizados, as fases de conhecimento e execução, que passaram a dispensar a nova citação do devedor. Com isso, nota-se que, embora exista o risco de a justiça tradicional contaminar os Juizados com sua mentalidade burocrática, ela também pode ser beneficiada com os mecanismos céleres e informais dos Juizados Especiais.[350]

Esses casos demonstram, portanto, que os Juizados podem servir de "laboratório" para se aferir a viabilidade prática de adotar procedimentos mais

---

[348] Vide, a respeito do detalhamento do procedimento, Assis (1996).
[349] Vide, a respeito, Ferraz (2007).
[350] Essa constatação também foi feita por Ada Pellegrini Grinover: "as estruturas experimentais do Juizado de Pequenas Causas poderão ser estendidas, *mutatis mutandis*, a outros tipos de procedimentos, simplificando-os e operando sua transformação" (Carneiro, 1998:338).

enxutos e simplificados. Assim, seu bom funcionamento pode garantir não apenas a absorção (ainda que lenta) de institutos pela Justiça comum, mas, sobretudo, da própria mentalidade informal, conciliatória e menos burocratizada em todo o sistema de Justiça.

IV.3. Aspectos práticos da efetividade nos Juizados Especiais Cíveis

A investigação dos casos em que o processo termina com o recebimento, pela parte, daquilo a que ela tem direito — por determinação judicial ou por disposição amigável com o reclamado — é um importante parâmetro na avaliação da qualidade dos serviços prestados pelos Juizados Especiais.

Os acordos firmados nos Juizados são cumpridos espontaneamente? Ou, ao contrário, precisam ser executados? Em caso positivo, em que proporção? Como termina essa execução? Ela é exitosa?

No tocante às sentenças de mérito procedentes, elas reclamam por execução, ou são observadas voluntariamente? Como são findas as execuções de sentença? Há diferenças importantes entre o cumprimento espontâneo da sentença e do acordo? A execução de acordos apresenta melhores resultados do que a execução de decisões judiciais?

Para responder a estas perguntas, farei um mapeamento, na amostra, dos casos em que os acordos e sentenças são executados e, entre esses, quantos resultam no recebimento efetivo do bem por parte do credor. Para tanto, novamente utilizarei dados empíricos inéditos, coletados, com auxílio técnico, no banco de dados da pesquisa do Cebepej.

De modo a facilitar a análise, as informações serão apresentadas em quatro seções distintas:

(i) forma de solução de conflitos nos Juizados;
(ii) efetividade do acordo;
(iii) efetividade da sentença;
(iv) consolidação de todas as informações, para permitir uma compreensão global do fenômeno.

IV.3.1 Forma de solução de conflitos nos Juizados Especiais Cíveis

As respostas dadas pelos Juizados Especiais aos conflitos que lhes são apresentados são um indicativo importante de seu funcionamento adequado. A tabela 22, a seguir, traz informações acerca da forma como todos os casos da amostra foram finalizados, que pode ser dividida em quatro categorias: acordos, sentenças de mérito (procedente ou improcedente), desinteresse do autor e extinção do processo sem julgamento de mérito por questões processuais.

TABELA 22

Forma de solução de conflitos nos Juizados Especiais Cíveis*

						Questões processuais			
	Acordo		Sentença de mérito		Desinteresse do autor		Incompetência		Carência de ação
Estado	N	%	n	%	N	%	n	%	N	%
AP	248	40,4	81	13,2	196	31,9	15	2,4	50	8,1
BA	310	38,8	222	27,8	229	28,7	09	1,1	06	0,8
CE	440	71,7	79	12,9	75	12,2	08	1,3	05	0,8
GO	161	26,3	240	39,2	164	26,8	25	4,1	11	1,8
MG	253	40,9	176	28,4	154	24,9	24	3,9	07	1,1
PA	179	33,6	144	27,0	178	33,4	17	3,2	08	1,5
RJ	250	37,7	255	38,4	116	17,5	28	4,2	12	1,8
RS	140	28,9	204	42,1	85	17,5	36	7,4	12	2,5
SP	213	33,0	246	38,1	163	25,2	05	0,8	11	1,7
BR	2.194	39,3	1.647[351]	29,5	1.360	24,4	167	3,0	122	2,2

* Universo de 5.585 casos.
Fonte: Cebepej (2006b).

Os dados indicam que a principal forma de solução dos conflitos nos Juizados é, como desejado, a conciliação (39,3%), cujas particularidades e discrepâncias já foram comentadas oportunamente.[352] Depois da conciliação, a sentença de mérito (29,5%) é a principal forma de conclusão dos feitos, seguida pelo desinteresse do autor (24,4%) e, em proporção bem menor, pela extinção sem julgamento do mérito, por questões processuais (incompetência ou carência da ação), que somam 5,2%, conforme demonstra o gráfico 4.

---

[351] Há um *missing* de 13 casos (0,7%). Na maioria absoluta dos casos, o autor vence a demanda em 1º grau (50% (836 casos) das sentenças são totalmente procedentes; 28,8% (481 casos) das sentenças são parcialmente procedentes e apenas 20,5% (343 casos) são improcedentes. Vide o detalhamento dos Estados em Cebepej — 2006b:35).

[352] A significativa diferença entre os estados pode ser explicada pelas políticas locais de incentivo à propositura de determinadas demandas e/ou ao investimento na conciliação, vistos no capítulo anterior. Merecem menção o Ceará, que conta com 71,7% de composição amigável, Amapá e Minas Gerais, ambos com cerca de 40% de acertos celebrados. Vide item III.3.1 e III.3.1. supra.

GRÁFICO 4
Forma de solução de conflitos nos Juizados Especiais Cíveis

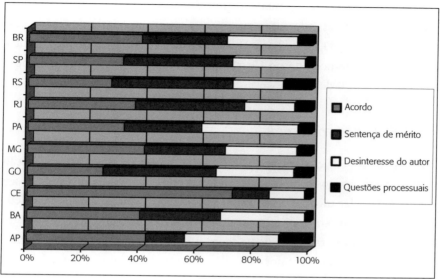

Fonte: Elaboração própria, a partir de Cebepej (2006b).

Entre os aspectos positivos, os dados indicam que a principal forma de solução de conflitos nos Juizados é o acordo, justamente o mecanismo mais adequado para solucionar as demandas que lhe são apresentadas.

Também devem ser vistos com bons olhos os baixos índices de extinção sem julgamento de mérito por questões processuais (5,2% no total, com picos de 8,1% de carência de ação no Amapá e de 7,4% de ações extintas por incompetência no Rio Grande do Sul), pois sugerem que não há uma predominância da tecnicidade em detrimento do mérito da demanda, o que é imprescindível num sistema em que as partes podem atuar sem a assistência de um advogado.

Como a arbitragem não foi instituída nos Juizados,[353] os litígios que não são solucionados por acordo, nem extintos sem julgamento de mérito, são necessariamente resolvidos por sentença judicial, que responde por cerca de

---

[353] Apesar da previsão legislativa, a arbitragem não teve lugar nos Juizados Especiais Cíveis. Vide, acerca de possíveis justificativas para este fato, o item I.4.2.

30% dos casos da amostra, com altos índices em Goiás (39,2%), Rio de Janeiro (38,4%), Rio Grande do Sul (42,1%) e São Paulo (38,1%).

Por fim, a informação mais surpreendente tange ao elevado nível de extinção por desinteresse do autor, que chega a quase um quarto dos casos ajuizados, chegando a 33,4% no Pará, 31,9% no Amapá e 28,7% na Bahia. De outra sorte, o menor índice está no Ceará, onde, ainda assim, o percentual não é desprezível: 12,2% dos casos.

IV.3.2. Efetividade do acordo

A análise da conciliação nos Juizados Especiais não se encerra com a avaliação do número de acertos promovidos, sendo necessário, ao revés, investigar o seu cumprimento. De modo a organizar as informações obtidas, o estudo da efetividade do acordo será realizado em duas etapas. Na primeira delas, a amostra é partida em dois grandes grupos: acordos cumpridos e acordos executados. Na sequência, fazendo uso dos casos de execução de acordo, avalio o desfecho dessa execução: se foi exitosa, inexitosa ou, ainda, se estava em andamento na época da coleta dos dados.

IV.3.2.1. Acordos executados e não executados

No tocante à sua observância, os acordos[354] podem ser classificados em três tipos:

(i) acordos cujo cumprimento foi informado nos autos;

(ii) acordos cujo descumprimento foi informado nos autos, junto ao pedido de execução;

(iii) acordos sem informação acerca de seu cumprimento, que não foram objeto de execução.

Esses últimos casos são bastante recorrentes, revelando que as partes não têm o hábito de informar o desfecho da demanda no processo, como mostra a tabela 23 a seguir:

---

[354] Para fins desta análise, uso como base de cálculo "todos" os acordos firmados, em qualquer fase procedimental (audiência de conciliação ou instrução) e, ainda, as composições firmadas extrajudicialmente.

TABELA 23

Efetividade do acordo: cumprimento espontâneo e não noticiado

Estado	Cumprimento noticiado nos autos		Sem informação/ sem execução		Acordos executados	
	Nº	%	Nº	%	Nº	%
AP	102	41,1	24	9,7	122	49,2
BA	150	48,4	89	28,7	71	22,9
CE	16	3,6	382	86,8	42	9,5
GO	24	14,9	109	67,7	28	17,4
MG	27	10,7	172	68,0	54	21,3
PA	43	24,0	87	48,6	49	27,4
RJ	72	28,8	116	46,4	62	24,8
RS	20	14,3	88	62,9	32	22,9
SP	97	45,5	78	36,6	38	17,8
BR	551	25,1	1.145	52,2	498	22,7

Fonte: Banco de dados Cebepej, 2006b (dados inéditos).[355]

Em virtude da ausência de informação nos processos, não há como constatar, com precisão, qual o percentual de acordos cumpridos espontaneamente. Todavia, pode-se afirmar, seguramente, que, na média nacional, em 25,1% dos casos, a composição amigável foi respeitada, enquanto 52,2% da amostra não conta com dados disponíveis.

As diferenças significativas entre os estados podem ser visualizadas no gráfico 5. Amapá (41,1%), Bahia (48,4%) e São Paulo (45,5%) contam com alto percentual de casos de notícia nos autos sobre o desfecho do acordo. Contudo, ao contrário do que se poderia imaginar, esses índices não têm relação com a participação de advogados junto às partes.[356]

---

[355] Esses dados não são os mesmos apresentados no Relatório final da Pesquisa do Cebepej por dois motivos: (1) neste caso, avaliei "todos" os acordos firmados — inclusive extraprocessualmente, e não apenas na fase conciliatória; (2) como a intenção era mapear a efetividade dos Juizados, os cálculos foram feitos em relação à amostra total e não apenas aos casos válidos.

[356] Com efeito, como mostra o relatório final da pesquisa do Cebepej (2006b:30-31), os estados do Amapá e da Bahia apresentam os menores índices de partes representadas por advogados (tanto autor quanto réu). Ademais, o Rio de Janeiro, que conta com o maior percentual de casos em que as partes são representadas nos Juizados, tem um baixo índice de notícia de cumprimento de acordos nos autos.

No Ceará, que conta com os melhores índices de acordos do Brasil, nota-se o menor percentual de informação sobre o seu cumprimento (apenas 13,1% dos casos). Embora não possa afirmar com segurança, cogito que esse fato decorre da própria dinâmica do Juizado de Trânsito, que responde pela grande maioria dos feitos daquele estado (60,4%). Nesse procedimento, ao invés de a parte dirigir-se ao fórum para fazer sua reclamação, é a *van* itinerante que se locomove ao local do acidente. Com isso, em muitos casos, os litigantes sequer sabem onde fica a sede do Juizado Especial.

GRÁFICO 5
Efetividade do acordo: cumprimento espontâneo e não noticiado

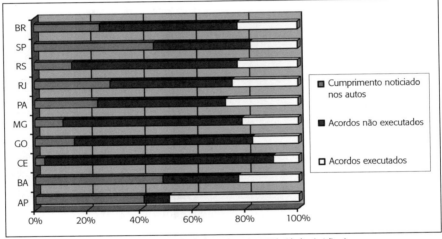

Fonte: Elaboração própria, a partir do banco de dados Cebepej, 2006b (dados inéditos).

IV.3.2.2. Efetividade da execução dos acordos

Para calcular a efetividade da execução dos acordos, selecionei, no banco de dados da pesquisa do Cebepej, os casos em que a execução estava em andamento no momento da coleta dos dados e os casos em que o processo executivo já havia sido encerrado.

Por seu turno, os casos da amostra em que a execução já se finalizara foram divididos em três grupos: (i) execução exitosa: casos de pagamento espontâneo, realização forçada do crédito e acordo; (ii) execução inexitosa: hipóteses de desistência do autor e não localização do devedor ou de seus bens. Os resultados obtidos estão dispostos na tabela 24 e no gráfico 6, a seguir:

TABELA 24

Efetividade da execução de acordos nos Juizados Especiais

Estado	Acordos executados					
	Efetivos		Não efetivos		Em andamento	
	N	%	N	%	N	%
AP	69	56,6	39	32,0	14	11,5
BA	23	32,4	11	15,5	37	52,1
CE	14	33,3	14	33,3	14	33,3
GO	07	25,0	08	28,6	13	46,4
MG	18	33,3	18	33,3	18	33,3
PA	18	36,7	17	34,7	12	24,5
RJ	44	71,0	09	14,5	08	12,9
RS	09	28,1	04	12,5	19	59,4
SP	20	52,6	06	15,8	12	31,6
Média BR	222	44,6	126	25,3	147	29,5[357]

Fonte: Banco de dados Cebepej, 2006b (dados inéditos).

Na média nacional, 22,7% dos acordos firmados em qualquer fase nos Juizados foram executados. Entre os acertos que foram objeto de execução, em 44,6% dos casos a execução culminou no recebimento do bem pelo credor. Por seu turno, em pouco mais da metade dos casos (54,8%), a execução não foi efetiva; quer por ainda estar em andamento na época da realização da pesquisa (29,5%), quer por ter sido encerrada sem que o reclamante recebesse o que tinha direito (25,3%).

Embora a coleta dos dados tenha sido feita num período que varia entre dois a quatro anos do ajuizamento da ação,[358] quase um terço das execuções de acordo ainda se encontrava em andamento na época dos trabalhos de campo. Os estados da Bahia, Goiás e Rio Grande do Sul[359] apresentam os piores percentuais, com cerca de metade dos feitos em execução na época da coleta.

---

[357] Não somam 100% porque há três casos sem informação.

[358] Rio Grande do Sul: processos distribuídos em 2003 e pesquisa realizada em 2005; demais estados: ações ajuizadas em 2002 e dados coletados em 2005 (AP, BA, CE, GO, MG, PA, RS, RJ) e 2006 (SP).

[359] Contudo, é preciso anotar que o estado gaúcho deve ser avaliado com reservas, uma vez que ali, excepcionalmente, a amostra era composta por processos ajuizados em 2003, diversamente do resto do país, que contemplou ações distribuídas em 2002. A escolha se deu por um empecilho de ordem prática: os feitos dos Juizados do Rio Grande do Sul tangentes ao ano de 2002 haviam sido incinerados, impedindo sua recuperação.

Nesse sentido, afere-se que a efetividade é tema intrinsecamente relacionado ao tempo de duração do processo,[360] pois, quanto mais demorado, menos tempo o autor terá para usufruir do bem da vida a que faz "jus" (Carneiro, 2000:92).

Chama atenção o alto percentual de execução de acordos exitosos no Rio de Janeiro e no Amapá, e inexitosos no Amapá, Ceará, Minas Gerais e Pará, todos em torno de 30% de prejuízo ao credor.

GRÁFICO 6
Efetividade da execução de acordos nos Juizados Especiais Cíveis

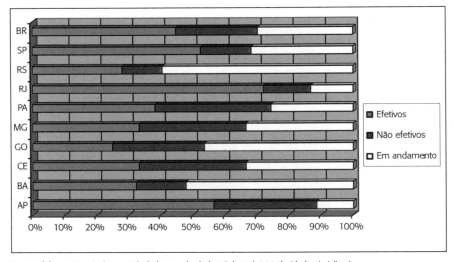

Fonte: Elaboração própria, a partir do banco de dados Cebepej, 2006b (dados inéditos).

IV.3.3. Efetividade da sentença

Seguindo o mesmo arranjo esquemático do item anterior, a efetividade da sentença será analisada em duas etapas. Na primeira delas, serão estudados os casos de sentenças executadas e não executadas; em seguida, o resultado da execução das decisões judiciais.

Antes de passar à demonstração dos dados obtidos, é preciso fazer três considerações de cunho metodológico. Primeiramente, as sentenças impro-

---
[360] Que será tratado no capítulo seguinte.

cedentes, que não são passíveis de execução, foram excluídas do cálculo. Em segundo lugar, as sentenças totalmente e parcialmente procedentes foram abarcadas em uma única categoria, denominada sentença procedente. Por fim, considerando que o julgamento de primeiro grau é passível de recurso (que pode alterar seu resultado), os casos de sentença procedente/improcedente não foram selecionados entre as decisões de primeiro grau, mas entre os casos de sentença ou acórdão com trânsito em julgado. Com isso, assegurei que o resultado "final" da decisão estaria sendo considerado para fins desta análise.[361]

IV.3.3.1. Sentenças executadas e não executadas

Não há como aferir, no banco de dados do Cebepej, os casos em que a sentença de mérito foi cumprida.[362] Por esse motivo, analisei os casos em que houve e não houve execução de sentença.

Mais uma vez, não se pode afirmar o que ocorreu nos casos em que a ordem judicial não foi executada. Pode tanto se tratar de casos em que a ordem judicial foi cumprida, quando hipóteses de inércia/desistência do autor — quer por desconhecimento, quer por descrença no procedimento.

Excluindo do cálculo os casos em que a sentença foi improcedente, tem-se 1.346 casos de sentenças de mérito que deram ganho de causa (total ou parcial) ao autor. Desses, 470 (31,7% das sentenças) não sofreram execução, enquanto em 872 casos (64,8%) o procedimento não foi encerrado com a decisão final sobre o caso.

---

[361] Desse modo, entre as sentenças procedentes, estão: (i) os casos em que a sentença procedente não foi atacada por recurso; (ii) os casos em que a sentença procedente, embora atacada por recurso, foi confirmada em segunda instância; (iii) os casos de sentença improcedente que tiveram o resultado revertido, tornando a sentença procedente. Da mesma forma, por seu turno, as sentenças improcedentes abarcam: (i) os casos em que a sentença improcedente não foi atacada por recurso; (ii) os casos em que a sentença improcedente, embora atacada por recurso, foi confirmada em segunda instância; (iii) os casos de sentença procedente que tiveram o resultado revertido, tornando a sentença improcedente.

[362] Diversamente dos acordos — em que a ficha de coleta de dados trazia a pergunta: "havendo acordo, ele foi cumprido?" —, não havia qualquer quesito na pesquisa acerca desse fato. Assim, apenas há como calcular os casos em que houve e não houve execução. De qualquer sorte, posso afirmar com segurança que, a exemplo dos acordos, são poucos os casos em que o cumprimento espontâneo é noticiado nos autos.

Tabela 25
Sentenças/acórdãos executados e não executados

Estado	Sentenças improcedentes	Sentenças procedentes	Sentenças procedentes executadas Nº	% das sentenças	Sentenças procedentes não executadas Nº	% das sentenças
AP	08	78	61	78,2	17	21,8
BA	43	179	110	61,5	69	38,5
CE	16	62	40	64,5	22	35,5
GO	36	206	102	49,5	104	50,5
MG	37	144	115	79,9	30	20,8
PA	22	121	75	62,0	45	37,2
RJ	53	202	145	71,8	55	27,2
RS	58	149	83	55,7	63	42,3
SP	41	205	141	68,8	65	31,7
BR	314	1.346	872	64,8	470*	34,9

*Missing de quatro casos.
Fonte: Banco de dados Cebepej, 2006b (dados inéditos).

Gráfico 7
Sentenças executadas e não executadas

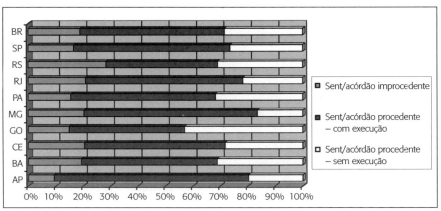

Fonte: Elaboração própria, a partir de Cebepej, 2006b.

Pela tabela 25, constata-se que os estados do Rio Grande do Sul e Goiás são os que apresentam os índices mais significativos de decisões judiciais não executadas.

Durante a realização dos trabalhos de campo na capital gaúcha, chamou atenção de toda a equipe de pesquisadores o grande número de casos na amostra que continham cumprimento voluntário da ordem judicial, o que talvez possa ser explicado por uma questão cultural.

IV.3.3.2. Efetividade da execução das sentenças

Uma vez transitada em julgado a decisão favorável — com ou sem recurso — e não havendo pagamento espontâneo por parte do reclamado, o autor precisa iniciar a execução da sentença.

Com exceção do Amapá (62,3%), todos os estados que possuem o maior percentual de execução efetiva — Minas Gerais (50,4%), Rio de Janeiro (71,0%) e São Paulo (51,8%) — são exatamente os que possuem o maior volume de pessoas jurídicas no polo passivo.[363]

Isso sugere, como é natural, que a execução contra empresas seja mais exitosa do que contra pessoas físicas, em razão da facilidade de penhora, localização de patrimônio e da probabilidade de ter mais bens do que um cidadão comum.

Os percentuais de execução em andamento durante a coleta dos dados merecem menção. É que as ações, ajuizadas em 2002 — com exceção do Rio Grande do Sul, com feitos distribuídos em 2003 —, ainda não haviam sido encerradas em 2005, quando as informações foram recolhidas. No caso de São Paulo, os trabalhos de campo apenas foram realizados no ano seguinte (2006). Mais uma vez o Amapá se destaca por seus baixos índices de execução em andamento: apenas 6,6%. Com exceção de Minas Gerais (24,3%) e Rio de Janeiro (22,8%), todos os estados possuem mais de 30% de execução ainda não finalizada, com destaque para Salvador, com 54,5%; Pará (41,3%) e Ceará (45%). Os dados podem ser visualizados no gráfico 8.

---

[363] Minas Gerais (57%), Rio de Janeiro (83,7%) e São Paulo (67,6%).

Tabela 26
Efetividade da execução de sentença

Estado	Efetiva Nº	Efetiva %	Não efetiva Nº	Não efetiva %	Em andamento Nº	Em andamento %
AP	38	62,3	19	31,1	4	6,6
BA	43	39,1	7	6,4	60	54,5
CE	13	32,5	9	22,5	18	45,0
GO	37	36,3	33	32,4	32	31,4
MG	58	50,4	29	25,2	28	24,3
PA	33	44,0	11	14,7	31	41,3
RJ	103	71,0	9	6,2	33	22,8
RS	37	44,6	20	24,1	26	31,3
SP	73	51,8	21	14,9	47	33,3
Média BR	872	49,9	435	18,1	279	32,0

Fonte: Banco de dados Cebepej, 2006b (dados inéditos).

Gráfico 8
Efetividade da execução de sentença

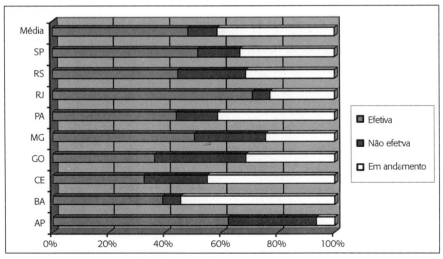

Fonte: Elaboração própria, a partir de Cebepej (2006b).

IV.3.4. Quadro síntese

Nos itens anteriores, todos os cálculos foram feitos com base nos casos válidos, e não em consideração ao universo de casos da amostra. Com o fito de consolidar as informações apresentadas nas seções precedentes, e produzir um panorama geral sobre a efetividade nos Juizados Especiais Cíveis, elaborei a tabela 27.[364]

A tabela apresenta o desfecho de todos os casos da amostra, dividida, primeiramente, em quatro grandes grupos: (i) desinteresse do autor; (ii) questões processuais; (iii) acordos; (iv) sentenças. Os acordos e sentenças estão divididos em dois grupos: executados e não executados. Quanto aos acordos, há uma categoria adicional (acordos cumpridos), e, no que tange às sentenças, uma coluna traz os percentuais de decisões improcedentes. Em ambos os casos (acordos e sentenças), a execução está dividida em três grupos: (i) exitosa; (ii) não exitosa; (iii) em andamento.

Em relação ao acervo total, o cumprimento espontâneo dos acordos firmados em qualquer fase procedimental liquida 9,9% dos casos, havendo um percentual importante, de 20,5%, sobre o qual não há informação nos autos. Por seu turno, os acertos executados respondem por 8,9% da amostra.

Bahia (18,8%), Amapá (16,6%) e São Paulo (15,0%) destacam-se pelas maiores proporções de acordos cumpridos e informados; Ceará (2,6%), Goiás (3,9%) e Rio Grande do Sul (4,1%), pela falta de dados acerca de seu cumprimento.

Entre os acordos submetidos à execução, 4% trazem bons resultados ao credor; 2,3% não são exitosos e 2,6% ainda estavam em andamento na época da coleta dos dados.

Merecem destaque os bons resultados da execução no Rio de Janeiro (6,6% do acervo) e Amapá (11,2%).

No tocante à falta de conclusão dos processos executivos de acordo, os casos mais preocupantes são a Bahia (4,6%), Rio Grande do Sul (3,9%) e Minas Gerais (2,9%).

Contudo, é preciso anotar que a amostra gaúcha é composta por processos distribuídos em 2003, diversamente dos demais estados, que avaliaram feitos distribuídos em 2002 — o que impede a sua comparação nesse aspecto específico.

---

[364] Como as informações já foram tratadas detalhadamente nos itens anteriores, e pela multiplicidade de informações, a tabela traz apenas os percentuais. Os números de casos podem ser conferidos nas tabelas apresentadas anteriormente.

TABELA 27
Efetividade nos Juizados Especiais Cíveis (%)

Estado	Desinteresse do autor	Questões processuais	Acordos					Sentenças				
			Não executados	Executados					Procedente			
			Cumpridos	Sem informação	Exitosa	Não exitosa	Em andamento	Improcedente	Não executadas	Executadas		
										Exitosa	Não exitosa	Em andamento
AP	31,9	10,5	16,6	3,9	11,2	6,4	2,3	1,3	2,8	6,2	3,1	0,7
BA	28,7	1,9	18,8	11,2	2,9	1,4	4,6	5,4	8,6	5,4	0,9	7,5
CE	12,2	2,1	2,6	62,2	2,3	2,3	2,3	2,6	3,6	2,1	1,5	2,9
GO	26,8	5,9	3,9	17,8	1,1	1,3	2,1	5,9	17,0	6,0	5,4	5,2
MG	24,9	5	4,4	27,8	2,9	2,9	2,9	6,0	4,8	9,4	4,7	4,5
PA	33,4	4,7	8,1	16,3	3,4	3,2	2,3	4,1	8,4	6,2	2,1	5,8
RJ	17,5	6	10,8	17,5	6,6	1,4	1,2	8,0	8,3	15,5	1,4	5,0
RS	17,5	9,9	4,1	18,1	1,9	0,8	3,9	12,0	13,0	7,6	4,1	5,4
SP	25,2	2,5	15,0	12,1	3,1	0,9	1,9	6,3	10,1	11,3	3,3	7,3
BR	24,4	5,2	9,9	20,5	4,0	2,3	2,6	5,6	8,4	7,8	2,8	5,0

Fonte: Elaboração própria, a partir do banco de dados Cebepej, 2006b (dados inéditos).

Por seu turno, sempre em relação à amostra total, 5,6% das sentenças são improcedentes; 8,4% não foram executadas (embora procedentes) e, em 15,6% dos casos, foi iniciada a execução.

No que tange à execução das decisões judiciais, obteve-se êxito em 7,8%; enquanto um percentual bem menor (2,8%) acabou sem efetividade. De sua parte, 5% dos processos executivos ainda não haviam sido encerrados no momento da pesquisa.

De forma geral, a execução responde por aproximadamente um quarto da amostra (24,5%) — 8,9% de acordos e 15,6% de sentenças. Desse acervo de execuções, 11,8% são efetivas; 5,1% não são efetivas e 7,6% ainda não haviam sido finalizadas.

Assim, pode-se concluir que, no que tange à execução — quer de acertos, quer de sentenças —, a maior parte delas é efetiva (mais que o dobro dos casos de inefetividade), sendo preocupantes, porém, os índices de ações em andamento (7,6%), que superam o número de feitos inexitosos (5,1%). Em razão da multiplicidade dos dados, optei por condensá-los em um gráfico de barras, de modo a facilitar a sua compreensão.

O gráfico permite visualizar com clareza a importância dos casos de desinteresse do credor na amostra — com destaque para Amapá e Pará. Também é possível diagnosticar os baixos percentuais de extinção sem julgamento de mérito por questões processuais, e sua maior incidência em Amapá e Rio Grande do Sul.

O percentual de acordos que certamente foram cumpridos responde por uma fatia considerável do acervo — embora em menor proporção no Ceará, Goiás, Minas Gerais e Rio Grande do Sul.

Uma das maiores parcelas da amostra é composta por casos em que houve acordo, mas não há informações adicionais acerca de sua observância. No Ceará, esses casos predominam de forma absoluta, enquanto no Amapá são poucos os casos em que não se tem notícias nos autos sobre o desfecho do acerto.

Entre os acordos executados (que representam uma fração não muito expressiva do acervo), merecem destaque os altos percentuais de resultados efetivos no Amapá.

Outra grande porção da amostra é formada por sentenças de mérito, prevalecendo, de forma absoluta, as procedentes. Entre essas, a maior parte é submetida à execução, merecendo destaque a predominância de casos que resultam em recebimento do bem pelo credor, e, ainda, os casos de execução em andamento — sobretudo na Bahia e em São Paulo.

Ante a diversidade de dados apresentados, fica a pergunta: afinal, os Juizados Especiais Cíveis são, ou não, efetivos? Na tentativa de respondê-la, elaborei uma tabela com três variáveis: (i) processos efetivos; (ii) processos não efetivos e (iii) casos inconclusivos.

Na primeira categoria, incluí os casos de: (i) acordos cumpridos voluntariamente noticiados nos autos; (ii) acordos com execução efetiva; (iii) senten-

ACESSO À JUSTIÇA – UMA ANÁLISE DOS JUIZADOS ESPECIAIS CÍVEIS NO BRASIL

GRÁFICO 9
Efetividade nos Juizados Especiais Cíveis (%) – quadro sinótico

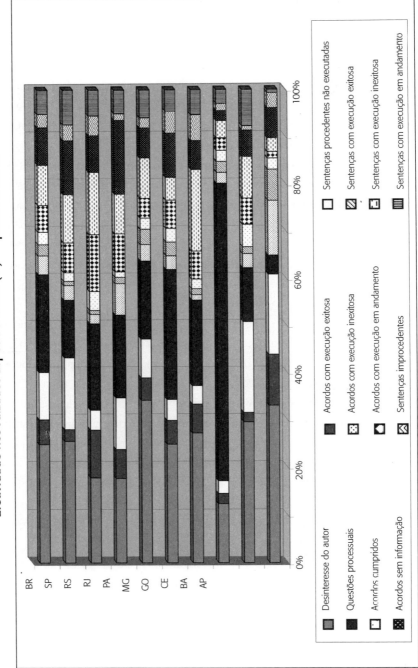

Fonte: Elaboração própria, a partir do banco de dados Cebepej, 2006b (dados inéditos).

ças com execução efetiva; (iv) sentenças de mérito improcedentes, já que, nesses casos, os Juizados deram uma resposta (ainda que desfavorável) ao autor. Na classe dos processos não efetivos, agreguei os casos de execução de sentenças e acordos inexitosos, execução em andamento e extinção do processo por questões processuais. Por fim, entre os inconclusivos — que, com exceção do Amapá, representam mais da metade da amostra — foram inseridos os casos de acordo sem informação acerca do cumprimento e sem execução e sentenças de mérito procedentes não executadas. Também foram incluídos nesta categoria os casos de desistência do autor.

No que toca aos dados disponíveis, Rio Grande do Sul, Minas Gerais, Goiás e Ceará apresentam resultados efetivos na metade dos casos. Nos demais estados, prevalece a solução exitosa.

Contudo, como a grande maioria dos processos não traz informações acerca do desfecho do litígio, não é possível avaliar, com segurança, a qualidade dos Juizados com base no parâmetro da "efetividade".

GRÁFICO 10
Efetividade dos acordos nos Juizados Especiais Cíveis

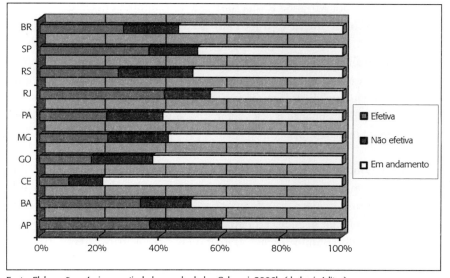

Fonte: Elaboração própria, a partir do banco de dados Cebepej, 2006b (dados inéditos).

IV.4. Reflexões acerca da efetividade nos Juizados Especiais Cíveis

Além de os índices de acordo não serem tão indesejáveis como se tem propaga-do,[365] os dados demonstram que essa é a principal forma de solução dos conflitos pelos Juizados Especiais Cíveis (cerca de 40% dos casos), fato que deve ser visto positivamente.

Como a arbitragem não foi devidamente instituída entre nós, nos casos em que o acerto não é celebrado, o litígio é necessariamente decidido pelo juiz, o que ocorre em aproximadamente 30% do acervo. Entre as sentenças judiciais (30%), um pequeno percentual (5%) é composto por decisões desfavoráveis ao autor. Assim, pode-se dizer que, na grande maioria dos casos, a parte que procura os Juizados Especiais tem uma sentença proferida em seu favor (ainda que de forma parcial).

Como se não bastasse a vastidão de questões que não são submetidas ao Poder Judiciário, e acabam por renúncia ou por desconhecimento do direito,[366] parte das demandas ajuizadas nas Pequenas Cortes também termina sem uma solução efetiva, ou, ao menos, conhecida. Com efeito, os casos de desistência do reclamante (24,4% na média nacional) e extinção sem julgamento de mérito em razão de questões processuais (5,2%) totalizam quase 30% dos feitos.

No que tange à primeira categoria, pesquisa empírica realizada na Justiça comum carioca por Miranda Rosa (2001:188-189) também detectou a existên-cia de um alto índice de casos findos por desinteresse do autor:

> É bom chamar a atenção para a evasão de feitos *ab initio*; entre o ajuizamento do processo e o despacho inicial do juiz, já aí existe uma diferença no número de fei-tos – isso mostra, desde logo, um fato recorrente no restante dos atos processuais. São os feitos abandonados pelos autores. Sabe-se que (...), [entre outros fatores], acordos liminares influem nisso.

Nesse contexto, é muito oportuno invocar a lição de Marc Galanter,[367] que, da mesma forma, observa que apenas uma pequena parcela dos litígios é sub-metida às Cortes, já que a grande maioria delas acaba por resignação, inércia, abandono, renúncia, negociação entre as partes, mediação realizada no local de ocorrência do conflito (escola, trabalho etc.) etc. Curiosamente, contudo,

---

[365] Vide item III.4.

[366] Vide, a respeito da litigiosidade contida e latente, o item III.2.

[367] O modelo teórico exposto a seguir foi extraído da obra de Galanter (1981).

dentro dessa pequena fração de conflitos submetida ao Poder Judiciário, há muitos casos em que o processo não é finalizado por uma decisão judicial. Como se não bastasse, entre os processos findos por sentença, muitos deles não são contestados ou impugnados.

Em suma: o modelo teórico de Galanter é completamente aderente à análise empírica dos Juizados Especiais Cíveis, em que apenas uma fração dos casos acaba com resultados definidos. Mais precisamente, pode-se afirmar que 53,3% dos casos da amostra não trazem informações precisas acerca do desfecho do litígio.[368]

Como avaliar esse fenômeno?

De acordo com o autor, esse fato não deve ser encarado como uma "deficiência escandalosa" do sistema, já que não é correto avaliar a capacidade dos Tribunais em solucionar disputas apenas pelos casos em que a prestação jurisdicional é finda nos moldes da previsão legal. Para ele, a principal contribuição das Cortes é prover uma base de normas e procedimentos para as negociações que ocorrem no âmbito privado e governamental. Essa contribuição inclui, mas não exaure, a comunicação aos eventuais litigantes acerca do que pode ocorrer se um deles buscar o Judiciário.

Assim, para Galanter, a missão do Judiciário não é apenas processar devidamente as demandas, mas emitir mensagens aos possíveis futuros litigantes, para que, sopesando as vantagens e desvantagens do sistema, possam solucionar o litígio extrajudicialmente, se acharem mais adequado.

Nesse sentido, as Cortes e suas consequências (demora, incerteza, imprevisibilidade) conferem às partes um "poder de barganha", ainda que tácito. Tudo isso, para Galanter (1981:147 e segs.), ocorre na chamada "sombra da lei" (*in the shadow of law*). Desse modo, o autor não vê com maus olhos a desistência do autor, supondo que pode ocultar uma solução extrajudicial do conflito motivada pela "mensagem" produzida pelas Cortes. Assim, nesses casos, o Judiciário também teria cumprido o seu papel.

No que tange aos Juizados, acredito que, em muitos casos, pode, de fato, ter havido acordo extrajudicial.[369] Contudo, os dados qualitativos demonstram que, entre nós, esse fenômeno pode ser explicado por diversas outras razões.

---

[368] Soma dos casos de desinteresse do credor (24,4%), dos casos em que o cumprimento do acordo não foi noticiado nos autos (20,5%) e em que não houve execução de sentença de mérito procedente (8,4%).

[369] Também não é possível ignorar a tese de Galanter (1981:147 e segs.), para quem muitas pessoas se utilizam da adjudicação como uma estratégia, e não como uma real busca pela prestação jurisdicional, embora isso seja pouco provável nas Pequenas Causas.

A primeira delas é a ausência injustificada da parte em audiência, por desconhecimento da regra legal[370] de que seu não comparecimento implica extinção do processo. Não foram poucos os casos em que, compulsando os autos da amostra, verifiquei que a parte não pôde comparecer na audiência e o feito foi extinto sem julgamento de mérito, apesar dos seus pedidos de reconsideração.

Outro fato observado durante a realização da pesquisa é que há casos em que a parte, mesmo ganhando a causa, não retorna ao cartório para levantar o seu dinheiro. Não é possível afirmar, contudo, se esse comportamento decorre do desconhecimento procedimental, ou, ao revés, da descrença no Judiciário, conforme acredita a escrivã chefe do cartório do Juizado do Consumidor de Belo Horizonte:

> Eu fico impressionada com o número de casos em que há depósito judicial e a parte não vem retirar o alvará. Esses casos são tão recorrentes que estamos estudando um jeito de fazer um levantamento e telefonar para as partes para que elas possam levantar a quantia depositada em seu nome. Eu acho que a parte é tão descrente com o Judiciário, ela sempre acha que não vai dar em nada... quando dá certo, ela nem volta para pegar o seu dinheiro.

Outra possível explicação para os altos índices de desistência do autor nos Juizados pode ser o perecimento do direito em virtude da demora no desfecho do litígio.

Em demandas que envolvem reposição de bem de consumo com defeito de fábrica (sobretudo aparelhos de telefone celular), não raro, no momento da finalização do litígio, o reclamante já adquiriu outro bem.

Em diversos casos analisados, principalmente no estado de São Paulo, o julgamento do agravo[371] contra decisão concessiva de antecipação de tutela demorava tanto tempo que ele perdia o objeto[372] — por perecimento do direito ou por julgamento da sentença anteriormente ao agravo. Prova de que esse fato é recorrente é que ele foi objeto de súmula, formulada no Encontro do Colégio

---

[370] Como é cediço, o art. 51, inciso I, da Lei nº 9.099/95, determina que o processo é extinto sem julgamento de mérito se o autor não comparece a qualquer audiência.

[371] O Encontro do 1º Colégio Recursal de São Paulo, realizado em 4 de maio de 2006, sumulou que "é admissível, no caso de lesão grave e difícil reparação, o recurso de agravo de instrumento no Juizado Especial Cível" (Súmula 02).

[372] Um exemplo clássico tange aos processos envolvendo planos de saúde: em virtude da falta de confirmação em tempo hábil da liminar, o paciente acabava arcando com os custos do tratamento negado pelo convênio, cabendo-lhe intentar nova ação, desta feita indenizatória.

Recursal da capital paulista em 2006: "Súmula 01. 'Prolatada a sentença, não se conhece do agravo de instrumento interposto contra a decisão que apreciou o pedido de tutela antecipada'".

Por fim, outra justificativa para a desistência do autor também guarda relação com a demora de finalização do feito. Ao manipular os processos da amostra, encontrei diversos casos em que a parte motivou sua desistência na impossibilidade de arcar com as despesas decorrentes do acompanhamento da demanda.

Sobretudo nos Juizados baianos — onde, como se viu, está o maior volume de casos de execução em andamento — havia diversos casos em que a parte desistia por não ter como pagar a passagem de ônibus até o Juizado para acompanhamento de sua causa. Em um deles, um senhor de 78 anos, na petição de desistência escrita de próprio punho, registrou: "Desisto de lutar pelo meu aparelho de tevê, porque o processo já está demorando mais de três anos e eu não posso mais esperar. Não existe Justiça para mim".

Em suma, no tocante aos casos de extinção do processo sem julgamento do mérito por desinteresse do autor, que tangem a um quarto da amostra, embora não seja possível tecer considerações conclusivas, acredito que a avaliação qualitativa dos Juizados mostra que esses casos podem ser justificados por uma multiplicidade de fatores.

Primeiramente, é possível imaginar que há uma fração de acordos firmados extrajudicialmente — o que confirmaria a tese de que o Judiciário, além das soluções adjudicadas/conciliatórias, também produz mensagens aos litigantes, que podem levá-los ao acerto extrajudicial.

A avaliação individualizada dos casos, contudo, revela que, nos Juizados Especiais Cíveis, há uma parcela importante de casos em que a desistência do autor pode ser justificada pela falta de credibilidade nas instituições de Justiça, desconhecimento procedimental e, sobretudo, pela demora na finalização dos processo.

Feitas essas considerações iniciais, passo a avaliar os casos em que os autos possuem informações acerca de seu desfecho da demanda. Em virtude do imenso apanhado de informações, uma breve retrospectiva sintética dos dados apresentados nos itens anteriores é bastante oportuna.

Acordos

Como visto, o percentual de acordos firmados não é ruim entre nós (cerca de 40% dos casos). Contudo, essa análise não pode ser divorciada da avaliação da efetiva observância do acerto. Novamente, a falta de informação nos processos compromete uma análise mais apurada do desfecho da composição amigável.

Na média nacional, cerca de um quarto dos acordos foram respeitados; aproximadamente um quarto dos acertos não foram cumpridos e metade dos casos não possui informações conclusivas.

De forma mais detalhada, pode-se dizer que em 25,1% (9,9% da amostra total) a parte informou o cumprimento do acordo; em 22,7% dos casos (8,9% da amostra) os acordos foram executados e em 52,2% (20,5% da amostra) não há qualquer informação sobre o desrespeito ao acerto, embora também não tenha sido iniciada a execução.

Por fim, entre os casos de acordos executados, 44,6% (4,0% da amostra) culminou com o recebimento do bem pelo exequente, em razão de pagamento voluntário, acordo ou realização forçada de crédito; um quarto foi inexitosa (25,3% dos acertos submetidos à execução, 2,3% da amostra total), em virtude de inércia/desinteresse do autor, não localização do devedor ou de seus bens; e cerca de um quarto (22,7%, 2,6% da amostra) ainda estava em andamento durante a realização dos trabalhos de campo.

De forma geral, no que tange à efetividade dos acordos, pode-se afirmar que eles são efetivos em 35,3% dos casos e inefetivos em 12,5% dos casos (em virtude do não recebimento dos bens pelo credor, incluídos também os casos em que a execução não havia sido finalizada na época da coleta dos dados). Por fim, em 52,2 % dos casos não é possível afirmar se houve observância do acerto.

GRÁFICO 11
Efetividade dos acordos nos Juizados Especiais Cíveis

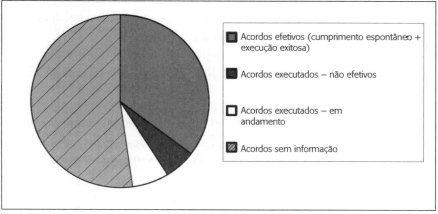

Fonte: Cebepej (2006b).

Sentenças

As sentenças de mérito representam 30% da amostra, havendo um pequeno percentual de decisões desfavoráveis ao credor (cerca de 5%). Assim, nos casos em que o litígio é solucionado pelo juiz, pode-se afirmar que a grande maioria dos reclamantes recebe um provimento favorável.

Contudo, a resolução definitiva do litígio não acaba com esta decisão: em 64,8% das sentenças favoráveis (15,6% da amostra), foi preciso executar a decisão judicial.

No que toca à execução de sentença, cerca de 50% foi efetiva (7,8% da amostra) e aproximadamente 20% foi inefetiva (2,8% do acervo total), enquanto quase 30% ainda estava em andamento no período de coleta dos dados (5% de todo o universo pesquisado).

GRÁFICO 12
Efetividade dos acordos nos Juizados Especiais Cíveis

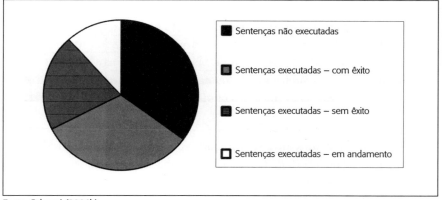

Fonte: Cebepej (2006b).

Sintetizadas as principais informações acerca da execução dos acordos e sentenças, questiono: no que tange à efetividade, haveria diferenças significativas entre essas duas modalidades de solução de conflitos?

Em seu artigo intitulado "Contra o acordo", Owen Fiss (2004:139) enumera, entre os diversos argumentos contrários à substituição do acerto em detrimento da decisão judicial, que ele não gera, nas partes, o mesmo comprometimento despertado pelas sentenças proferidas por uma Corte. Assim, para Fiss, é mais provável que uma sentença seja cumprida do que um acordo.

Fiss teria razão? Haveria, de fato, uma diferença entre o cumprimento espontâneo de sentenças e acordos? E no tocante ao resultado? Também haveria diferenças significativas entre a execução do acordo e a da sentença? A tabela 28, a seguir, traz as informações acerca da efetividade da sentença e do acordo, de modo a facilitar a comparação.

TABELA 28

Execução de acordo x execução de sentença[373]

Estado	Houve execução de acordo?	Houve execução de sentença?	Execução de acordo efetiva	Execução de sentença efetiva
	%	%	%	%
AP	49,2	78,2	56,6	62,3
BA	22,9	61,5	32,4	39,1
CE	9,5	64,5	33,3	32,5
GO	17,4	49,5	25,0	36,3
MG	21,3	79,9	33,3	50,4
PA	27,4	62,0	36,7	44,0
RJ	24,8	71,8	71,0	71,0
RS	22,9	55,7	28,1	44,6
SP	17,8	68,8	52,6	51,8
Média BR	22,7	64,8	44,6	49,9

Fonte: Cebepej (2006b).

Em todos os estados, invariavelmente, o percentual de sentenças de mérito submetidas à execução supera os casos de execução de acordos, apresentando diferenças bastante expressivas em todas as unidades federativas. Na média nacional, a diferença chega a 42,1%. Assim — ao menos nos Juizados Especiais —, os acordos são menos executados do que as sentenças, o que sugere uma maior observância.

Essa também foi a conclusão de uma pesquisa realizada em Small Claims Courts americanas. O autor do estudo, John Goerdt (1992:24-25), com quem concordo, atribuiu esse fenômeno ao fato de que, no acordo, o devedor participa dos termos e das condições de pagamento, o que aumentaria as chances de cumprimento.

---

[373] Como não há dados precisos acerca do cumprimento efetivo dos acordos e sentenças, adotei o percentual de casos em que houve execução, de modo a possibilitar o contraste entre os dados.

Por fim, no que tange à efetividade da execução, embora a sentença (49,9%) apresente uma pequena vantagem em relação ao acordo (44,6%), não se pode afirmar que existam diferenças significativas entre eles.[374]

Desta forma, os dados coligidos permitem concluir que, além de a conciliação ser a técnica mais adequada para solucionar os conflitos apresentados nos Juizados, ela tem uma vantagem adicional sobre a decisão adjudicatória: apresenta maiores probabilidades de cumprimento espontâneo pelo devedor do que a sentença judicial.

Execução nos Juizados Especiais Cíveis

A par da distinção entre o desempenho da conciliação e da sentença nas Pequenas Causas, é de essencial importância refletir sobre o funcionamento da execução.

De forma geral, a execução responde por cerca de um quarto da amostra (24,5%), sendo 8,9% de acordos e 15,6% de sentenças. Desses casos, 7,6% ainda estavam em andamento na época da coleta dos dados; 5,1% acabaram sem o recebimento, por parte do credor, daquilo a que fazia "jus" e 11,8% tiveram um desfecho satisfatório para o reclamante.

Assim, no que tange à efetividade da execução nos Juizados, a amostra pode ser praticamente partida ao meio: um pouco menos da metade encerra-se com o recebimento do bem pelo autor, enquanto, na outra porção, cerca de 30% dos casos estavam em andamento e o restante (em torno de 20%) foi encerrado sem propiciar ao autor aquilo a que ele fazia "jus".

GRÁFICO 13
Efetividade da execução nos Juizados Especiais Cíveis —
acordos e sentenças

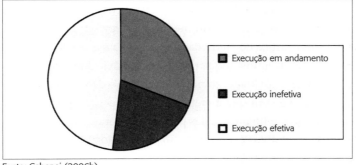

Fonte: Cebepej (2006b).

---

[374] Há 32% de execução de sentenças em andamento, contra 29,5% de acordos; 25,3% das execuções de acordos não são efetivas, contra 18% das execuções de provimento judicial final.

A par dos esforços empreendidos na recuperação do bem, pouco menos da metade dos casos submetidos à execução nos Juizados pode ser considerada "efetiva".

Por que isso ocorre? Por que o executado — a despeito de haver uma ordem judicial ou um acordo firmado com a sua participação — nega-se a pagar o credor?

Debruçando-se sobre o tema, Marco Antônio Botto Muscari (2003:30-44) enumera alguns limites e obstáculos para a efetividade da execução, quais sejam:

(i) limites naturais: é cediço que a população brasileira tem dificuldade para honrar seus compromissos financeiros;

(ii) limites jurídicos: a própria lei processual, em busca da "humanização da execução", impõe óbices à sua efetividade, como a proibição da prisão civil por dívidas e a impenhorabilidade de determinados bens;

(iii) obstáculos culturais: para o autor, falta base ética e moral aos devedores;

(iv) obstáculos psicológicos: como se não bastasse, o devedor — que, na maioria das vezes, já perdeu o processo de conhecimento — ainda resiste na fase executória, tentando postergar ao máximo o pagamento de sua dívida.

Os dados estatísticos parecem sugerir que um dos principais óbices à efetividade da execução nas Pequenas Causas é o "econômico" — embora não seja possível excluir as demais hipóteses, que podem incidir, em maior ou menor escala.

Com efeito, pode-se constatar uma correlação entre a efetividade da execução e o índice de desenvolvimento humano, pois os estados da amostra com os melhores índices de efetividade da execução — Amapá (17,4%), Minas Gerais (12,3%), Rio de Janeiro (22,1%), Rio Grande do Sul (11,7%) e São Paulo (14,4%) — possuem IDH alto ou médio-alto. Por seu turno, o Ceará, que apresenta o menor índice de efetividade (4,4%), possui IDH médio-baixo, e a Bahia, único estado da amostra que possui IDH baixo, tem o segundo pior desempenho: 8,3% de efetividade, somadas a execução de sentenças e acordos.

Esses dados sugerem que a efetividade da execução pode estar, de fato, vinculada à capacidade financeira das partes devedoras.

Os dados qualitativos e a observação dos Juizados Especiais Cíveis também parecem corroborar esta tese.

De modo geral, nos raros casos da amostra em que a execução foi finalizada em virtude da realização forçada de crédito, os bens conferidos à parte "ganhadora" tinham valor questionável: uma caixa de achocolatado em pó; vídeos eróticos e um aparelho de videocassete usado; um fogão velho, avaliado em 50 reais; um conjunto de estofado, um criado-mudo e uma cama.

No Amapá, ao acompanhar uma oficiala de justiça que tentava proceder à penhora de bens, entrei com ela em uma casa muito pobre, às margens do rio Amazonas, em que não havia nenhum bem para ser penhorado — sequer cama (as pessoas dormiam em redes) ou fogão (que era feito de alvenaria e funcionava a lenha). Diante do casal e dos nove filhos que a olhavam assustados, a oficiala declarou, em tom de ironia e desespero: "só dá para cumprir o mandado se eu penhorar uma dessas crianças".

Ao contrário do que se imagina, esse problema não é exclusividade da população ribeirinha amapaense. Em entrevista aberta, uma juíza da capital paulista relatou:

> Em diversos casos, o oficial de justiça volta com o mandado negativo, afirmando que não há bens a serem penhorados. Às vezes, eu acabo passando por cima da lei [da impenhorabilidade] e mando penhorar cama, colchão, tanquinho de lavar roupa quebrado, só para não ficar aquela sensação de injustiça na parte. Na verdade, o que eu faço é dar para um miserável o bem tirado de outra pessoa tão ou mais miserável que ele.

Nesse contexto, não se pode ignorar, na análise da efetividade dos Juizados Especiais Cíveis, a existência de óbices econômicos à execução, que, a meu ver, são intransponíveis pelo Poder Judiciário.

Com efeito, os mecanismos de tutela — entre os quais destaco a incidência da multa de 10% ao condenado que não cumpre a decisão judicial transitada em julgado (art. 285-A, CPC)[375] e a penhora em conta corrente — apenas são aptos a transpor os obstáculos culturais (falta de base ética e moral ao devedor) e psicológicos (resistência do devedor que, na maioria das vezes, já perdeu o processo de conhecimento ou descumpriu o acordo firmado) (Muscari, 2003:30-44).

Contra a miséria da população brasileira, há pouco que os mecanismos de tutela e os Juizados Especiais possam fazer.[376]

---

[375] O Encontro do 1º Colégio Recursal de São Paulo sumulou que este dispositivo legal aplica-se aos Juizados Especiais Cíveis.

[376] Anote-se, por fim, que esse problema não é exclusivo dos Juizados brasileiros. Juízes entrevistados dos Estados Unidos, Canadá e Inglaterra, quando questionados acerca do ponto sensível das Small Claims Courts, apontam, invariavelmente, a execução (Alexander, 1984:256).

V. Prazos nos Juizados Especiais Cíveis

V.1. Introdução

Seguindo a estrutura dos itens precedentes, este capítulo está dividido em três seções. Na primeira, é feito um levantamento bibliográfico acerca da duração razoável do processo, buscando demonstrar, sobretudo, a importância da garantia no sistema dos Juizados Especiais Cíveis e aferir a eventual existência de parâmetros objetivos acerca dos prazos admissíveis no processamento de pequenas causas.

Na segunda parte, cuido dos prazos de duração do processo nas Pequenas Causas, com base em dados empíricos, confrontando-os aos prazos legais (quando existentes). Para tanto, avalio cada uma das etapas procedimentais em separado (audiência de conciliação, audiência de instrução e sentença), bem como a fase recursal e executória. Ao final, apresento uma compilação de todas as informações apresentadas, de modo a facilitar a aferição dos prazos globais de duração processual nos Juizados Especiais Cíveis.

Por fim, com base nos dados empíricos, traço algumas breves reflexões sobre a garantia da duração razoável do processo e sua observância nos Juizados Especiais Cíveis brasileiros.

V.2. Tempo razoável e Juizados Especiais Cíveis

V.2.1. A garantia da duração razoável do processo

Embora a preocupação com o prazo de finalização do processo não seja recente — sendo constatada nas Ordenações Afonsinas, no direito medieval inglês e até no direito de Justiniano —,[377] o tema ganhou novo relevo em virtude do movimento do acesso à Justiça e da consequente emergência da instrumentalidade do processo, além do próprio dinamismo das relações sociais modernas.

A temática da demora processual está intimamente atrelada ao fenômeno que se convencionou denominar "crise da Justiça": ao lado do crescente acervo de ações, da escassez de recursos humanos e financeiros e da ineficiente organização judiciária, afirma-se que a morosidade é uma das manifestações do estado de "crise do Judiciário".[378]

Esse fenômeno não é exclusivamente brasileiro, e já se tornou um "lugar-comum" (Miranda Rosa, 2001:162): pesquisas realizadas em diversos países (Porto Rico, Itália, Estados Unidos, Espanha, Quebec, Chile, Inglaterra, Alemanha, Portugal) apontam a insatisfação da população com o sistema de Justiça, e, invariavelmente, a demora na finalização dos processos é uma das maiores causas dessa insatisfação (Fix-Fierro, 2003:1-33).

Assim, no que tange à aferição da "qualidade" dos serviços prestados à população (que é, precisamente, o fim deste trabalho), o prazo de entrega da prestação jurisdicional é um parâmetro de extrema importância.[379]

Como observa Mario Chiavario (1984:257), a demanda por Justiça é também a demanda por Justiça "tempestiva" e integra as Cartas Constitucionais não como uma garantia secundária, mas como um dos componentes do devido processo legal (*giusto processo*). Bielsa e Graña afirmam que, quanto mais um julgamento demora a ser proferido, mais vai perdendo, progressivamente, o seu sentido reparador, até que, transcorrido o tempo razoável para solução

---

[377] Tucci, 1997:14-20; Zanferdini, 2003:251-252, 256.

[378] Fix-Fierro (2003:1). Carlos Alberto Carmona aponta que a crise do processo seria decorrente: (i) da morosidade do processo; (ii) da ineficiência da prestação jurisdicional; (iii) do envelhecimento do modelo legislativo e (iv) da má formação dos profissionais que atuam no sistema de Justiça (Silva, 2005:20, n. 50).

[379] Giuseppe Tarzia (2001) afirma que, em razão do atual quadro da Justiça, o tema da duração razoável do processo é, certamente, o mais relevante no tema do processo justo. Da mesma forma, entre nós, como visto, os processualistas, atentos à instrumentalidade do processo, mencionam a tempestividade como requisito essencial para que o processo seja "efetivo". Vide, a respeito, item II.2.2.

do conflito, qualquer solução será irremediavelmente injusta, por mais justo que seja o seu conteúdo (Tucci, 1997:65).

Além dos prejuízos individuais (de ordem material e psicológica), o "demônio da demora" também causa danos à coletividade, por desencorajar outras pessoas a ingressar no Judiciário, comprometendo a própria credibilidade das instituições de Justiça (Smith, 1919:9, 17). Deste modo, não é possível pensar em um processo justo ou apto a realizar concretamente os seus valores constitucionais sem atentar ao seu prazo de duração (Marinoni, 1999:16). Ademais, é preciso salientar que a garantia não se limita ao processo de conhecimento, devendo se estender, ao revés, aos eventuais recursos e à fase executiva (Zanferdini, 2003:256).

A preocupação com a duração razoável dos processos extrapolou os limites teóricos, e foi inserida em textos legislativos e constitucionais, além de Tratados Internacionais. A Convenção Europeia para Salvaguarda dos Direitos do Homem e das Liberdades Fundamentais, de 1950, foi o primeiro corpo legislativo a cuidar da garantia (art. 6º, n. 1)[380] e inspirou sua consagração nas Constituições espanhola[381], portuguesa[382] e, mais recentemente, italiana.[383]

Entre nós, a despeito de sua índole garantística, a Carta de 1988 silenciou acerca do prazo razoável de finalização processual, embora ele vigorasse por força de dois pactos internacionais dos quais o Brasil é signatário:[384] as Convenções de Nova York e de São José da Costa Rica.[385] O Pacto de São José

---

[380] "Art. 6º, n. 1. Direito a um processo equitativo. Toda pessoa tem direito a que a sua causa seja examinada equitativa e publicamente num prazo razoável, por um tribunal independente e imparcial, instituído por lei que decidirá sobre seus direitos e obrigações civis ou sobre o fundamento de qualquer acusação em matéria penal contra ela dirigida (...)".

[381] Art. 24.2. Todos têm direito (...) a um processo público sem dilações indevidas e com todas as garantias.

[382] A Constituição Portuguesa prevê, em seu art. 20, n. 4: "todos têm direito a que uma causa em que intervenham seja objeto de decisão em prazo razoável e mediante processo equitativo".

[383] A reforma constitucional italiana de 1999 inseriu, no art. 111, da Carta, entre as garantias do *giusto processo*, a *ragionevole durata*.

[384] O Pacto Internacional sobre Direitos Civis e Políticos de Nova York — criado para, juntamente com o Pacto Internacional sobre Direitos Econômicos, Sociais e Culturais, tornar efetivos os princípios constantes na Declaração Universal dos Direitos do Homem —, aprovado em 1966, entrou em vigor em 1976, tendo sido ratificado pelo Brasil, e promulgado pelo Decreto nº 592, de 6 de julho de 1992. Por seu turno, inspirada na Convenção Europeia, a Convenção Americana sobre Direitos Humanos — também conhecida como Pacto de São José da Costa Rica, em menção ao local onde foi aprovada, em 1969 —, passou a vigorar a partir de 1978, após o depósito da ratificação pelo 11º estado americano. Foi igualmente ratificada pelo Brasil e promulgada por intermédio do Decreto nº 678, de 6 de novembro de 1992.

[385] Antes da Emenda nº 45, discutia-se se as garantias enumeradas em tratados internacionais teriam *status* constitucional. Naquela oportunidade, eu defendia que sim, desde que fossem ratificados pelo Brasil. Contudo, a Emenda nº 45 introduziu uma rigorosa exigência (votação qualificada nas duas casas legislativas) para a recepção dos direitos humanos dispostos em Instrumentos Internacionais no

da Costa Rica (Convenção Americana sobre Direitos Humanos) consagra o direito a ser ouvido em prazo razoável,[386] enquanto o Pacto Internacional sobre Direitos Civis e Políticos de Nova York assegura o direito a um processo "sem dilações indevidas".[387]

Em 2004, a Emenda Constitucional nº 45 corrigiu a omissão constitucional,[388] inserindo expressamente, no rol do art. 5º, a garantia da "razoável duração do processo", obtida pela "celeridade processual".[389]

Em nível doutrinário, a duração razoável do processo é concebida como corolário do acesso à Justiça qualificado;[390] elemento do processo efetivo[391] e, ainda, desdobramento do devido processo legal.[392]

Se a consagração constitucional da garantia da "duração razoável dos processos" é digna de aplausos, a fluidez da expressão dificulta a sua objetividade, por admitir interpretações flexíveis. Tome-se como exemplo a duração da prisão preventiva na órbita processual penal: os Tribunais superiores, não raro, invocam a garantia "em desfavor do réu", asseverando que, em razão do imenso volume de processos em andamento, não é "razoável" resolver as demandas em um tempo exíguo.[393] Assim, as próprias Cortes de Justiça acabam pervertendo o sentido da duração razoável do processo.

Na verdade, como leciona Mario Chiavario (1969:235-238), é correto que a garantia da razoabilidade esteja prevista no texto constitucional, servindo, a

---

ordenamento interno, que, ao meu ver, representa forte barreira ao desenvolvimento desses direitos. Há quem defenda que a disposição do art. 5º, §2º, é uma garantia fundamental "à incorporação automática dos direitos e garantias fundamentais contidos em instrumentos internacionais", que não pode ser abolida pelo Poder Constituinte derivado; em outras palavras, a emenda constitucional não poderia ser invocada no que tange a esta disposição. De qualquer sorte, a discussão não atinge os Pactos de Nova York e de São José, que já haviam sido ratificados pelo Brasil antes da emenda, e, com isso, dispensam nova votação pelo Congresso Nacional (Ferraz, 2003).

[386] Entre as garantias judiciais, o Pacto prevê, em seu art. 8º, item 1. "toda pessoa terá o direito de ser ouvida, com as devidas garantias e dentro de um prazo razoável, por um juiz ou Tribunal competente, independente e imparcial, estabelecido anteriormente por lei (...), na determinação de seus direitos e obrigações de caráter civil, trabalhista, fiscal ou de qualquer outra natureza".

[387] Art. 14, 3, letra "c".

[388] O Código de Processo civil modelo para a América Latina também prevê o direito a um processo com duração razoável. Na norma 11, que trata do direito ao processo (similar à ideia de acesso à Justiça), o item 11.4. expressamente dispõe: todo sujeito de direito terá acesso a um processo de duração razoável que proteja suas pretensões.

[389] Art. 5º, inciso LXXVIII — a todos, no âmbito judicial e administrativo, são assegurados a razoável duração do processo e os meios que garantam a celeridade de sua tramitação.

[390] Watanabe (1991) e Marinoni (1999:18). Vide, a respeito, o item II.2.2.1.

[391] Entre eles, José Roberto dos Santos Bedaque, José Carlos Barbosa Moreira, Paulo Cezar Pinheiro Carneiro e Sydney Sanches. Vide, a respeito, o item II.2.2.1.

[392] Vide, a respeito, Comoglio (2003) e Tarzia (2001).

[393] Vide o detalhamento dos julgados em Ferraz (2003:175 e segs).

um só tempo: (i) para nortear a legislação ordinária acerca da necessidade de se fixar parâmetros objetivos e (ii) servir com fundamento para eventuais indenizações acerca de dilações processuais descabidas. Para o autor, cabe à legislação ordinária e à jurisprudência fixar os contornos do que se deve entender por duração razoável de acordo com o caso concreto.

No que tange à reparação por danos morais em razão da demora do processo, há quem conceba a prestação jurisdicional como um serviço público monopolizado pelo Estado que deve ser entregue de forma adequada e eficiente, submetido às sanções do Código de Defesa do Consumidor — inclusive condenação decorrente da má prestação desse serviço (Dias, 2005:166). Nesse sentido, a jurisprudência brasileira é bastante conservadora, mas países como Espanha, França e Itália reconhecem o dever de indenizar, já que a demora na prestação jurisdicional é considerada violação de direito fundamental do ser humano.[394]

Merece menção, ainda, a orientação da Corte Europeia no sentido de que cabe indenização por danos morais sofridos em razão do estado de ansiedade prolongada causado pela espera da demanda.[395]

Tentando objetivar a análise, a Corte Europeia de Direitos do Homem estabeleceu três critérios de aferição da razoabilidade do tempo de duração do processo: (i) complexidade do tema; (ii) comportamento das partes/advogados e (iii) atuação do órgão jurisdicional (Tarzia, 2001:170). Contudo, os parâmetros da Corte reclamam pela avaliação individual e pormenorizada do caso concreto, o que dificulta sua ampla aplicação.

Diversamente, nos Estados Unidos, há grande investimento das Cortes para se aperfeiçoar o sistema processual e reduzir o *delay*.[396] Ademais, com base em estudos empíricos aprofundados, a American Bar Association (ABA) estabeleceu prazos quantitativos para conclusão dos processos, em razão do tipo e da natureza da demanda. Assim, por exemplo, as causas cíveis em geral de-

---

[394] Vide, a respeito, um interessante artigo acerca do tratamento do tema pelo Supremo Tribunal Federal, em que o autor defende o direito de o Estado indenizar os litigantes que esperam por longos períodos para o encerramento de suas demandas, embora, como se pode imaginar, a Suprema Corte brasileira seja bastante resistente a esse entendimento. Nesse texto, o autor avalia os julgados do STF acerca do tema (Dias, 2001).

[395] Vide a íntegra do acórdão em Tucci (1997:69-75).

[396] Além do regramento constitucional da garantia de prestação jurisdicional sem demoras, diversos estados possuem departamentos de controle de qualidade especificamente destinados a tratar do problema, bem como intenso investimento financeiro. Em Michigan, por exemplo, há um fundo anual de dois milhões de dólares, destinado a reduzir o *backlog and delay* da Corte de Apelação daquele estado. Disponível em: <www.senate.michigan.gov/sfa/oublications/issues/appeals.htlm>. Acesso em: 19 jan. 2008.

vem ser julgadas, no máximo, em 12 meses e as *small claims*, em 30 dias; em segundo grau, a duração deve ser reduzida à metade. Ademais, a ABA (1985) determinou que os prazos de todos os procedimentos devem ser fixados objetivamente (em número de dias ou meses) pela lei.

V.2.2. Duração razoável do processo nos Juizados Especiais Cíveis

O tema da duração razoável do processo — que, como visto, é uma das maiores preocupações do processualista moderno — reveste-se de maior importância no sistema dos Juizados Especiais, pois as causas mais simples e de menor valor exigem uma solução rápida, sob pena de não ser vantajoso reclamar por elas.

Além disso, a demora processual é muito mais onerosa às pessoas de poucas posses (Smith, 1923:216), que acabam sendo "vítimas dos custos do processo"[397]. A despeito da isenção de custas processuais e despesas com advogados, não se pode esquecer que — como já mencionado anteriormente[398] — as dificuldades financeiras da população brasileira são tão profundas que, não raro, o próprio custeio da condução até o Juizado pode comprometer o seu limitado orçamento.

Por essa razão, antes mesmo do regramento constitucional do prazo razoável, a Lei das Pequenas Causas (reproduzida, nessa parte, pela Lei dos Juizados Especiais Cíveis) consagrou os princípios da celeridade e da economia processual, além da previsão de procedimentos informais e simplificados, com vistas à redução da chamada demora técnica do processo.

Na verdade, o tempo do processo pode ser dividido em "tempo técnico" e "tempo de espera" (Zanferdini, 2003:256). O primeiro tange às atividades processuais (produção probatória, audiências, decisão) e, portanto, pode ser minorado por meio da simplificação procedimental e/ou do aperfeiçoamento processual,[399] a exemplo da Lei dos Juizados Especiais.[400]

---

[397] A expressão é de Fiss (2004:125).

[398] Vide item IV.4.

[399] Vide, a respeito, em Cappelletti e Wesner, 1978 ("Reducing delay").

[400] Em pesquisa realizada em 1995 pelo Idesp (Instituto de Estudos Econômicos, Sociais e Políticos de São Paulo), os Juizados Especiais aparecem em terceiro lugar entre as medidas destinadas a agilizar o Judiciário, apontados por 83,5% dos entrevistados. Ademais, com exceção da informatização dos serviços judiciários (93,2%), todas as medidas apontadas pelos entrevistados para reduzir a morosidade da Justiça guardam relação direta com as Pequenas Causas: redução das formalidades processuais (90,2%), simplificação do julgamento dos recursos (73,9%), recurso mais frequente à conciliação prévia extrajudicial (69,1%), limitação do número de recursos às instâncias superiores por processo (67,5%) e reforço da figura do árbitro (67,5%). Ver Sadek (1999a:68).

Ao revés, o "tempo de espera" é reflexo da dificuldade de o Judiciário processar as demandas na mesma proporção em que são distribuídas, o que causa filas de processos. É o que Mario Chiavario chama de "tempos mortos"[401] e Tomé Garcia (Tucci, 1997:67), de "etapas mortas", concebidas como injustificados prolongamentos que separam a realização de um ato processual de outro, sem qualquer subordinação a um lapso temporal prefixado.

A redução do tempo de espera não pode ser atingida mediante modificações procedimentais; ao contrário, depende de investimento em organização administrativa, recursos materiais e humanos, informatização, mudança de mentalidade e envolve até estratégias acerca do direcionamento de demandas a arenas diversas do Judiciário.[402]

Diante desse quadro, qual o prazo considerado "razoável" para o encerramento de uma causa que tramita nos Juizados Especiais Cíveis? Os *standards* fixados pela ABA são de 30 dias para a conclusão do julgamento de *small claims*. Esse é o mesmo valor obtido pela soma dos prazos previstos pela Lei nº 9.099/95 para conclusão do procedimento em primeiro grau, conforme demonstrado no quadro a seguir.

Embora, em observância à garantia de duração razoável, o legislador deva fixar os prazos de todos os procedimentos e fases processuais, a Lei dos Juizados Especiais é absolutamente omissa no tocante ao prazo para julgamento dos recursos e da execução.

QUADRO 8

Prazos dos Juizados Especiais Cíveis previstos pela Lei nº 9.099/95

Fase	Prazo	Dispositivo legal
Pedido inicial	—	Art. 14, Lei nº 9.099/95
Sessão de conciliação (AC)	15 dias do pedido inicial.	Art. 16, Lei nº 9.099/95
Audiência de instrução e julgamento (AIJ) — "imediatamente" ou em até 15 dias após a AC	15-30 dias do pedido inicial.	Art. 27, caput, Lei nº 9.099/95

Continua

---

[401] Mario Chiavario (1984:274) faz uso da expressão *tempi morti*.

[402] Como observa Joaquim Falcão (1999:19), a par da questão do aperfeiçoamento administrativo da justiça, é preciso repensar o próprio monopólio estatal da administração da Justiça. Vide, a respeito, Galanter (1981).

Fase	Prazo	Dispositivo legal
Sentença — ao final da AIJ	15-30 dias do pedido inicial.	Art. 27, par. único, Lei nº 9.099/95
Total 1º grau	15 a 30 dias do pedido inicial	
Embargos de declaração (ED)	5 dias, a contar da ciência da sentença (audiência)	Art. 536, CPC[403]
Julgamento dos ED	Não há	
Recurso inominado (RI)	10 dias para interposição	Art. 42, Lei nº 9.099/95
Contrarrazões de RI	10 dias	Art. 42, §2º, Lei nº 9.099/95
Recebimento ou não do RI	Não há parâmetros legais	—
Julgamento do RI	Não há parâmetros legais	—
Total 2º grau	Não há parâmetros legais	—
Execução	Não há parâmetros legais	—

Fonte: Lei nº 9.099/95 e CPC.

V.3. Aspectos práticos dos prazos nos Juizados Especiais Cíveis

V.3.1. Audiência de conciliação

A Lei nº 9.099/95 fixou em 15 dias o prazo para agendamento da sessão conciliatória, majorando o prazo de 10 dias previsto pela Lei das Pequenas Causas (Lei nº 7.244/84). Esse prazo, contudo, parece não estar sendo observado na prática, basicamente em razão: (i) do inchaço da pauta, que cria "filas" na agenda dos mediadores e (ii) da dificuldade de citação do reclamado, o que exige, não raro, sucessivos agendamentos da audiência de conciliação.

Para evitar que esse fato enviesasse os resultados, preocupamo-nos em coletar a data de agendamento da primeira audiência e a data em que a sessão conciliatória foi, de fato, realizada. Com isso, foi possível medir, por um

---

[403] Embora preveja os embargos de declaração, a Lei nº 9.099/95 é omissa quanto ao prazo de interposição.

lado, a pauta do Juizado[404] e, de outro, os eventuais impactos da dificuldade da citação em termos de prazos processuais. Os dados estão desmembrados na tabela a seguir.

TABELA 29

Primeira e última audiência de conciliação — Juizados Especiais Cíveis (dias)

UF	Média		Mediana*	
	1ª audiência	Última audiência	1ª audiência	Última audiência
AP	48	73	35	50
BA	39	60	24	27
CE	18	32	—	—
GO	74	98	58	69
MG	53	62	39	46
PA	117	134	48	69
RJ	84	106	75	84
RS	53	69	40	45
SP	121	128	105	108
BR	65	83	41	51

* Mediana é a medida empregada para se localizar o centro da distribuição dos dados, que parte a amostra ao meio. Desse modo, pode-se afirmar que metade da amostra possui valor menor ou igual à mediana e a outra metade, valor maior ou igual a ela.
Fonte: Banco de dados Cebepej, 2006b (dados inéditos).

Nenhum dos estados da amostra, com exceção do Ceará, observa o prazo legalmente previsto para o agendamento da tentativa de conciliação. Naquele estado, mais uma vez, o bom desempenho é justificado pela predominância das causas de trânsito, em que a tentativa de acordo é feita no momento do acidente; por esse motivo, a mediana, naquela unidade federativa, é zero.

Como se depreende das informações obtidas, o descompasso entre a previsão legislativa e a pauta de audiências dos Juizados é enorme, com destaque para São Paulo (média: 121/mediana: 105); Pará (média: 117/mediana: 48);

---

[404] Na praxe forense, "pauta" é a expressão usada para se referir ao prazo para agendamento da audiência.

Rio de Janeiro (média: 84/mediana: 75) e Goiás (média: 74/mediana: 58). Com exceção do Pará, a análise da mediana demonstra que a média não distorce significativamente os resultados desses Juizados.

As dificuldades de localização do réu comprometem ainda mais os prazos da sessão de acordo, que chega a levar mais de quatro meses (em São Paulo e Pará) para ser realizada. No Brasil, a estimativa é que a tentativa de acerto onere o procedimento em cerca de três meses.

As divergências entre o prazo legal e a pauta dos Juizados, bem como a diferença entre o agendamento inicial da audiência de conciliação e sua realização efetiva, podem ser observadas no gráfico 14, a seguir:

GRÁFICO 14
Primeira e última audiências de conciliação –
Juizados Especiais Cíveis x prazo legal (dias)

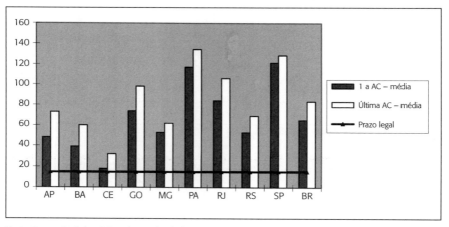

Fonte: Banco de dados Cebepej, 2006b (dados inéditos).

V.3.2. Audiência de instrução e julgamento

Se as partes não chegam a uma composição amigável na sessão conciliatória, sua causa será decidida pelo magistrado, em sentença precedida de sessão instrutória. Pela disposição legal, essa audiência deveria ser marcada "imediatamente" após a sessão de acordo, exceto se isso causar prejuízos à defesa — hipótese em que a lei autoriza uma dilação de, no máximo, quinze dias.

Deste modo, pela determinação legal, a audiência de instrução e julgamento deve ser realizada num período entre 15 e 30 dias a contar da reclamação, devendo o juiz privilegiar, sempre que possível, sua realização logo após a tentativa fracassada de acerto. Na prática, contudo, convencionou-se agendar as audiências separadamente.[405]

De todos os estados pesquisados, apenas o Rio de Janeiro apresentava a prática de convolar as audiências de conciliação em instrução e julgamento, havendo orientação, ao reclamado, que comparecesse ao primeiro encontro com sua defesa preparada. Isso, contudo, não se refletiu em melhores prazos da audiência instrutória.

Os dados demonstram que o divórcio das audiências tem onerado a duração processual dos Juizados. Com efeito, considerando todos os casos em que houve audiência de instrução e julgamento, a média nacional de agendamento, a contar do ajuizamento, é de mais de seis meses (205 dias, mediana de cinco meses, 150 dias).

As piores *performances* foram encontradas na Bahia (média: 276/mediana: 242) e São Paulo (média: 212/mediana: 190). Nesses estados, desde o momento em que apresenta sua reclamação, o autor aguarda de sete a nove meses para produzir as provas perante o magistrado.

Se o Ceará investe nos Juizados Itinerantes, o que lhe confere bons resultados na audiência de acordo, seu desempenho no agendamento das audiências instrutórias é desolador: 209 dias em média (mediana de 167 dias), similar a Goiás (205 dias em média, com mediana de 198 dias).

Os melhores estados são o Rio Grande do Sul (média: 93/mediana: 76) e Amapá (média: 96/mediana: 68), cujos prazos, contudo, equivalem ao triplo da previsão legal.

De maneira geral, no Brasil, as demandas que não são resolvidas pela composição amigável levam, em média, 189 dias (mediana de 146 dias) para serem instruídas. A tabela 30, abaixo, apresenta, com detalhes, as informações obtidas em cada um dos estados da amostra, e o gráfico 15, na sequência, permite visualizar com mais clareza a comparação entre a previsão legal e a realidade dos Juizados Especiais.

---

[405] Vide item III.4.

TABELA 30
Prazo entre reclamação e audiência de instrução e julgamento – Juizados Especiais Cíveis (dias)

UF	Desde a distribuição	
	Média	Mediana
AP	96	68
BA	276	242
CE	209	167
GO	205	198
MG	135	118
PA	240	202
RJ	177	127
RS	93	76
SP	212	190
BR	189	146

Fonte: Banco de dados Cebepej, 2006b (dados inéditos).

GRÁFICO 15
Prazo entre reclamação e audiência de instrução e julgamento – Juizados Especiais Cíveis x prazo legal (dias)

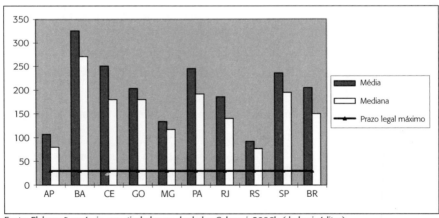

Fonte: Elaboração própria, a partir do banco de dados Cebepej, 2006b (dados inéditos).

V.3.3. Sentença de mérito

Conforme dispõe a Lei nº 9.099/95, na audiência de instrução e julgamento, o juiz deve colher as provas, ouvir as partes, e, ao final, sentenciar. Deste modo, o prazo máximo para proferição da sentença, a contar da data da reclamação, deveria ser de 30 dias. Mais uma vez, os dados demonstram o descompasso entre a determinação legal e a prática forense.

Os casos mais preocupantes são Bahia (média: 285/mediana: 217), Ceará (média: 297/mediana: 202) e São Paulo (média: 235/mediana: 197) — justamente, por óbvio, os estados em que a audiência de instrução e julgamento leva mais tempo para ser agendada.

TABELA 31

Prazo entre reclamação e sentença de mérito — Juizados Especiais Cíveis (dias)

UF	AIJ	Sentença de mérito	
	Média	Média	Mediana
AP	96	111	78
BA	276	285	217
CE	209	297	202
GO	205	N/D	106
MG	135	135	114
PA	240	N/D	192
RJ	177	188	150
RS	93	116	99
SP	212	235	197
BR	189	193	142

Fonte: Banco de dados Cebepej, 2006b (dados inéditos).

Em respeito à determinação legal, é desejável que o prazo da audiência de instrução e da sentença sejam coincidentes, ou, ao menos, muito próximos, o que ocorre na média nacional — 189 dias da média de instrução, contra 193 da sentença.

Nos estados do Amapá, Bahia e Rio de Janeiro esse fenômeno também é observado. Na capital carioca, os juízes, avaliados por sua produtividade, costumam sentenciar em audiência e, nos casos em que isso não é possível, agendam a data de publicação da sentença — prazo que, pelo que pudemos constatar na análise dos autos, é rigorosamente cumprido.

Os percentuais razoáveis de aferição de sentença podem ser explicados, no Rio de Janeiro, pela instituição de programas de qualidade dos serviços jurisdicionais, sendo impostas, inclusive, metas de produtividade aos magistrados.

Por sua vez, no Amapá, acredito que o envolvimento da juíza coordenadora explica os bons índices. De modo inverso, no Ceará, o enorme descaso dos magistrados que atuam nas Pequenas Causas, revelado pela sua observação, pode explicar os maiores prazos para prolação de sentença da amostra (297 dias),[406] que superam até mesmo o estado de São Paulo, notoriamente conhecido por seu acervo agigantado e pelas longas demoras.

Por fim, vale anotar, como é intuitivo, que os casos em que o conflito é solucionado por acordo têm um desfecho muito mais rápido do que aqueles em que é preciso aguardar a audiência de instrução e julgamento.

O gráfico 16 compara os prazos de solução adjudicada e amigável do litígio, evidenciando a vantagem desta última. Como se não bastasse, as sentenças homologatórias de acordo, embora exequíveis, não são passíveis de impugnação recursal, o que lhes agrega ainda mais benefícios em termos de celeridade e economia processual.

---

[406] Durante a realização dos trabalhos de campo no Ceará, encontrei, em um Juizado, um armário cheio de processos conclusos para sentença há mais de dois anos. Nesse Juizado, o juiz — que ficara de férias por um mês — desmarcou, na única tarde em que consegui encontrá-lo, todas as audiências do dia porque tinha uma consulta no dentista. De maneira geral, nas duas semanas em que estive na cidade de Fortaleza para coletar os dados, aferi que a maioria dos juízes ficava mais de uma semana sem comparecer aos Juizados. Por seu turno, os servidores desdobravam-se para fazer todo o trabalho. Compulsando os processos da amostra, encontrei infinidade de redesignações de audiências pelas mais diversas razões: consulta médica, aula, palestra, evento, viagem — num patente descaso com a população. Como se não bastasse, naquele estado, conforme fui informada em conversas informais com servidores do cartório, a função de juiz das Pequenas Causas é vista como um desprestígio, o que foi narrado com mais detalhes em uma entrevista realizada com um promotor de Justiça: "Nenhum juiz quer ficar aqui nos Juizados, isso aqui é a maior roubada. Eles só mandam para cá os juízes que têm algum tipo de problema... você sabe, corrupção, envolvimentos suspeitos, preguiça... aqui o juiz tem vergonha de dizer que atua nas Pequenas Causas".

GRÁFICO 16
Prazos de solução do litígio em 1º grau – acordo x sentença judicial – Juizados Especiais (dias)

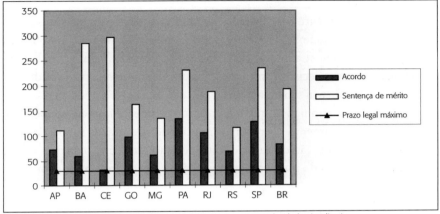

Fonte: Elaboração própria, a partir do banco de dados Cebepej, 2006b (dados inéditos).

V.3.4. Recurso

Em atenção à celeridade e economia processuais, a Lei nº 9.099/95 apenas prevê uma via impugnativa:[407] o recurso inominado, ofertado no próprio Juizado contra sentença de mérito ou terminativa,[408] julgado por uma turma de três juízes togados em atividade no primeiro grau de jurisdição, reunidos na sede do Juizado (art. 41 e segs).[409]

A existência de um sistema recursal próprio reforça a autonomia do sistema dos Juizados, que contam com um procedimento completo em dois graus de jurisdição, totalmente apartado da Justiça comum.

---

[407] A lei também prevê os embargos de declaração que, a rigor, não se tratam de recurso, servindo, ao revés, para corrigir a sentença ou acórdão em suas obscuridades, contradições e/ou omissões. Seu prazo é de cinco dias, não há necessidade de preparo e, no caso da sentença, suspendem o prazo para recurso. Vide, a respeito, os arts. 48 e seguintes da Lei nº 9.099/95 e Dinamarco (1985b:142-143). Tentando refrear os embargos protelatórios, o Encontro do 1º Colégio Recursal de São Paulo, realizado em 4 de maio de 2006, sumulou a tese de que, em havendo embargos protelatórios, o juiz deve aplicar multa de 1% e indenização de até 20% sobre o valor da causa ao credor (Súmula 11).

[408] Não são passíveis de recurso as sentenças de homologação de acordo e laudo arbitral.

[409] O estado de São Paulo parece estar desvirtuando os Juizados, aproximando-os cada vez mais da justiça comum. O Provimento nº 1.335/07 criou um Colégio Recursal unificado dos Juizados Especiais Cíveis e Criminais, em substituição aos 72 colégios recursais da capital e do interior do estado. O objetivo da medida, de acordo com o provimento, é aperfeiçoar a divisão de trabalho dos juízes. O Colégio conta com seis turmas de três juízes cada, quatro delas para a área cível e quatro para a área criminal. Os juízes atuam por dois anos, período que não pode ser prorrogado.

Em segundo grau, o procedimento é um pouco mais rígido do que na primeira instância: a representação por advogado é obrigatória, a petição é necessariamente escrita e não há isenção de custas.[410] A intenção é refrear a impugnação protelatória.

Embora a estrutura concentrada e simplificada das Pequenas Causas seja incompatível ao ataque às decisões interlocutórias (Dinamarco, 1985b:142), em São Paulo admite-se a interposição de agravos de instrumento (fundamentalmente para atacar decisões liminares),[411] o que descaracteriza os Juizados Especiais e compromete a sua atuação.[412]

A par dessas anomalias, que merecem nota, a pesquisa do Cebepej concentrou-se no julgamento do recurso inominado. Os prazos foram calculados mediante a subtração da data de "interposição" do recurso da data de seu "julgamento" (e não da publicação do acórdão). Os dados obtidos foram os seguintes:

TABELA 32

Prazo entre a interposição e o julgamento do recurso — Juizados Especiais Cíveis (dias)

UF	Julgamento do recurso	
	Média	Mediana
AP	84	79
BA	191	155
CE	351	307
GO	115	119
MG	139	138
PA	172	176

Continua

---

[410] Exceto, por óbvio, em se tratando da concessão desse benefício.

[411] O Encontro do 1º Colégio Recursal de São Paulo, realizado em 4 de maio de 2006, resultou na produção de algumas súmulas, editadas em 12 de fevereiro de 2006. Entre elas, a Súmula 2 dispõe: "É admissível, no caso de lesão grave e difícil reparação, o recurso de agravo de instrumento no Juizado Especial Cível".

[412] Na pesquisa de campo dos Juizados paulistas, encontrei inúmeros casos em que o julgamento do agravo demorou tanto que o direito pereceu, ou acabou não fazendo sentido, porque a sentença já havia sido proferida. Esse fato, aliás, é tão recorrente que também foi regrado por súmula: "Prolatada a sentença, não se conhece do agravo de instrumento interposto contra a decisão que apreciou o pedido de tutela antecipada" (súmula 1).

UF	Julgamento do recurso	
	Média	Mediana
RJ	175	176
RS	198	203
SP	286	298
BR	199	184

Fonte: Banco de dados Cebepej, 2006b (dados inéditos).

Conforme mencionado, a Lei nº 9.099/95 não traz quaisquer disposições acerca do tempo razoável para o julgamento do recurso inominado pelo Colégio Recursal; apenas prevê o prazo de 10 dias para sua interposição, a contar da ciência da sentença. De acordo com os parâmetros fixados pela ABA, ele teria que ser de 15 dias (metade do prazo do procedimento em primeiro grau).

A despeito desse parâmetro, na média nacional, o julgamento dos recursos leva, em média, 199 dias (mediana de 184), pouco mais de seis meses. Merecem menção o Amapá (média de menos de três meses para apreciação do recurso) e Ceará (em que a parte tem que esperar praticamente um ano para ver sua impugnação julgada). Também chama a atenção a lentidão da apreciação no Colégio Recursal de São Paulo (média de 286 dias, com mediana de 298). Com exceção de Goiás (115 dias) e Minas Gerais (139 dias), os demais estados apresentam prazos que variam entre 172 e 198 dias.

Na média nacional, é curioso perceber que o prazo de julgamento do recurso é praticamente o mesmo do encerramento do processo em primeiro grau; assim, nos casos em que há impugnação, pode-se afirmar que o tempo de conclusão do processo praticamente dobra.

Farei um exercício especulativo, tentando traçar o que considero prazo razoável para julgamento em segundo grau, considerando, de um lado, que não há instrução probatória nessa instância e, de outro, que existem diversos atos decisórios e de remessa no seu processamento.

Deste modo — considerando os prazos de: (i) cinco dias para decisão de recebimento do recurso inominado; (ii) 10 dias para intimação da parte contrária; (iii) 10 dias para oferecimento de contrarrazões; (iv) 10 dias para envio dos autos ao colégio recursal; e (v) 30 a 60 dias para julgamento —, estimo que o julgamento de um recurso em prazo razoável não pode superar 95 dias, ou seja, cerca de três meses — o que está muito distante da realidade brasileira, com exceção do Amapá.

O gráfico a seguir compara as médias/medianas do prazo de julgamento dos recursos a este prazo máximo que considero razoável, mostrando, uma vez mais, intensas disparidades entre o dever-ser e a realidade forense.

GRÁFICO 17
Prazo entre a interposição e o julgamento do recurso — Juizados Especiais Cíveis x prazo razoável estimado (dias)

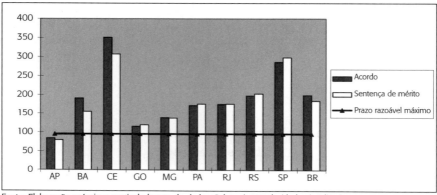

Fonte: Elaboração própria, a partir do banco de dados Cebepej, 2006b (dados inéditos).

V.3.5. Execução de acordos e sentenças

Na melhor das hipóteses (Rio de Janeiro), a execução de sentença ou acordo[413] demora, em média, 211 dias para ser concluída, com mediana de 159 dias. No pior dos quadros, novamente no estado do Ceará, o processo pode levar quase um ano (325 dias) para ser finalizado.

A Lei nº 9.099/95 silencia acerca do prazo de duração da execução nos Juizados, não havendo, portanto, um parâmetro objetivo para orientar a análise.

---

[413] Nos Juizados, além do título extrajudicial, podem ser objeto de execução o acordo homologado por sentença judicial e a sentença de mérito procedente; é precisamente desses dois últimos casos que cuido neste item. A escolha justifica-se por questões metodológicas (uma vez que os casos do acordo eram preenchidos, na ficha de pesquisa, em campos diversos) e pela própria intenção de mapear os prazos globais do procedimento. No cálculo das médias, foram considerados todos os casos de execução de acertos e decisões finalizados no período da coleta, independentemente de seus resultados (efetivo ou inefetivo).

TABELA 33

Prazo de duração da execução de sentença e acordo — Juizados Especiais Cíveis (dias)

UF	Execução	
	Média	Mediana
AP	255	217
BA	N/D	N/D
CE	325	289
GO	N/D	N/D
MG	315	254
PA	N/D	N/D
RJ	291	196
RS	211	159
SP	379	289
BR	301	227

Fonte: Banco de dados Cebepej, 2006b (dados inéditos).

Em geral, no Brasil, a execução nas Pequenas Causas chega a levar 10 meses para acabar, e o que é pior: seu desfecho nem sempre é favorável ao autor.[414]

O gráfico 18, a seguir, estabelece uma comparação entre a duração média do feito em 1º grau (considerando acordos e sentenças de mérito) e o processo de execução. Não há como negar que, em termos de prazo, a execução é o principal gargalo dos Juizados Especiais Cíveis. É totalmente irracional que o mecanismo de obtenção do bem seja muito mais demorado que a própria fase de conhecimento.

Como se não bastasse, é preciso considerar, na avaliação desses dados, que há um importante contingente de execuções que não haviam sido encerradas no momento da coleta dos dados — o que significa que esses resultados podem ser ainda piores.

---

[414] Vide item IV.4

GRÁFICO 18
Prazo de conclusão — procedimento de primeiro grau x execução
(dias) — Juizados Especiais Cíveis*

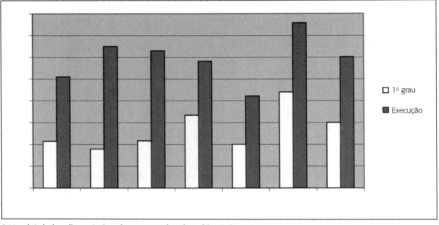

* Não há dados disponíveis sobre os estados da Bahia, Goiás e Pará.
Fonte: Elaboração própria, a partir do banco de dados Cebepej, 2006 (dados inéditos).

V.3.6. Consolidação dos dados

Para permitir a avaliação global dos dados e suscitar comparações entre as duas formas de solução do conflito (acordo e sentença), a tabela 34, a seguir, consolida as informações apresentadas sobre o tempo de duração dos processos nos Juizados, trazendo, ainda, a soma dos casos em que houve execução e recursos.

Como se depreende da tabela, nos casos em que o acordo é observado, pode-se dizer que o autor recebe seu bem, na média nacional, em 83 dias.

Abaixo da média nacional, destacam-se os estados de Amapá (73 dias); Bahia (60 dias); Ceará (32 dias); Minas Gerais (62 dias) e Rio Grande do Sul (69 dias). Acima daquela marca, Goiás (98 dias), Pará (134 dias), Rio de Janeiro (106 dias) e São Paulo (128 dias).

No tocante às sentenças, na média nacional, quando a decisão judicial é cumprida, o reclamante tem seu direito satisfeito em pouco mais de seis meses (193 dias). Contudo, nos casos em que a sentença procedente é executada (64,8% dos casos), a espera total sobe para 494 dias (16,5 meses).

TABELA 34

Prazo de duração do procedimento dos Juizados Especiais Cíveis
(média em dias)

Estado	Acordo	Sentença de mérito	Recurso	Execução	Acordo + execução	Sentença + recurso	Sentença + execução	Sentença + recurso + execução
AP	73	111	84	255	328	195	366	450
BA	60	285	191	N/D	N/D	476	N/D	N/D
CE	32	297	351	325	357	648	622	973
GO	98	N/D	115	N/D	N/D	278	N/D	N/D
MG	62	135	139	315	377	274	450	589
PA	134	N/D	172	N/D	N/D	403	N/D	N/D
RJ	106	188	175	291	397	363	479	654
RS	69	116	198	211	280	314	327	525
SP	128	235	286	379	507	521	614	900
BR	83	193	199	301	384	392	494	693

Fonte: Elaboração própria, a partir do banco de dados Cebepej, 2006b (dados inéditos).

Nos casos em que a sentença é atacada por recurso e depois executada, o autor precisa aguardar 693 dias, ou seja, praticamente dois anos para receber o bem a que faz "jus". No estado de São Paulo, a demora é ainda maior: o processo que enfrenta todas as fases leva, em média, 900 dias para ser solucionado. O pior quadro, contudo, está no Ceará: um processo que passa por todas as fases — sessão de conciliação, audiência de instrução, sentença, recurso e execução — leva, em média, 973 dias, ou 2,7 anos, para ser concluído.

O gráfico 19 consolida as informações sobre o tempo de todas as etapas procedimentais dos Juizados, facilitando sua análise global e o diagnóstico dos principais gargalos.

Gráfico 19
Tempos de cada uma das fases — Juizados Especiais Cíveis (dias)*

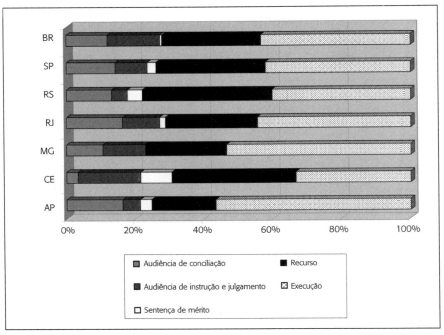

* Não há informações sobre Bahia, Goiás e Pará.
Fonte: Elaboração própria, a partir do banco de dados Cebepej, 2006b (dados inéditos).

V.4. Reflexões acerca dos prazos nos Juizados Especiais Cíveis

A avaliação individualizada das diversas fases procedimentais demonstra que os prazos nos Juizados Especiais Cíveis estão bem distantes daqueles previstos pela Lei nº 9.099/95. Entre as possíveis justificativas para a demora na finalização dos processos, aponta-se: (i) grande volume de ações em trâmite; (ii) falta de estrutura e recursos materiais e humanos adequados; (iii) praxe forense, decorrente da cultura local, envolvendo o comportamento dos juízes, advogados, servidores e suas relações.[415] Acredito que todos esses fatores podem explicar a demora no processamento dos feitos nos Juizados.

Todavia, a forma de solução do conflito (acordo ou sentença), a existência, ou não, de recurso e a necessidade de execução são fatores decisivos para que o processo dos Juizados Especiais Cíveis seja findo em maior ou menor tempo.

---

[415] Squires III, Kimmelman e Kerr Jr., 1998:410-416.

Os casos solucionados por acordo duram, em média, 83 dias — em contraste com a previsão legislativa, que é de uma quinzena. Essa demora pode ser justificada, como já dito, por dois fatores: (i) problemas na citação; (ii) "filas de espera" na pauta dos conciliadores, em razão do grande volume de demandas.

Os problemas na citação do réu oneram a duração do processo em cerca de três semanas: a média de agendamento da sessão conciliatória é de 65 dias, embora sua efetiva realização leve 83 dias. Pela análise dos autos, acredito que não se trate de um problema decorrente da forma de citação (postal), que parece estar funcionando a contento, mas sim justificado pelo incorreto apontamento do endereço do reclamado pelo autor da ação.

No que tange ao inchaço da agenda dos conciliadores, fica claro perceber que não estamos diante de um problema de prazo técnico, pois este foi devidamente arranjado pela legislação. Trata-se aqui do chamado "tempo morto" que, para ser reduzido, reclama por medidas de cunho administrativo.

Se as partes não se compõem amigavelmente, a única opção para solucionar o seu litígio é a decisão adjudicada que, em média, leva sete meses para ser proferida — a despeito de a previsão legal ser de um mês.

A demora da sentença pode ser justificada por dois fatores: (i) alguns juízes não sentenciam em audiência; (ii) convencionou-se, na praxe forense, agendar, em apartado, as audiências de conciliação e instrução.

A inobservância, pelo magistrado, da regra legal de sentenciar ao final da audiência compromete o bom andamento dos Juizados de alguns estados, como o Ceará e o Rio Grande do Sul.

No Rio Grande do Sul, talvez a demora possa ser explicada pela existência do juiz leigo. É que, embora seja um multiplicador do trabalho do magistrado, seus relatórios de sentença precisam ser avaliados, eventualmente alterados e homologados pelo juiz togado.[416]

Por seu turno, a demora no Ceará pode ser justificada pela falta de afinidade e, sobretudo, de comprometimento dos juízes que atuam nas Pequenas Causas.

Nesse contexto, vale trazer à tona uma discussão fundamental: a importância do magistrado para o sucesso dos Juizados Especiais Cíveis, flexíveis e, portanto, bastante suscetíveis à sua atuação.

Apenas a título exemplificativo — pois as diferenças e particularidades regionais não podem ser ignoradas —, é cediço que os Juizados do Macapá,

---

[416] Os pesquisadores coletaram a data de homologação pelo juiz togado, e não a data da decisão proferida pelo juiz leigo.

coordenados, à época da pesquisa, por uma juíza extremamente imbuída do espírito dos Juizados, apresentam excelentes índices de acerto, boa pauta de audiências e reduzidos prazos de duração do processo, sem contar os inúmeros projetos traçados com base no perfil e nas necessidades da população local.

Em Belém — onde, em regra, as Pequenas Causas não funcionam bem —, o Juizado Especial de Trânsito destoa dos demais: o cartório é extremamente organizado, os processos estão em ordem, a pauta encontra-se em dia e até mesmo sua estrutura material é superior. O juiz é duplamente exclusivo: só atua nos Juizados e só cuida de causas que envolvem acidentes de trânsito. Ademais, tem o perfil exigido pelas Pequenas Cortes: dedica-se intensamente ao trabalho e conta com uma equipe extremamente treinada e motivada por ele.

Ao revés, como dito, no Ceará, onde, em regra, os juízes são ausentes, pouco envolvidos e veem o trabalho como "um castigo",[417] os prazos de processamento das demandas diversas de acidentes de trânsito são extremamente longos.

O papel ativo do "juiz especial" — denominação que adoto para designar os magistrados das Pequenas Causas — vai além da sentença em audiência, requerendo qualidades como paciência, sensibilidade, motivação, atenção, treinamento em técnicas conciliatórias, e, ainda, preparo para lidar com partes desassistidas (Rhode, 2004:84) e em posição de extrema desigualdade. Deve, ademais, apresentar uma postura ativa na condução do procedimento e da instrução (Ruhnka e Weller, 1978:37).

Avaliando o perfil dos juízes brasileiros — e considerando como uma das características da carreira a ascensão das Comarcas menores às maiores —, Maria Tereza Sadek classificou-os em duas categorias distintas, calcadas na estratégia adotada na condução de sua trajetória profissional: os "juízes de carreira" e os "juízes sacerdotes".

Os "juízes de carreira" buscam atingir, de forma rápida, os postos mais altos da profissão e, portanto, veem sua atuação nas Comarcas do interior como provisória, o que gera:

(i)   falta de conhecimento da realidade em que atuam;
(ii) distanciamento da população;
(iii) tendência de transformarem o ofício de julgar em uma questão excessivamente burocrática e técnica.

---

[417] Conforme relatado em entrevista aberta realizada com o juiz responsável pelo Juizado, na cidade de Fortaleza (CE), em 3 de agosto de 2005.

Por seu turno, os "juízes sacerdotes" são mais sensíveis aos problemas sociais da localidade em que vivem e veem a magistratura como vocação, sacrifício, missão, e, para tanto, cultivam a imparcialidade, vivendo no isolamento e distanciando-se de seus jurisdicionados (Sadek, 1999b:14).

Embora radicalmente opostos, os dois modelos têm uma característica comum: o distanciamento dos juízes de seus jurisdicionados — quer pela ausência de interesse, quer pelo receio de que o envolvimento abale sua independência.

Embora os "juízes especiais" se assemelhem aos "juízes sacerdotes" no tocante à sensibilização das necessidades da comunidade local e à concepção da magistratura como uma missão vocacionada, diferenciam-se exatamente pela "proximidade" dos jurisdicionados,[418] já que estes últimos não se envolvem diretamente nos problemas da comarca.[419]

Nesse sentido, talvez o "juiz especial" — vocacionado a atuar nas Pequenas Cortes — traga similitudes com o modelo traçado por José Renato Nalini (2000:103-104, 154-155) de "juiz rebelde", ou "ético", que não se confunde com o espírito tradicional da magistratura, sendo responsável pelos "nichos de eficiência" encontrados em algumas justiças.

Uma pesquisa de âmbito nacional realizada nos Estados Unidos — onde não há juízes exclusivos nas Small Claims Courts — aferiu que a totalidade dos magistrados concorda que a atuação nas Pequenas Causas exige deles uma postura muito mais ativa do que na Justiça comum e que a maioria deles acredita que o procedimento das Small Claims Courts é mais eficiente. Aproximadamente metade dos magistrados consultados identifica-se com as Pequenas Cortes e gosta do papel ativo que elas exigem, enquanto a outra metade afirma que preferiria atuar apenas na Justiça Comum, por considerar as Small Claims Courts muito trabalhosas (Ruhnka e Weller, 1978:18).

Os pesquisadores observaram que a condução do processo pelos juízes simpáticos às Small Claims Courts é totalmente diversa daqueles que não gostam da atividade; o juiz mais ativo, inquisitorial, investigativo, tem maior

---

[418] Maria Tereza Sadek (1999b:15) registra que alguns juízes têm questionado o mito de que juiz imparcial é juiz distante.

[419] Nesse sentido, o Provimento nº 8/99, da Corregedoria Geral de Justiça do Rio Grande do Sul, que cria o projeto "Judiciário insCidadão — nenhum município sem Justiça", dispõe, em suas considerações iniciais, que: "compete ao magistrado, além das atividades jurisdicionais e administrativas inerentes à função, o pleno exercício da liderança comunitária, colaborando ativamente com projetos sociais que viabilizem ao cidadão a plenitude de acesso aos direitos e garantias constitucionais, inclusive ao Judiciário" e que há "necessidade de aproximação do Poder Judiciário da sociedade, aprimorando formas de facilitar a solução de conflitos".

controle na audiência, e, na maioria dos casos, sentencia ao final da instrução.[420] A pesquisa concluiu, ainda, que os juízes vocacionados são avessos à atuação dos advogados nas Pequenas Cortes, pois, sem defensores, conseguem atingir diretamente as controvérsias essenciais da lide, sem "perder tempo" com exceções, preliminares e outras questões de natureza processual.

Por outro lado, os juízes que não se adaptam às Small Claims Courts preferem a presença do advogado, por acreditar que facilitam seu trabalho, apresentado-lhes as questões jurídicas "prontas" (Ruhnka e Weller, 1978:20 e segs.).

Como se pode aferir, a identificação do magistrado com os Juizados Especiais é determinante para seu bom desempenho. Por tal razão, insisto na tese de que os "juízes especiais" têm que ser selecionados e treinados em apartado dos magistrados da justiça comum, e precisam dedicar-se exclusivamente às Pequenas Causas.

Nos Estados Unidos, os juízes da Civil Court atuam em sistema de rodízio nos Tribunais de Pequenas Causas, ali passando de 10% a 20% de seu tempo. Para eles, o maior problema da rotatividade entre as Cortes é "ter que usar um chapéu diferente" ao presidir cada uma das sessões (Ruhnka e Weller, 1978:17).

O problema suscitado pelos juízes americanos não traz consequências tão graves àquele sistema, já que os ADRs[421] são responsáveis pela solução da grande maioria das causas, restando um baixíssimo saldo para apreciação dos magistrados.[422]

Entre nós, contudo, onde o juiz deve lidar com 60% do acervo dos Juizados Especiais Cíveis,[423] esse fato é preocupante. A esse respeito, dados do Conselho Nacional de Justiça demonstram que o número de juízes privativos das Pequenas Causas tem decrescido. Essa constatação é preocupante, uma vez que, como apontado acima, a exclusividade dos juízes é condição essencial para o bom andamento dos Juizados Especiais e, sobretudo, para a criação de uma nova mentalidade dos "juízes especiais".[424]

---

[420] Vide item I.4.2.

[421] Vide item II.2.5.

[422] Nas Cortes de Manhattan, por exemplo, os juízes apenas apreciam 5% dos casos (Cf. informado em entrevista aberta com o sr. Joseph Gebbia, coordenador das Small Claims Courts de Nova York, realizada nos Juizados de Manhattan, Nova York, no dia 14 de fevereiro de 2007).

[423] Como visto, 40% dos casos são resolvidos por acordo.

[424] Relatório Justiça em Números dos anos 2003, 2004 e 2005, do Conselho Nacional de Justiça. Disponível em: <www.cnj.gov.br/index.php?option=com_content&task=blogcategory&id=97&Itemid=245>. Acesso em 10 nov. 2008.

Por fim, para concluir, é importante anotar que, novamente, os dados indicam a suscetibilidade dos Juizados em relação às políticas adotadas para seu aperfeiçoamento.

Em Minas Gerais, onde houve uma reestruturação administrativa dos Juizados, a espera da audiência, em 2005, era bem menor do que em 2002. A "reengenharia" direcionada à redução dos prazos foi realizada pelos mineiros em três etapas, focadas, respectivamente, na (i) conciliação; (ii) instrução; (iii) decisão.

Primeiramente, cuidou-se da mediação. O número de conciliadores foi ampliado e o espaço de audiências foi reformulado, de modo a atender a dez casos simultaneamente. Com isso, o número de audiências de conciliação passou a ser maior do que os feitos distribuídos.[425]

Num momento seguinte, o foco se deu no aumento da capacidade e da qualidade da instrução, tarefa que envolveu desde a designação de juízes exclusivos até o aparelhamento estrutural dos Juizados (recursos materiais, inclusive de informática, e humanos).

Por fim, foi realizado um mutirão entre os juízes que atuam nos Juizados do Consumidor para que resolvessem os casos que aguardavam a proferição de uma sentença. Conforme pude constatar no sistema de informática do Tribunal mineiro, na época da pesquisa (2005), o volume dos feitos distribuídos e julgados era o mesmo, não havendo represamento.

Em Minas Gerais, a pauta foi reduzida para os 15 dias previstos legalmente, e a medida produziu resultados muito significativos. O exemplo mineiro sugere que a variável "tempo de duração dos processos" também pode ser influenciada por políticas de gestão desenvolvidas pelo Tribunal de Justiça e pelo envolvimento direto dos magistrados.

Em sua pesquisa realizada no Juizado Especial Central de São Paulo no período de 1992 a 2002, Luciana Gross Cunha também chegou a esta conclusão: a curva sempre ascendente de duração dos processos sofreu um decréscimo nos anos de 1998 a 2000, justamente quando foram realizados "mutirões".[426] Aliás, do mesmo modo, as Small Claims Courts de Nova York, em sua mais profunda reestruturação, no final da década de 1970, também

---

[425] Atualmente, em Minas Gerais, os juizes coordenam efetivamente os trabalhos dos conciliadores, que são capacitados e periodicamente submetidos a cursos de aperfeiçoamento.

[426] Com isso, Cunha (2006:126-127) concluiu também que não há uma correlação entre o número de processos em andamento e o tempo de solução de processos.

foram enxutas em razão da organização dos juízes em mutirões, com o objetivo de reduzir o acervo de processos em andamento.[427]

Por outro lado, advirto que é preciso ter cuidado com a promoção de mutirões sem um planejamento adequado. No estado do Pará, a organização de um evento de promoção da conciliação sem o respectivo trabalho de intimação das partes fez com que a maioria das tentativas de acordo resultasse inexitosas em razão da ausência dos litigantes, que sequer tomaram conhecimento da audiência.

Feitas essas considerações acerca da importância do papel do juiz na condução das pequenas causas, volto a avaliar os fatores que influenciam a demora na proferição da sentença nos Juizados Especiais Cíveis.

Em razão da demora no agendamento da instrução,[428] os prazos de finalização dos processos nos Juizados acabam sendo bastante comprometidos. Contudo, como já apontado anteriormente, esse problema pode ser solucionado com sucesso e sem a necessidade de investimentos ou alterações legislativas, pela implementação da audiência una de conciliação, instrução e julgamento.

Nesse contexto, merece nota a estrutura procedimental concentrada das Small Claims Courts de Nova York, estruturadas de acordo com o modelo de *multidoor courthouse*. O Tribunal Multiportas consiste no oferecimento de diversas formas de solução ao conflito (judiciais e extrajudiciais) à população, como mediação, arbitragem, facilitação e sentença judicial. Nessas cortes, uma triagem prévia permite adequar o litígio à forma mais apropriada para resolvê-lo (feitas pelos especialistas ou pela manifestação das partes).

O mais importante, contudo, é que todas as possibilidades ("portas") são oferecidas às partes simultaneamente — o que fulmina a possibilidade de a negativa do acordo ser usada como estratégia protelatória pelo devedor —, como pode ser visualizado no fluxograma a seguir.

Diversamente dos Juizados Especiais Cíveis[429] — estruturados de forma "vertical", com atos de realização obrigatória, onde uma fase apenas ocorre depois de cumprida a anterior —, as Small Claims Courts apresentam um fluxo "horizontal", possibilitando a realização simultânea de todas as formas de

---

[427] Vide item I.3.1.

[428] Vide, acerca da audiência una de conciliação, instrução e julgamento, o item III.4.

[429] Vide fluxograma dos Juizados Especiais Cíveis no item I.4.2.

solução do conflito. Essa estrutura permite maior agilidade procedimental e maior satisfação aos litigantes (que têm poder para decidir sobre a forma de solução de seu conflito), além de diminuir consideravelmente a duração dos processos.

Fluxograma das Small Claims Courts da cidade de Nova York

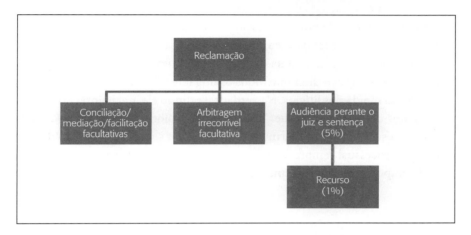

Voltando à análise dos Juizados Especiais, o julgamento do recurso (199 dias, cerca de sete meses) supera o prazo médio de conclusão de "todo" o procedimento de primeiro grau (189 dias) — embora este último seja muito mais complexo, pois envolve a realização de, no mínimo, duas audiências, instrução probatória e citação, além da sentença final.

Constata-se, aqui, uma patente irracionalidade, que implica, nos casos em que há impugnação, duplicação do tempo de espera do autor por um provimento final. Esse fato confirma a importância de se investir na solução amigável, que não aceita impugnação, além de apontar que o legislador andou bem ao impor óbices à interposição de recursos (custas processuais, necessidade de contratação de advogado).[430]

Por fim, é preciso anotar que a execução é, sem dúvida, o principal gargalo dos Juizados em termos de duração processual — superando o procedimento de primeiro grau e o recurso em três meses, chegando, na média nacional, a 301 dias.

---

[430] Embora isso não seja um impedimento para que as grandes empresas (*repeat players*) ofertem seus recursos. O percentual de recorribilidade das sentenças proferidas nos Juizados é da ordem de 31,2% na média nacional (vide, a respeito, Cebepej, 2006b:36).

Como se pode constatar, "nenhum prazo legalmente previsto na Lei nº 9.099/95 tem sido observado" pelos Juizados Especiais Cíveis, o que expressa — nesse quesito — a má qualidade dos serviços prestados à população. Nesse quesito, pesquisa do Cebepej (2003) realizada nos Juizados Especiais Cíveis paulistas demonstrou que, para os usuários, o aspecto mais frágil no desempenho dos Juizados é a questão da celeridade.

É bom atentar ao fato de que a demora no julgamento é uma indicação de que há uma fragilidade no maquinário da justiça (Smith, 1923:216). De outra sorte, não se pode perder de vista a lição de Barbosa Moreira (1994c:2-5), para quem a "busca da rapidez acima de tudo" é um mito do processo civil, já que é uma ingenuidade acreditar que todos os litigantes clamam, a qualquer custo, pela solução rápida dos litígios. Na verdade, segundo ele, na maioria dos casos, pelo menos uma das partes quer que o feito se prolongue o máximo possível. No mesmo sentido, alerta Marinoni (1999:17, 20 e segs.), a percepção de que a demora processual sempre beneficia o réu que não tem razão é fundamental para a compreensão da problemática do tempo do processo.

Conclusões

Antes de aferir se a hipótese de trabalho foi confirmada, é importante registrar a significativa disparidade no padrão de funcionamento dos Juizados Especiais Cíveis brasileiros — que, de plano, limita qualquer intenção de se traçar conclusões generalizantes a todo o país. Contudo, é surpreendente perceber que, além das intensas diferenças regionais do país, essas disparidades parecem decorrer, fundamentalmente, do envolvimento do magistrado e/ou do Tribunal de Justiça no sistema das Pequenas Causas. Assim, o tratamento conjunto dos dados qualitativos e quantitativos acerca dos Juizados Especiais Cíveis demonstrou que, invariavelmente, as políticas adotadas localmente desempenham um papel importantíssimo no delineamento dos Juizados Especiais Cíveis.

Inúmeros exemplos podem ser coletados ao longo do trabalho, como os Juizados Itinerantes de Trânsito do Ceará, que justificam o alto índice de acordos firmados e, consequentemente, o baixo tempo de solução desse tipo de conflito naquele estado. Por outro lado, na mesma unidade federativa, constatou-se que a falta de comprometimento e identificação dos juízes com as Pequenas Causas gera graves consequências ao sistema, com destaque para a demora no agendamento da instrução, julgamento em primeiro grau e apreciação do recurso.

A criação de Juizados especializados em determinados tipos de demanda (por exemplo, Juizados do Consumidor) ou litigante (Juizados da Microempresa) potencializa significativamente a propositura de ações desse tipo. É curioso constatar que essa política parece, em alguns aspectos, ser mais influente do que o próprio perfil socioeconômico da unidade federativa. Por esta razão, por exemplo, Bahia e Ceará[431] possuem significativo acervo de causas de consumo, contrariando a tendência nacional de que os estados com IDH mais alto possuem um maior percentual de demandas do consumidor.

Nos Juizados do Amapá, a instituição de programas destinados a estimular a conciliação — resultado direto do profundo envolvimento da juíza coordenadora — tem influência direta na obtenção de índices de acerto significativamente superiores à média nacional.

Ao longo da obra, muitos outros casos podem ilustrar uma das principais constatações do estudo: a suscetibilidade dos Juizados ao perfil do juiz e às políticas adotadas localmente, que, em meu sentir, justifica-se pela flexibilidade e pela informalidade inerente às Pequenas Cortes.

Essa conclusão alerta para dois fatores essenciais ao correto funcionamento dos Juizados Especiais Cíveis: (i) a imperiosa necessidade de haver juízes vocacionados e exclusivos; (ii) a imprescindibilidade de os Tribunais de Justiça investirem em sua estruturação material e humana.

Quanto aos usuários dos Juizados Especiais Cíveis, o receio de que a admissão de condomínios e microempresas iria vertê-los em "balcões de cobrança" não se confirmou, já que os dados apontam para a predominância de pessoas físicas entre os demandantes. Contudo, não acho prudente "comemorar" este fato, pois receio que ele "também" decorra da adoção de políticas locais de desestímulo a esses atores — e não da pertinência das alterações legislativas que ampliaram a legitimação dos Juizados.

Com efeito, diversos juízes e servidores das Pequenas Causas declararam tomar medidas destinadas a dificultar ou mesmo impedir a atuação de microempresas e condomínios nos Juizados — que vão desde a rigorosa análise da documentação comprobatória da qualidade de microempresa, como na Bahia, até a jurisprudência orientada a rejeitar, de plano, demandas propostas por condomínios e/ou microempresas, no caso do Rio de Janeiro.

De outra sorte, como visto, os estados que incentivam a atuação das microempresas nos Juizados têm índices bastante superiores à média nacional, como o Amapá e Minas Gerais. Mais uma vez, portanto, as políticas locais parecem ter muita influência no desenho institucional dos Juizados, tendo, inclusive, nesse caso específico, maior peso do que a própria determinação legislativa.

---

[431] Estados que possuem Juizado Especial do Consumidor.

A par desse fato, pode-se afirmar que o cidadão é, por excelência, o usuário dos Juizados Especiais Cíveis: 91,5% dos reclamantes são pessoas físicas que atuam, em sua maioria, sem advogados (69,3%). Ademais, o traçado do perfil socioeconômico (escolaridade, renda e ocupação profissional) aponta que, ao menos no estado de São Paulo, os Juizados têm sido utilizados por cidadãos dos mais diversos estratos sociais e formação — sobressaindo-se os que possuem renda mais baixa e ocupação que dispensa instrução formal.

Por fim, no que toca à avaliação das Pequenas Causas pela população, os dados apontam que seus usuários estão satisfeitos com os serviços prestados e que os Juizados contam com credibilidade junto à população, sendo considerados a instituição de Justiça mais confiável do país.

No que tange ao número de feitos, o acervo dos Juizados Especiais Cíveis não para de crescer, e as pequenas causas já respondem por cerca de um terço da movimentação de toda a Justiça estadual. Em alguns estados, como Acre, Amapá, Paraná e Rio de Janeiro, a movimentação dos Juizados é muito próxima ou até mesmo superior à atividade da Justiça comum.

Em suma, a análise introdutória apontou que:

(i) o usuário, por excelência, dos Tribunais de Pequenas Causas é o cidadão, que provém das mais diversas classes sociais e tem a mais variada formação e renda, com destaque para os mais humildes;

(ii) os Juizados Especiais Cíveis contam com a aprovação dos seus usuários e da população em geral;

(iii) a movimentação processual dos Juizados é expressiva e apresenta uma tendência de crescimento.

A análise conjunta dessas informações parece sugerir que a principal finalidade dos Juizados Especiais Cíveis — qual seja, facilitar o acesso à Justiça, sobretudo da população de mais baixa renda — tem sido atingida.

Uma vez constatado que as Pequenas Causas contribuem para a ampliação do acesso à Justiça — e sem ignorar que ainda há uma grande parcela da população que gravita à margem desse sistema —, é tempo de avaliar a qualidade dos serviços prestados ao cidadão que delas se socorre para resolver seus conflitos cotidianos.

Os serviços prestados pelos Juizados Especiais Cíveis são adequados? A tutela jurisdicional é efetiva? O processo é findo em prazo razoável?

No que tange à primeira questão, ficou demonstrado que a conciliação é a forma mais adequada de solucionar os conflitos submetidos aos Juizados, em razão de seu baixo valor e de seu impacto eminentemente individual. De outra sorte, como apontado, não se pode esquecer que a adequação é uma via de mão dupla: da mesma forma que os Juizados foram criados para solucionar um tipo específico de litígio, apenas esse tipo de litígio pode e deve ser apreciado pelos Juizados — sob pena de desvirtuá-los.

Além da comprovação teórica de que a conciliação é a forma mais adequada de solução dos conflitos levados às Pequenas Causas, pesquisas de opinião realizadas com seus usuários demonstram a sua satisfação com esse procedimento: 77,7% consideram-no bom, muito bom ou ótimo.

Ainda em decorrência da adequação, é intuitivo que, quanto maior o percentual de acordos firmados nos Juizados, melhor é o seu desempenho. Nesse sentido, é positiva a constatação de que o acordo é a principal forma de solução de litígios nas Pequenas Causas (40% do acervo). Contudo, há quem considere esse percentual aquém do desejado, sem considerar que nem todos os casos são passíveis de conciliação — técnica que deve ser precedida por uma triagem acerca dos casos passíveis de acerto.

Desta forma, considero que os índices de acordo atingidos pelos Juizados Especiais Cíveis brasileiros são bastante razoáveis. O fato de esses percentuais não serem maiores pode significar que causas estranhas aos Juizados estão sendo inseridas no sistema — e não, como supõem alguns, que os Juizados são inábeis a desenvolver a técnica conciliatória.

Nesse contexto, a predominância de causas de consumo nos Juizados Especiais Cíveis — aliada à constatação de que demandas desta natureza apresentam menores chances de solução amigável — traz à baila algumas discussões importantes.

A primeira delas tange à imperiosa necessidade de "triar" os casos apresentados nos Juizados Especiais Cíveis — sendo afastadas, de plano, quaisquer demandas que ocultem interesses coletivos. Na verdade, esse problema expõe dificuldades do próprio sistema de Justiça, ainda incapaz de lidar de forma hábil com a tutela coletiva, ou ainda do funcionamento incipiente das agências regulatórias entre nós.

Também é imperioso que os formuladores de políticas públicas não pensem nos Juizados, em razão de sua acessibilidade, como a arena adequada para resolver quaisquer litígios que envolvam interesses de alcance abrangente, como no caso dos Juizados Especiais instituídos nos aeroportos para "solucionar" a crise aérea.

Problemas de impacto coletivo não podem ser fragmentados e decididos pelos Juizados, sob pena de desviá-los de suas finalidades e, ainda, fazê-los atuar, perversamente, "contra" a população. É que a tutela atomizada de demandas repetidas enfraquece a sua defesa, e vai de encontro aos interesses das empresas. Com efeito, sob a ótica do mundo corporativo, é mais vantajoso manter o comportamento danoso e, eventualmente, pagar pequenas indenizações pulverizadas, do que suspender a prática lesiva — sobretudo porque a maior parte dos cidadãos não reclama pelos seus direitos.

No que tange ao procedimento, o divórcio das audiências de conciliação e instrução tem comprometido seriamente o funcionamento dos Juizados. Esse arranjo, aliado à demora no agendamento da audiência perante o juiz, acaba sendo útil aos interesses dos devedores, em detrimento do cidadão. Assim, da forma como o procedimento está funcionando na prática forense, a necessidade de agendamento da conciliação acaba sendo, em muitos casos, prejudicial — e não vantajosa — ao usuário do Juizado.

Não acho, contudo, que é caso de se pensar na supressão da obrigatoriedade da conciliação — o que acabaria com a própria essência dos Juizados —, mas sim de se observar a disposição legal, que determina que a sessão de tentativa de acordo, em regra, seja seguida da instrução e julgamento — exceto em casos excepcionais, em que haja evidente prejuízo à defesa.

Nesse sentido, talvez também seja caso de se pensar num arranjo estrutural nos moldes do Tribunal Multiportas, em que a simultaneidade dos procedimentos impede que haja recusa em firmar acordos com o propósito de se beneficiar com a demora, a exemplo da reunião das audiências. Contudo, o Tribunal Multiportas traria a vantagem de inserir outros mecanismos de ADRs além da conciliação nos Juizados Especiais.

Nesse contexto, é tempo de tentar instituir a arbitragem nas Pequenas Causas. As dificuldades são muitas, mas também foram enfrentadas em Nova York, onde atualmente a técnica responde pela solução da grande maioria dos litígios. Como se não bastasse, restou demonstrado que as alegações de que se trata de técnica cara não se aplica às Pequenas Cortes, já que o trabalho do árbitro seria gratuito. A grande vantagem da arbitragem é ampliar a capacidade de realização de audiências, (diminuindo, portanto, a pauta) e evitar o recurso — o que pode reduzir em quase um ano o prazo para a obtenção da decisão definitiva.

Ante todo o exposto, constato que a conciliação como técnica adequada à solução dos conflitos nos Juizados Especiais Cíveis deve ser bem avaliada. Sua análise aprofundada demonstra que, mais do que funcionar mal, os Juizados estão funcionando "muito bem", o que atrai para si toda a sorte de litígios, na tentativa desordenada (e completamente inadequada) de resolver a crise da Justiça.

Quanto à efetividade, dois fatos chamam a atenção: o baixo percentual de casos extintos sem julgamento do mérito em virtude de questões processuais (cerca de 5% do acervo) — que reputo positivo, em virtude do princípio da informalidade dos Juizados — e o grande percentual de casos de desistência do autor (cerca de um quarto da amostra).

Como visto, há uma multiplicidade de justificativas possíveis para esse fenômeno: de um lado, a composição extrajudicial das partes, que deve ser vista com bons olhos, pois significa que o litígio foi solucionado; de outro, contudo, a falta de conhecimento do autor sobre o procedimento, o descrédito no Poder Judiciário e a demora na conclusão do processo são fatores que não podem ser descartados.

Na verdade, de forma geral, praticamente metade da amostra não traz informações acerca do desfecho do litígio, o que compromete uma avaliação apurada deste parâmetro. De qualquer modo, nos casos em que os Juizados Especiais Cíveis deram uma resposta institucional ao conflito (70% da amostra, somados os acordos e decisões judiciais), 25% foi submetido à execução. Entre esses casos, predominam os resultados positivos: 11,8% dos casos termina com a entrega do bem ao credor, e em 5,1% dos casos o reclamante não consegue receber o seu direito. O restante dos processos (7,6%) refere-se a execuções que ainda não haviam sido concluídas na época da coleta dos dados (2 a 4 anos depois do ajuizamento da ação).

É importante registrar, ademais, que os dados qualitativos indicam que a falta de êxito de grande parte das execuções parece decorrer da incapacidade financeira da população, já que, como se viu, pessoas de baixa renda fazem uso das Pequenas Causas.

Por fim, dos três parâmetros de aferição dos Juizados Especiais Cíveis, certamente o "tempo de duração dos processos" é o que apresenta piores resultados, já que nenhuma das fases procedimentais, em nenhum dos estados pesquisados, observa os parâmetros estabelecidos pela lei. Aliado a esse fato, os altos índices de congestionamento dos Juizados Especiais Cíveis permitem diagnosticar a dificuldade dos Juizados em processar em tempo adequado as demandas que lhe são apresentadas.

Como ficou demonstrado, em primeiro grau, o principal gargalo é a audiência de instrução — problema que pode ser minorado pela adoção da audiência una de conciliação, instrução e julgamento. Ademais, o julgamento dos recursos onera consideravelmente o prazo de duração do processamento das pequenas causas — chegando a dobrar o seu tempo de finalização. Contudo, o ponto mais problemático do tempo nos Juizados Especiais Cíveis tange, sem dúvida, à execução, que onera em quase um ano o procedimento das Pequenas Causas. De qualquer forma, os casos findos com acordo devidamente cumprido são finalizados em um prazo que, apesar de distante do regramento legal, pode ser considerado razoável: menos de três meses.

É oportuno apontar, nesse contexto, a recíproca influência dos três parâmetros adotados nesse estudo: as demandas solucionadas da forma mais "adequada", qual seja, a conciliação, são concluídas em menor tempo ("duração razoável") e são mais "efetivas" —, pois, como demonstrado, têm maior probabilidade de serem cumpridas espontaneamente do que as sentenças. Como se não bastasse, a população tem se mostrado bastante satisfeita com a solução amigável do litígio.

Ademais, como visto, o tempo também traz reflexos diretos na efetividade do processo, uma vez que, em muitos casos, o autor desiste da ação em virtude da demora na conclusão do feito. Ou seja: processos demorados possuem maiores chances de serem inefetivos.

No que tange à confirmação da hipótese formulada, não há como traçar conclusões generalizantes — não apenas em virtude da disparidade existente entre os estados, como em razão da escassez de informações acerca do desfecho dos processos.

A conciliação parece merecer uma avaliação positiva, mas os dados não permitem aferir o real cumprimento do acordo pelo devedor; no que toca à efetividade, cerca de metade da amostra tem uma resposta institucional (acordo ou sentença), mas, igualmente, não apresenta dados acerca de seu desfecho. No que toca aos casos executados (um quarto da amostra), a amostra pode ser partida ao meio: pouco menos da metade tem resultados efetivos, e o restante não traz resultados favoráveis ao autor.

Por fim, no que tange ao tempo, os prazos de duração do processo são extremamente longos e inadequados ao sistema das Pequenas Causas, contrariando, a um só tempo, a garantia constitucional da duração razoável e princípio da celeridade, que rege o procedimento.

Ainda que não seja possível tecer considerações conclusivas, acredito que a análise individualizada das Pequenas Causas em face dos parâmetros preestabelecidos foi capaz de demonstrar que os Juizados têm um grande potencial para solucionar conflitos cotidianos de forma conciliatória e, nos casos em que o acordo é devidamente cumprido, até mesmo sem muita demora.

Para que isso ocorra, não se pode admitir quaisquer demandas de impacto coletivo nas Pequenas Cortes. Ademais, ao contrário da tendência legislativa observada, qualquer ampliação na sua competência e/ou legitimação é absolutamente impensável.

Sobretudo, o estudo apontou que, a par de suas deficiências estruturais e da demora na prestação jurisdicional, os Juizados Especiais Cíveis são uma importante — senão a mais importante — fonte para que a população, principalmente a de baixa renda, possa ter o almejado acesso à Justiça.

Bibliografia

ABEL, Richard L. Abel. The contradictions of informal justice. In: ———. *The politics of informal Justice*: The American experience. New York: Academic Press, 1982. v. 1.

ADORNO, Sérgio. O Judiciário e o acesso à justiça. In: SADEK, Maria Tereza (Org.). *O judiciário em debate*. São Paulo: Idesp/Sumaré, 1995 (Série Justiça).

ALEXANDER, Archibald S. Small Claims Courts in Montana: A statistical study. *Montana Law Review,* Missoula, v. 44, p. 227-249, 1983.

———. Making Small Claims Courts work in Montana: Recommendations for legislative and judicial action. *Montana Law Review*, Missoula, v. 45, p. 245-263, 1984.

ÁLVAREZ, Gladis S. et al. *Mediación y justicia*. Buenos Aires: Depalma, 1996.

———. *Mediación para resolver conflictos*. Buenos Aires: Ad Hoc, 1998.

ALVIM, Arruda. *Manual de direito processual civil*. 9. ed. rev., ampl. e atual. São Paulo: Revista dos Tribunais, 2007. v. 1 e 2.

AMERICAN BAR ASSOCIATION (ABA). *Standards relating to court delay reduction*. Chicago: American Bar Association, 1985.

ANÁLISE da gestão de funcionamento dos cartórios judiciais. Brasília: Cebepej/Escola de Direito da FGV/Secretaria de Reforma do Judiciário do Ministério da Justiça, jun. 2007.

ANDRIGHI, Fátima Nancy; BENETI, Sidnei Agostinho. *Juizados Especiais Cíveis e Criminais*: comentários à Lei nº 9.099/95. Belo Horizonte: Del Rey, 1996.

ASSIS, Araken de. *Execução civil nos Juizados Especiais*. São Paulo: Revista dos Tribunais, 1996.

ASSOCIAÇÃO DOS MAGISTRADOS BRASILEIROS (AMB). *A imagem das instituições públicas brasileiras*. Brasília: Associação dos Magistrados Brasileiros, set. 2007. Disponível em: <http://amb.com.br/portal/docs/noticias/pesquisa_opiniao.pdf>. Acesso em: 10 jan. 2008.

AXWORTHY, Christopher S. Controlling the abuse of Small Claims Courts. *McGill Law Journal*, Montreal, v. 22, p. 480-495, 1976.

AZEVEDO, Antônio Junqueira. *Negócio jurídico*: existência, validade e eficácia. São Paulo: Saraiva, 2000.

AZEVEDO, Luiz Carlos. As causas de reduzido valor econômico e o seu tratamento no direito luso-brasileiro: o juiz das vintenas; o almotacé; o juiz de paz. *Revista da Faculdade de Direito da Universidade de São Paulo*, São Paulo, v. 83, p. 129-34, jan./dez. 1988.

BACELLAR, Roberto Portugal. Acesso e saída da justiça. s.d. Disponível em: <www.tj.pr.gov.br/juizado/downloads/DOUTRINA/AcessoeSaidadaJustica.pdf>. Acesso em: 6 out. 2007.

————. *Juizados Especiais*: a nova mediação paraprocessual. São Paulo: Revista dos Tribunais, 2003.

BAPTISTA, Francisco de Paula. *Compêndio de theoria e pratica do processo civil comparado com o comercial*. Recife: Typographia Universal, 1855.

BARBOSA MOREIRA, José Carlos. A função social do processo civil moderno e o papel do juiz e das partes na direção e na instrução do processo. In: ————. *Temas de Direito Processual*. São Paulo: Saraiva, 1984a. p. 43-56. 3. série.

————. Notas sobre o problema da "efetividade" do processo. In: ————. *Temas de direito processual*. São Paulo: Saraiva, 1984b. p. 27-42. 3. série.

————. Tendências contemporâneas do direito processual civil. In: ————. *Temas de direito processual*. São Paulo: Saraiva, 1984c. p. 1-13. 3. série.

————. Dimensiones sociales del proceso civil. In: ————. *Temas de direito processual*. São Paulo: Saraiva, 1989a. p. 23-33. 4. série.

————. O problema da "divisão do trabalho" entre juiz e partes: aspectos terminológicos. In: ————. *Temas de direito processual*. São Paulo: Saraiva, 1989b. p. 35-44. 4. série.

————. Saneamento do processo e audiência preliminar. In: ————. *Temas de direito processual*. São Paulo: Saraiva, 1989c. p. 105-144. 4. série.

———. A efetividade do processo de conhecimento. *Revista de Processo*, São Paulo, ano 19, n. 74, p. 126-137, abr./ jun. 1994a.

———. O direito à assistência jurídica: evolução do ordenamento brasileiro de nosso tempo. In: ———. *Temas de direito processual*. São Paulo: Saraiva, 1994b. p. 49-62. 5. série.

———. O futuro da justiça: alguns mitos. In: ———. *Temas de direito processual*. São Paulo: Saraiva, 1994c. p. 1-13, 8. série.

———. Os poderes do juiz na direção e na instrução do processo. In: ———. *Temas de direito processual*. São Paulo, Saraiva, 1994d. p. 45-51. 5. série.

———. Efetividade do processo e técnica processual. *Revista de Processo*. São Paulo, ano 20, n. 77, p. 168-176, jan./mar. 1995.

BARRET, Robert et al. The use of mediation in Small Claims Courts. *Ohio State Journal on Dispute Resolutions*, Columbus, v. 9, p. 55-94, 1993-1994.

BEDAQUE, José Roberto dos Santos. *Poderes instrutórios do juiz*. 3. ed. rev., ampl. e atual. São Paulo: Revista dos Tribunais, 2001.

———. *Efetividade do processo e técnica processual*. São Paulo: Malheiros, 2006.

BENETI, Sidnei Agostinho. Demora judiciária e acesso à justiça. *Revista dos Tribunais*, São Paulo, v. 84, n. 715, p. 377-378, maio 1995.

BENNETT, Mark D.; HUGGES, Scott H. *The art of mediation*. 2. ed. Louisville: National Institute for Trial Advocacy (Nita), 2005.

BERIZONCE, Roberto O. Algunos obstáculos al acceso a la justicia. *Revista de Proceso*, São Paulo, v. 17, n. 68, p. 67-85, out./dez. 1992.

BERMUDES, Sérgio. *Direito Processual Civil*: estudos e pareceres. São Paulo: Saraiva, 1994a. 2. Série.

———. Notas sobre o procedimento ordinário e o procedimento sumaríssimo no CPC. In: ———. *Direito Processual Civil*: estudos e pareceres. São Paulo: Saraiva, 1994b. p. 3-93. 2. Série.

BERSAL MESA, Bibiana; RESTREPO SERRANO, Frederico. ¿Por qué en Colombia se habla de conciliación y no de mediación? In: VARGAS VIANCAS, Juan Enrique; GARJÓN GÓMEZ, Francisco Javier (Coords). *Arbitraje y mediación em las Américas*. Santiago: Ceja/UANL, 2007. p. 127-141.

BONELLI, Maria da Glória. As interações dos profissionais do direito em uma comarca do estado de São Paulo. In: SADEK, Maria Tereza (Org.). *O sistema de Justiça*. São Paulo: Idesp/Sumaré, 1999. p. 19-42.

BOTTINI, Pierpaolo Cruz. Os Juizados Especiais e a reforma do Judiciário. In: MINISTÉRIO DA JUSTIÇA. *Juizados Especiais Cíveis:* estudo. Brasília: Secretaria de Reforma do Judiciário/Centro Brasileiro de Estudos e Pesquisas Judiciais, 2006. p. 9-10

————; SLAKMON, Catherine; MACHADO, Maíra Rocha (Orgs). *Novas direções na governança da justiça e da segurança.* Brasília: Ministério da Justiça, Secretaria de Reforma do Judiciário, 2006.

BRASIL. Ministério da Justiça. *Acesso à Justiça por sistemas alternativos de administração de conflitos:* mapeamento nacional de programas públicos e não governamentais. Brasília: Ministério da Justiça/Pnud, 2005. Disponível em: <www.mj.gov.br/reforma>. Acesso em: 22 jan. 2008.

BUENO, Cássio Scarpinella; SUNDFELD, Carlos Ari. *Direito processual público:* a Fazenda Pública em juízo. São Paulo: Malheiros, 2003.

CAMPILONGO, Celso. Assistência jurídica e advocacia popular: serviços legais em São Bernardo do Campo. *Revista Forense,* Rio de Janeiro, v. 87, n. 315, p. 3-17, jul./set. 1991.

————. O Judiciário e o acesso à Justiça. In: SADEK, Maria Tereza (Org). *O Judiciário em debate.* São Paulo: Idesp/Sumaré, 1999. p. 15-18. (Série Justiça)

————; GIORGI, Beatriz di; PIOVESAN, Flávia. *Direito, cidadania e justiça:* ensaios sobre lógica, interpretação, teoria, sociologia e filosofia jurídicas. São Paulo: Revista dos Tribunais, 1995.

CAPPELLETTI, Mauro (Ed.). *Access to Justice.* Milano: Giuffrè/Sijthoff, 1978a. 4 v.

————. *The Florence Access-to-Justice Project.* In: ———— (Ed.). *Access to Justice.* Alphen aan del Rijn/Milan: Sijthoff/Giuffrè, 1978b. v. I

———— (Ed.). *Access to Justice and the welfare state.* Alphen aan den Rijn: Sijthoff; Bruxelles: Bruylant; Firenze: Le Monnier; Stuttgart: Klett-Cotta, 1981.

————. Accesso alla giustizia come programma di riforma e come metodo di pensiero. *Rivista di Diritto Processuale,* Padova, v. 37, n. 2, p. 238-240, 1982.

————. *Giudici legislatori?* Milano: Giuffrè, 1984.

————. O acesso dos consumidores à Justiça. In: TEIXEIRA, Sálvio de Figueiredo (Org.). *As garantias do cidadão na Justiça.* São Paulo: Saraiva, 1993.

————. Os métodos alternativos de solução de conflitos no quadro do movimento universal de acesso à Justiça. *Revista de Processo,* São Paulo, ano 19, n. 74, p. 82-97, abr./jun. 1994.

————; WESNER, J. (Eds.). *Access to Justice.* Milano: Dott. A. Giuffrè, 1978. v. 2: Promising institutions.

———; GARTH, Bryant. Access to Justice and the welfare state: an introduction. In: ——— (Ed.). *Access to Justice and the welfare state*. Alphen aan den Rijn: Sijthoff; Bruxelles: Bruylant; Firenze: Le Monnier; Stuttgart: Klett-Cotta, 1981. p. 1-24. v. 3: Emerging issues and perspectives (2 t.).

———; ———. *Acesso à Justiça*. Tradução de Ellen Gracie Northfleet. Porto Alegre: Sergio Antonio Fabris Editor, 2002.

CARMONA, Carlos Alberto. *Arbitragem e processo*: um comentário à Lei nº 9.307/96. 2 ed. rev., atual. e ampl. 3 reimp. São Paulo: Atlas, 2006.

CARNEIRO, Athos Gusmão. Juizado de Pequenas Causas. In: DINAMARCO, Cândido Rangel; GRINOVER, Ada Pellegrini; WATANABE, Kazuo (Coords.). *Participação e processo*. São Paulo: Revista dos Tribunais, 1998. p. 333-341.

———. *Audiência de instrução e julgamento e audiências preliminares*. 9. ed. atual. conforme as leis de reforma do CPC, inclusive as Leis nº 8.952, de 11.12.1994, nº 9.139, de 30.11.1995 e nº 9.245, de 26.12.1995. Rio de Janeiro: Forense, 2001.

CARNEIRO, João Geraldo Piquet. A justiça do pobre. *O Estado de S. Paulo*, 4 jul. 1982. Disponível em: <www.desburocratizar.org.br/down/bibl_justica.pdf>. Acesso em: 2 nov. 2007.

———. Análise da estruturação e do funcionamento do Juizado de Pequenas Causas da cidade de New York. In: WATANABE, Kazuo (Coord.). *Juizado Especial de Pequenas Causas*. São Paulo: Revista dos Tribunais, 1985. p. 23-36.

———. Entrevista concedida à revista *Veja*, em 12 de setembro de 2007. Disponível em: <http://veja.abril.com.br/120907/entrevista.shtml>. Acesso em: 20 nov. 2007.

CARNEIRO, Paulo Cezar Pinheiro. *Acesso à Justiça*. Juizados Especiais Cíveis e ação civil pública: uma nova sistematização da teoria geral do processo. 2. ed. rev. e atual. Rio de Janeiro: Forense, 2000.

CARNEIRO, Sueli. O Judiciário e o acesso à Justiça. In: SADEK, Maria Tereza (Org.). *O Judiciário em debate*. São Paulo: Idesp/Sumaré, 1999. p. 12-15. (Série Justiça)

CASTELAR, Armando. *Judiciário e economia no Brasil*. São Paulo: Sumaré, 2000.

CASTRO, Lavínia Barros de. Esperança, frustração e aprendizado: a história da Nova República. In: GIAMBIAGI, Fabio et al (Orgs.). *Economia brasileira contemporânea*. 4. reimp. Rio de Janeiro: Elsevier, 2005. p. 116-140.

CENTRO BRASILEIRO DE ESTUDOS E PESQUISAS JUDICIAIS (CEBEPEJ). *Juizados Especiais Cíveis e acesso à Justiça*. Relatório científico final, Processo Fapesp nº 2.001/10.724-9. São Paulo, 30 jul. 2003. ms.

———. *Execuções Fiscais no Brasil*. Brasília: Ministério da Justiça, 2006a. Disponível em: <www.cebepej.org.br/pdf/execucoes_fiscais.pdf>. Acesso em: 20 jan. 2008.

———. *Juizados Especiais Cíveis:* estudo. Brasília: Ministério da Justiça, 2006b. Disponível em: <www.cebepej.org.br/pdf/DJEC.pdf>. Acesso em: 21 jan. 2008.

———. *Tutela judicial dos interesses metaindividuais:* ações coletivas. Brasília: Ministério da Justiça, 2007. Disponível em: <www.cebepej.org.br/pdf/acoes_coletivas.pdf>. Acesso em: 21 jan. 2008.

———; ESCOLA DE DIREITO DA FUNDAÇÃO GETULIO VARGAS DE SÃO PAULO. *Cartórios judiciais*. Brasília: Ministério da Justiça, 2007. Disponível em: <www.cebepej.org.br/pdf/pesquisa%20%20cartórios%20Judiciáis.pdf>. Acesso em: 21 jan. 2008.

CHIAVARIO, Mario. *La Convenzione Europea dei diritti dell'uomo nel sistema delle fonti normative in materia penale.* Milano: Giuffrè, 1969.

———. *Processo e garanzie della persona.* Libro II: Le garanzie fondamentali. 3. ed. Milano: Giuffrè, 1984.

CHIMENTI, Ricardo Cunha. *Teoria e prática dos Juizados Especiais Cíveis.* 3. ed. rev., atual. e ampl. São Paulo: Saraiva, 2000.

CHIOVENDA Giuseppe. *Saggi di diritto processuale civile.* Roma: Foro Italiano 1930.

CICHOCKI NETO, José. *Limitações ao acesso à Justiça.* Tese (Doutorado em Direito) — Faculdade de Direito, Universidade de São Paulo, São Paulo, 1996.

CINTRA, Antônio Carlos de Araújo; GRINOVER, Ada Pellegrini; DINAMARCO, Cândido Rangel. *Teoria geral do processo.* 21. ed. rev. e atual. de acordo com a EC 45, de 8.12.2004. São Paulo: Malheiros, 2004.

COMMUNITY DISPUTE RESOLUTION CENTERS PROGRAM. *Annual Report — 2004/2005*. New York: The New York State Unified Courts — Division of Courts Operations — Office of Alternative Dispute Resolution, 2005.

———. *Annual Report — 2005/2006*. New York: The New York State Unified Courts — Division of Courts Operations — Office of Alternative Dispute Resolution, 2006.

COMOGLIO, Luigi Paolo. I modelli di garanzia costituzionale del processo. In: ———. *Studi in onore di Vittorio Denti.* Padova: Cedam, 1994. p. 297-327. v. I: Storia e metodologia, garanzie e principi generali.

———. Garanzie minime del "giusto processo" civile negli ordinamenti ispano-latino americani. *Revista de Processo*, São Paulo, ano 28, v. 112, p. 159-176, out./dez. 2003.

———; FERRI, Corrado; TARUFFO, Michelle. *Lezione sul processo civile.* Bologna: Il Mulino, 1995.

COSTA, Eduardo Maia. *A crise da Justiça*: crise, discurso da crise e discurso crítico. *Revista do Ministério Público*, separata, Lisboa, n. 77, p. 155-172, 1999.

CUNHA, Luciana Gross. *Juizado Especial*: criação, instalação e funcionamento e a democratização do acesso à justiça, 2004. Tese (Doutorado em Ciência Política) — Faculdade de Filosofia, Letras e Ciências Humanas da Universidade de São Paulo, São Paulo, 2006.

DAMAŠKA, Mirjan. *The faces of the Justice and State authority*: A comparative approach to the legal process. New Heaven: Yale University Press, 1986.

DEÁK, Csaba. O processo de urbanização no Brasil: falas e façanhas. In: _____; SCHIFFER, Sueli Ramos (Orgs). *O processo de urbanização no Brasil*. São Paulo: Edusp, 1999. p. 9-18.

_____; SCHIFFER, Sueli Ramos (Orgs). *O processo de urbanização no Brasil*. São Paulo: Edusp, 1999.

DEEMER III, Paul C. et al. Special project: Judicial reform at the lowest level: A model statute for Small Claims Courts. *Vanderbilt Law Review*, Nashville, v. 28, p. 711-794, 1975.

DEMARCHI, Juliana. *Mediação*: propostas de implementação no processo civil brasileiro. Tese (Doutorado em Direito) — Faculdade de Direito, Universidade de São Paulo, São Paulo, 2007.

DESASSO, Alcir. *Juizado Especial Cível*: estudo de caso. Dissertação (Mestrado em Ciência Política) — Faculdade de Filosofia, Letras e Ciências Humanas, Universidade de São Paulo, São Paulo, 2000.

DIAS, Ronaldo Brêtas de Carvalho. A jurisprudência do STF sobre a responsabilidade do Estado por ato jurisdicional. *Revista de Processo*, São Paulo, ano 26, n. 103, p. 260-282, 2001.

_____. Direito à jurisdição eficiente e garantia da razoável duração do processo na reforma do judiciário. *Revista de Processo*, São Paulo, ano 30, n. 128, p. 164-174, out. 2005.

DINAMARCO, Cândido Rangel. A Lei das Pequenas Causas e a renovação do processo civil. In: WATANABE, Kazuo (Coord.). *Juizado Especial de Pequenas Causas*. São Paulo: Revista dos Tribunais, 1985a. p. 196-207.

_____. O processo no Juizado das Pequenas Causas. In: WATANABE, Kazuo (Coord.). *Juizado Especial de Pequenas Causas*. São Paulo: Revista dos Tribunais, 1985b. p. 119-146.

_____. Princípios e critérios no processo das Pequenas Causas. In: WATANABE, Kazuo (Coord.). *Juizado Especial de Pequenas Causas*. São Paulo: Revista dos Tribunais, 1985c. p. 102-118.

――――. *Manual das Pequenas Causas*. São Paulo: Revista dos Tribunais, 1986.

――――. *A reforma do Código de Processo Civil*. 3. ed. rev., ampl. e atual., São Paulo: Malheiros, 1996.

――――. Escopos políticos do processo. In: DINAMARCO, Cândido Rangel; GRINOVER, Ada Pellegrini; WATANABE, Kazuo (Coords.). *Participação e processo*. São Paulo: Revista dos Tribunais, 1998a. p. 114-127.

――――. *Execução civil*. 6. ed. São Paulo: Malheiros, 1998b.

――――. *Instituições de direito processual civil*. São Paulo: Malheiros, 2001. v. 1, 2 e 3.

――――. *A reforma da reforma*. São Paulo: Malheiros, 2002a.

――――. *Fundamentos do processo civil moderno*. 5. ed. rev. e atual. por Antônio Rulli Neto. São Paulo: Malheiros: 2002b. t. II.

――――. Os Juizados Especiais e os fantasmas que os assombram. In: ――――. *Fundamentos do processo civil moderno*. 5. ed. rev. e atual. por Antônio Rulli Neto. São Paulo: Malheiros: 2002c. t. II, p. 1425-1433.

――――. *A instrumentalidade do processo*. 11. ed. rev. e atual. São Paulo: Malheiros, 2003.

――――; GRINOVER, Ada Pellegrini; WATANABE, Kazuo (Coords.). *Participação e processo*. São Paulo: Revista dos Tribunais, 1998.

DRISCOLL, Brian G. *De minimis curat lex*: Small Claim Courts in New York City. *Fordham Urban Law Journal*, New York, v. II, p. 479-504, 1974.

DUBOIS, Philips L. (Ed). *The analysis of Judicial reform*. Lexington: Lexington Books, [19--?].

DUPAS, Gilberto. *Atores e poderes na nova ordem global*: assimetrias, instabilidades e imperativos de legitimação. São Paulo: Unesp, 2005.

ECONOMIDES, Kim. Lendo as ondas do "movimento de acesso à Justiça": epistemologia *versus* metodologia? In: PANDOLFI, Dulce et al (Orgs). *Cidadania, justiça e violência*. Rio de Janeiro: FGV, 1999. p. 61-76. Disponível em: <www.cpdpc.fgv.br>. Acesso em: 10 dez. 2007.

ESCOLA DE DIREITO DA FUNDAÇÃO GETULIO VARGAS DE SÃO PAULO; CENTRO BRASILEIRO DE ESTUDOS E PESQUISAS JUDICIAIS. *Cartórios judiciais*. Brasília: Ministério da Justiça, 2007. Disponível em: <www.cebepej.org.br/pdf/pesquis a%20%20cartórios%20Judiciáis.pdf>. Acesso em: 21 jan. 2008.

EVANS, Herbert B.; BULMAN, William A. Small Claims and arbitration *Fordham Urban Law Journal* parallel alternative methods of dispute resolution. *Pace Law Review*, New York, v. 3, n. 2, p. 183-201, wint. 1983.

FAISTING, André Luiz. *O dilema da dupla institucionalização do Poder Judiciário*: o caso do Juizado Especial de Pequenas Causas em São Carlos. Dissertação (Mestrado em Ciências Sociais) — Programa de Pós-Graduação em Ciências Sociais, Centro de Educação e Ciências Humanas, Universidade Federal de São Carlos, São Carlos, 1998.

————. O dilema da dupla institucionalização do Poder Judiciário: o caso do Juizado Especial de Pequenas Causas. In: SADEK, Maria Tereza (Org.) *O sistema de Justiça*. São Paulo: Idesp/Sumaré, 1999. p. 43-59. (Série Justiça)

FALCÃO, Joaquim. *Conflito de direito de propriedade*: invasões urbanas. Rio de Janeiro: Forense, 1984.

————. Acesso à Justiça: diagnóstico e tratamento. In: ASSOCIAÇÃO DOS MAGIS-TRADOS BRASILEIROS. *Justiça*: promessa e realidade. O acesso à justiça em países ibero-americanos. Rio de Janeiro: Nova Fronteira, 1996. p. 269-283.

————. O Judiciário e o acesso à justiça. In: SADEK, Maria Tereza (Org). *O Judiciário em debate*. São Paulo: Idesp/Sumaré, 1999. (Série Justiça).

————; SOUTO, Cláudio (Orgs.). *Sociologia e direito*: textos básicos para a disciplina da sociologia jurídica. São Paulo: Pioneira, 1999.

FARIA, José Eduardo (Org.). As transformações do Judiciário em face de suas responsabilidades sociais. *Revista da Procuradoria Geral do Estado de São Paulo*, São Paulo, n. 38, p. 139-154, dez. 1992.

————. *Direitos humanos, direitos sociais e Justiça*. 1. ed., 3. tir. São Paulo: Malheiros, 2002a.

————. Introdução: o Judiciário e o desenvolvimento socioeconômico. In: _____ (Org.). *Direitos humanos, direitos sociais e Justiça*. 1. ed., 3. tir. São Paulo: Malheiros, 2002b. p. 9-29.

————. KUNTZ, Rolf. *Qual o futuro dos direitos?* Estado, mercado e Justiça na reestruturação capitalista. São Paulo: Max Limonad, 2002.

FERNANDES, Antônio Scarance; GOMES FILHO, Antônio Magalhães; GRINOVER, Ada Pellegrini. *Juizados Especiais Criminais*; Comentários à Lei nº 9.099, de 26.09.1995. 3. ed. rev. e atual. São Paulo: Revista dos Tribunais, 1999.

FERRAZ, Leslie Shérida. *Prisão preventiva e direitos e garantias individuais*. Dissertação (Mestrado em Direito) — Faculdade de Direito, Universidade de São Paulo, São Paulo, 2003.

————. Juizados Especiais Cíveis de Porto Alegre: apresentação dos dados coletados na pesquisa realizada pelo Cebepej. *Revista dos Juizados Especiais — Doutrina, Jurisprudência*, Porto Alegre, n. 45/46, p. 13-27, dez. 2005-abr. 2006.

——. Da alienação por iniciativa particular. In: COSTA, Susana Henriques (Coord). *Execução extrajudicial*: modificações da Lei nº 11.382/2006. São Paulo: Quartier Latin, 2007. p. 326-338.

——.Juizados Especiais Criminais: o modelo de justiça penal consensual. *Centro Brasileiro de Estudos e Pesquisas Judiciais*. Disponível em: <www.cebepej.org.br>. Acesso em: nov. 2007.

——.*A conciliação e a arbitragem nos Juizados Especiais Cíveis Brasileiros e nas* Small Claims Courts *de New York*: uma análise comparativa (no prelo.).

FERREIRA, Camila Duran et al. *O Judiciário e as políticas de saúde no Brasil*: o caso Aids. Prêmio Ipea, 40 anos. Disponível em: <http://getinternet.ipea.gov.br/SobreIpea/40anos/estudantes/_Toc77397429>. Acesso em: 08 jan. 2008.

FIGUEIRA JÚNIOR, Joel Dias. *Novo procedimento sumário*: Lei nº 9.245, de 16.12.1995. São Paulo: Revista dos Tribunais, 1996.

——. *Comentários à Lei dos Juizados Especiais Cíveis e Criminais*: Lei nº 9.099, de 26 de setembro de 1995. 3. ed. rev., atual. e ampl. São Paulo: Revista dos Tribunais, 2000.

——; LOPES, Maurício Antônio Ribeiro. *Comentários à Lei dos Juizados Especiais Cíveis e Criminais*. 2. ed. São Paulo: Revista dos Tribunais, 1997.

——; TOURINHO NETO, Fernando da Costa. *Juizados Especiais Estaduais Cíveis e Criminais*: comentários à Lei nº 9.099/1995. 4. ed. reform., atual. e ampl. São Paulo: Revista dos Tribunais, 2005.

FINE, Erika S.; PLAPINGER, Elizabeth S. *ADR and the Courts*: A manual for judges and lawyers. New York: Butterworth Legal Publishers, 1987.

FISHER, Fern. A. *A decade of change and challenge in "the people's court"*: A report of the civil court of the city of New York. New York, Dec. 2006,

FISS, Owen. *Um novo processo civil*: estudos norte-americanos sobre jurisdição, constituição e sociedade. Coordenação de Carlos Alberto de Salles; traduções de Carlos Alberto de Salles, Daniel Porto Godinho da Silva e Melina de Medeiros Rós. São Paulo: Revista dos Tribunais, 2004.

FIX-FIERRO, Héctor. *Courts, Justice and efficiency*: A socio-legal study of economic rationality in adjudication. Oxford; Portland: Hart Publishing, 2003.

FRAME, Alex. Fundamental elements of the Small Claims Tribunals in New Zealand. In: WHELAN, Christopher J. (Ed.). *Small Claims Courts*: A comparative study. Oxford: Clarendon Press, 1990. p. 73-98.

FRIEDMAN, Lawrence M. Claims, disputes, conflicts and the modern welfare state. In: CAPPELLETTI, Mauro (Ed.). *Access to Justice and the welfare state*. Alphen aan den

Rijn: Sijthoff; Bruxelles: Bruylant; Firenze: Le Monnier; Stuttgart: Klett-Cotta, 1981. p. 251-269.

———. The law and society movement. *Stanford Law Review*, Stanford, v. 38, p. 763-780, 1985.

———. Litigation and society. *Annual Review of Sociology*, v. 15, p. 17-29, 1989.

GAJARDONI, Fernando da Fonseca. *Técnicas de aceleração do processo*: de acordo com as Leis nº 10.352/2001, 10.358/2001 e 10.444/2002. São Paulo: Lemos & Cruz, 2003.

GALANTER, Marc. Why the 'haves' come out ahead: Speculations on the limits of legal change. *Law and Society Review*, Amherst, v. 9, n. 1, p. 95-160, 1974.

———. Justice in many rooms. In: CAPPELLETTI, Mauro (Ed.). *Access to Justice and the welfare state*. Alphen aan den Rijn: Sijthoff; Bruxelles: Bruylant; Firenze: Le Monnier; Stuttgart: Klett-Cotta, 1981. p. 147-181.

———. *Reading the landscapes of disputes*: What we know and what we don't know (and we think we know) about our allegedly contentious and litigious society. Madison: Disputes Processing Research, 1983.

———. Direito em abundância: a atividade legislativa no Atlântico Norte. *Revista Crítica de Ciências Sociais*, Coimbra, n. 36, p. 103-145, 1993.

GEBBIA, Joseph. Entrevista aberta realizada nas Small Claims Courts de Manhattan, New York, 14 fev. 2007.

GIAMBIAGI, Fabio et al. (Orgs). *Economia brasileira contemporânea*. 4. reimp. Rio de Janeiro: Elsevier, 2005.

GOERDT, John A. *Small Claims Courts and Traffic Courts*: Case management procedures, case characteristics, and outcomes in 12 urban jurisdictions. Williamsburg: National Center for State Courts, 1992.

GÓES JÚNIOR, José Caldas. *Curso de metodologia de pesquisa*. Disponível em: <www.geocities.com/athens/agora/4197/CURSO.html#conteudo4>. Acesso em: 20 nov. 2007.

GOLDBERG, Stephen; SANDER, Frank; ROGERS, Nancy. *Dispute resolution*. Boston: Little, Brown and Company, 1992.

GRINOVER, Ada Pellegrini. *Os princípios constitucionais e o Código de Processo Civil*. São Paulo: Bushatsky, 1975.

———. Aspectos constitucionais dos Juizados de Pequenas Causas. In: WATANABE, Kazuo (Coord.). *Juizado Especial de Pequenas Causas*. São Paulo: Revista dos Tribunais, 1985a. p. 08-21.

————. Conciliação e Juizados de Pequenas Causas. In: WATANABE, Kazuo (Coord.). *Juizado Especial de Pequenas Causas.* São Paulo: Revista dos Tribunais, 1985b. p. 147-160.

————. *O processo constitucional em marcha.* São Paulo: Max Limonad, 1985c.

————. *Novas tendências do direito processual.* Rio de Janeiro: Forense Universitária, 1990.

_____. Acesso à Justiça e o Código de Defesa do Consumidor. In: ————. *O processo em evolução.* Rio de Janeiro: Forense Universitária, 1998.

————. A conciliação extrajudicial na Justiça do Trabalho. In: ————. *O processo em evolução.* 2. ed. Rio de Janeiro: Forense Universitária, 1998a. p. 93-96.

————. *O processo em evolução.* Rio de Janeiro: Forense Universitária, 1998b.

————. A iniciativa instrutória do juiz no processo penal acusatório. *Revista Brasileira de Ciências Criminais,* São Paulo, v. 7, n. 27, p. 71-79, jul./set. 1999.

HANEY, Craig. Data and decisions: Judicial reform and the use of Social Science. In: DUBOIS, Philips L. (Ed.). *The analysis of Judicial reform.* Lexington: Lexington Books, [19--?].

HERMANN, Jennifer. Auge e declínio do modelo de crescimento com endividamento: o II PND e a crise da dívida externa. In: GIAMBIAGI, Fabio et al. (Orgs). *Economia brasileira contemporânea* (1945-2004). 4. reimp. Rio de Janeiro: Elsevier, 2005. p. 93-115.

HOUSE OF COMMONS, CONSTITUCIONAL AFFAIRS COMMITTEE. *The Courts:* Small Claims. First report of session, 2005/2006. Disponível em: <www.publications.parliament.uk/pa/cm200506/cmselect/cmconst/519/519.pdf>. Acesso em: 21 jan. 2008.

IHERING, Rudolf. *A luta pelo direito.* Tradução de José Cretella Júnior e Agnes Cretella. São Paulo: Revista dos Tribunais, 2001.

ISON, Terence G. Small Claims. *Modern Law Review,* v. 35, n. 1, p. 18-35, jan. 1972.

JACOBI, Tonja. *Explaining American Litigiouness:* A product of politics, not just law. American Law and Economics Annual Meetings, 2005, paper n. 19. Disponível em: <http://law.bepress.com/cgi/viewcontent.cgi?article=1248&context=alea>. Acesso em: 4 jan. 2008.

JARDIM, Guilherme Tanger. *A criatividade na jurisdição:* a experiência inovadora do Juizado de Pequenas Causas. s.d. p. 40-41. Disponível em: <www.tj.rs.gov.br/institu/qualidade/palestras_mostra/14Des.AntonioGuilhermeTangerJardimdef.doc>. Acesso em: 6 out. 2007.

JOHNSON JR., Earl. The justice system of the future: Four scenarios for the twenty-first century. In: CAPPELLETTI, Mauro (Ed.). *Access to Justice and the welfare state.* Alphen aan den Rijn: Sijthoff; Bruxelles: Bruylant; Firenze: Le Monnier; Stuttgart: Klett-Cotta, 1981. p. 184-215.

————. Promising institutions: a synthesis essay. In: CAPPELLETTI, Mauro; WESNER, J. (Eds.). *Access to Justice.* Milano: Dott. A. Giuffrè, 1978. v. 2, t. 2. p. 869-903.

JUNQUEIRA, Eliane Botelho. Juizados Especiais de Pequenas Causas: o desafio da modernidade incompleta. *Revista* Sub Judice: *Justiça e sociedade,* Coimbra, p. 13-19, set./dez. 1992.

————. Acesso à Justiça: um olhar retrospectivo. *Estudos Históricos,* Rio de Janeiro, v. 9, n. 18, p. 389-402, 1996. Disponível em: <www.buscalegis.ufsc.br/revistas/index.php/buscalegis/article/viewFile/25477/25040>. Acesso em: 26 dez. 2007.

KERR JR., John J.; KIMMELMAN, Louis B.; SQUIRES III, William R. Stage II: Problems and consequences of commercial litigation in the United States. In: PLATTO, Charles (Ed.). *Economic consequences of litigation worldwide.* The Hague/London/Boston: International Bar Association and Kluwer Law International, 1998. p. 405-445.

KOJIMA, Takeshi. Small Claims from a Japanese perspective. In: WHELAN, Christopher J. (Ed.). *Small Claims Courts:* A comparative study. Oxford: Clarendon Press, 1990. p. 183-206.

KOMATSU, Paula. *Ação coletiva:* evolução histórica. Dissertação (Mestrado em Direito) — Faculdade de Direito, Universidade de São Paulo, São Paulo, 2003.

KOMATSU, Roque. *Tentativa de conciliação no processo civil.* Dissertação (Mestrado em Direito) — Faculdade de Direito, Universidade de São Paulo, São Paulo, 1978.

————. *Da invalidade no processo civil.* São Paulo: Revista dos Tribunais, 1991.

KÖTZ, Hein. Public interest litigation: A comparative survey. In: CAPPELLETTI, Mauro (Ed.). *Access to Justice and the welfare state.* Alphen aan den Rijn: Sijthoff; Bruxelles: Bruylant; Firenze: Le Monnier; Stuttgart: Klett-Cotta, 1981. p. 86-117.

LACERDA, Galeno. *Despacho saneador.* 3. ed. Porto Alegre: Sergio Fabris, 1990.

LAGRASTA NETO, Caetano. Acesso à Justiça e ampliação da Lei dos Juizados Especiais de Pequenas Causas. *Revista dos Tribunais,* São Paulo, v. 612, out. 1986.

————. Juizado Especial de Pequenas Causas e direito processual civil comparado. In: WATANABE, Kazuo (Coord.). *Juizado Especial de Pequenas Causas.* São Paulo: Revista dos Tribunais, 1985. p. 37-101.

————. *Juizado Especial de Pequenas Causas no direito comparado.* São Paulo: Oliveira Mendes, 1998.

LOPES, José Reinaldo de Lima. *Direito e transformação social*: ensaio interdisciplinar das mudanças no Direito. Belo Horizonte: Nova Alvorada, 1997.

———. Crise da norma jurídica e reforma do judiciário. In: FARIA, José Eduardo (Org.). *Direitos humanos, direitos sociais e Justiça*. 1. ed., 3. tir. São Paulo: Malheiros, 2002. p. 68-93.

LORENCINI, Marco Antônio Garcia Lopes. *Juizado Especial Cível*: o direito processual revisitado. Dissertação (Mestrado em Direito Processual) — Faculdade de Direito, Universidade de São Paulo, São Paulo, 2002.

———. *Prestação jurisdicional pelo Estado e meios alternativos de solução de controvérsias*. Convivência e formas de pacificação social: uma sugestão de integração. Tese (Doutorado em Direito Processual) — Faculdade de Direito, Universidade de São Paulo, São Paulo, 2006.

LUHMANN, Niklas. *Sociologia do direito I*. Rio de Janeiro: Tempo Brasileiro, 1983.

MACEDO JÚNIOR, Ronaldo Porto. *Contratos relacionais e defesa do consumidor*. São Paulo: Max Limonad, 1998.

MAGUIRE, John. Poverty and civil litigation. *Harvard Law Review*, Cambridge, n. 36, p. 361-404, 1923.

MAIMAN, Richard J.; McEWEN, Craig A. Mediation and arbitration: Promise and performance as alternatives to Court. In: DUBOIS, Philips L. (Ed). *The analysis of Judicial reform*. Lexington: Lexington Books, [19--?].

MARINONI, Luiz Guilherme. *Tutela antecipatória, julgamento antecipado e execução imediata da sentença*. 3. ed. rev. e atual. São Paulo: Revista dos Tribunais, 1999.

MARSHALL, T. H. *Cidadania, classe social e status*. São Paulo: Jorge Zahar, 1999.

MARTIN, John A.; RUHNKA, John C.; WELLER, Steven. American Small Claims Courts. In: WHELAN, Christopher J. (Ed.). *Small Claims Courts*: A comparative study. Oxford: Clarendon Press, 1990, p. 05-23.

MENDONÇA, José Xavier Carvalho de. *Tratado theorico e pratico das justiças de paz*. Rio de Janeiro: Garnier, 1889.

MENEZES, Estera Muszkat; SILVA, Edna Lúcia da. *Metodologia da pesquisa e elaboração de dissertação*. 3. ed. rev. e ampl. Florianópolis: Laboratório de Ensino a Distância da UFSC, 2001.

MIRABETE, Júlio Fabrini. *Juizados Especiais Criminais*: comentários, jurisprudência, legislação. 4. ed. rev. e atual. São Paulo: Atlas, 2000.

MIRANDA, Alessandra Nóbrega de Moura; PETRILLO, Márcio Roncalli de Almeida; OLIVEIRA FILHO, Wanderley Rebello. *Origens históricas dos Juizados Especiais de Pequenas Causas e sua problemática atual*: a experiência americana, europeia, japonesa e brasileira e os desafios globais. s.d. Disponível em: <www.estacio.br/site/juizados_especiais/artigos/artigofinal_grupo1.pdf>. Acesso em: 10 out. 2007.

MIRANDA ROSA, Felippe Augusto. Justiça de paz: uma instituição desperdiçada. *Revista de Jurisprudência do Tribunal de Justiça do Rio de Janeiro*, separata, 1981.

———. Quanto tempo demora um processo? *Revista da Emerj*, Rio de Janeiro, v. 4, n. 14, p. 162-190, 2001.

MORAES, Maurício Zanóide; YARSHELL, Flávio (Orgs.). *Estudos em homenagem à professora Ada Pellegrini Grinover*. São Paulo: DPJ, 2005.

MORTARA, Ludovico. *Commentario del codice e delle leggi di Procedura Civile*. Milano: Francesco Vallardi, 1927. v. III.

MUSCARI, Marco Antonio Botto. *Efetividade da execução de quantia certa contra devedor solvente*. Tese (Doutorado em Direito) — Faculdade de Direito da Universidade de São Paulo, São Paulo, 2003.

MOTTA, Luis Eduardo. Acesso à justiça, cidadania e judicialização no Brasil. *Revista eletrônica Achegas*, n. 36, jul./ago. 2007. Disponível em: <www.achegas.net/numero/36/eduardo_36.pdf>. Acesso em: 15 dez. 2007.

NALINI, José Renato (Coord). *Formação jurídica*. 2. ed. rev. e ampl. São Paulo: Revista dos Tribunais, 1999.

NALINI, José Renato. *O juiz e o acesso à Justiça*. 2. ed. rev., ampl. e atual. São Paulo: Revista dos Tribunais, 2000.

NEHEMKIS JUNIOR, Peter R. The Boston Poor debtor court — a study in collection procedure. *Yale Law Journal*, New Haven, n. 42, p. 561-589, 1933.

NIMS, Harry. Law Courts for the forgotten man. *Forum*, n. 91, p. 340-343, 1934.

NORTHROP, Everett H. Small Claims Courts and Conciliation Tribunals: A bibliography. *Law Library Journal*, Chicago, v. 33, p. 39-50, mar. 1940.

OLIVEIRA, Carlos Alberto Alvaro de. O problema da eficácia da sentença. *Revista de Processo*, São Paulo, ano 28, v. 112, p. 9-22, out./dez. 2003.

OVALLE FAVELA, José. Acceso à la Justicia en México. In: ———. *Estudios de derecho procesal*. México: Universidad Nacional Autónoma de México, 1981a. p. 67-126.

———. La Justicia de mínima cuantía en México y otros países de América Latina. In: ———. *Estudios de derecho procesal*. México: Universidad Nacional Autónoma de México, 1981b. p. 193-240.

PACHECO, José da Silva. *Evolução do processo civil brasileiro*. Rio de Janeiro: Borsoi, 1972.

PANDOLFI, Dulce et al. (Orgs). *Cidadania, justiça e violência*. Rio de Janeiro: FGV, 1999a.

――――. Percepção dos direitos e participação social. In: PANDOLFI, Dulce et al. (Orgs). *Cidadania, justiça e violência*. Rio de Janeiro: FGV, 1999b. p. 45-58.

PASCHOAL, Maximilian Fierro. *A representatividade adequada na ação coletiva brasileira (Lei da Ação Civil Pública e Código de Defesa do Consumidor)*. Dissertação (Mestrado em Direito) — Faculdade de Direito, Universidade de São Paulo, São Paulo, 2007.

PASSAGEIRO terá até metade do que pagou de volta. *Folha de S.Paulo*, São Paulo, 5 dez. 2007. Caderno Cidades/Metrópole, p. C3.

PASSOS, J. J. Calmon de. O problema do acesso à Justiça no Brasil. *Revista de Processo*, São Paulo, ano 10, n. 39, p. 78-88, jul./set. 1985.

――――. Democracia, Participação e Processo. In: DINAMARCO, Cândido Rangel; GRINOVER, Ada Pellegrini; WATANABE, Kazuo (Coords.). *Participação e processo*. São Paulo: Revista dos Tribunais, 1998. p. 83-97.

PESQUISA Juizados Especiais e acesso à Justiça. Processo Fapesp nº 2.001/10.724-9. Relatório científico final, 30 de julho de 2003. Pesquisa inédita.

PISANI, Andrea Proto. Appunti sulla tutela di condanna. In: *Studi in onore di Enrico Tullio Liebman*. Milano: Giuffrè, 1979. v. 3.

PLATTO, Charles (Ed.). *Economic consequences of litigation worldwide*. The Hague/London/Boston: International Bar Association and Kluwer Law International, 1998.

POUND, Roscoe. The administration of Justice in the modern city. *Harvard Law Review*, Cambridge, n. 26, p. 302-28, 1913.

RAMALHO, Joaquim Inácio. *Praxe brasileira*. São Paulo: Typographia do Ypiranga, 1869.

REFORMA silenciosa da Justiça, A: I Prêmio Innovare: o Judiciário do século XXI. Rio de Janeiro: Centro de Justiça e Sociedade da Escola de Direito do Rio de Janeiro da Fundação Getulio Vargas, 2006.

REGISTRO Eletrônico de Audiência, prática inscrita no III Prêmio Innovare: a Justiça do século XXI. *Dossiê de práticas inscritas e relatórios de pré-análise*. Categoria Juizado Especial. s.d. Mimeografado.

REINALDO FILHO, Demócrito Ramos. *Juizados Especiais Cíveis*: comentários à Lei nº 9.099, de 26-9-1995. 2. ed. São Paulo: Saraiva, 1999.

RHODE, Deborah L. *Access to Justice*. New York: Oxford University Press, 2004.

RIBEIRO, Paulo de Tarso Ramos. *Razão burocrática e acesso à Justiça*. Tese (Doutorado em Direito) — Faculdade de Direito, Universidade de São Paulo, São Paulo, 1995.

ROCHA, Felippe Borring. *Juizados Especiais Cíveis*: aspectos polêmicos da Lei nº 9.099/95, de 26/9/1995. Rio de Janeiro: Lumen Júris, 2000.

RODRIGUES, Geisa de Assis. *Juizados Especiais Cíveis e ações coletivas*. Rio de Janeiro: Forense, 1997.

RODRIGUES, Horácio Wanderlei. O Foro universitário como instrumento efetivo de acesso à Justiça e melhoria da qualidade do ensino jurídico. *Revista dos Tribunais*, São Paulo, v. 84, n. 712, p. 320-325, fev. 1995.

————. O Poder Judiciário no Brasil. *Cadernos Adenauer*, Rio de Janeiro, v. 3, n. 6, p. 13-53, 2002.

ROSE, Marc. Law and the little man. *Today*, ano 5, n. 23, p. 3-4; 21, jan. 1935.

RUHNKA, John C.; WELLER, Steven. *Small Claim Courts*: A national examination. Williamsburg: National Center for State Courts, 1978.

SADEK, Maria Tereza (Org.). *O Judiciário em debate*. São Paulo: Idesp/Sumaré, 1995. (Série Justiça)

———— (Org.). *O sistema de Justiça*. São Paulo: Idesp/Sumaré, 1999a. (Série Justiça)

————. O sistema de Justiça. In: SADEK, Maria Tereza (Org.). *O sistema de Justiça*. São Paulo: Idesp/Sumaré, 1999b. p. 07-18. (Série Justiça)

———— (Org.). *Acesso à Justiça*. São Paulo: Fundação Konrad Adenauer, 2001. (Série Pesquisas, 23).

————. Poder Judiciário: perspectivas de reforma. *Opinião Pública*, Campinas, v. X, n. 1, p. 1-62, maio 2004.

————. Palestra proferida no encontro sobre os Juizados Especiais Cíveis e Criminais. Conselho Nacional de Justiça, Brasília, 30 ago. 2005. Disponível em: <http://pyxis.cnj.gov.br/encontro1/Palavra_Professora_Maria_Tereza_Sadek.pdf>. Acesso em: 20 nov. 2007.

————. Juizados Especiais: o processo inexorável da mudança. In: SLAKMON, Catherine; MACHADO, Maíra Rocha; BOTTINI, Pierpaolo Cruz (Orgs). *Novas direções na governança da justiça e da segurança*. Brasília: Ministério da Justiça, Secretaria de Reforma do Judiciário, 2006. p. 249-276.

————; LIMA, Fernão Dias de; ARAÚJO, José Renato de Campos. O Judiciário e a prestação de justiça. In: SADEK, Maria Tereza (Org.). *Acesso à Justiça*. São Paulo: Fundação Konrad Adenauer, 2001. p. 13-41. (Série Pesquisas, 23)

SALES, Lília Maia de Morais. *Justiça e mediação de conflitos*. Belo Horizonte: Del Rey, 2004.

SALLES, Carlos Alberto de. *Execução judicial em matéria ambiental*. São Paulo: Revista dos Tribunais, 1999.

SALVADOR, Antônio Raphael Silva. *Juizados Especiais Cíveis*: estudos sobre a Lei nº 9.099, de 26 de setembro de 1995. Parte prática, legislação e enunciados. São Paulo: Atlas, 2000.

SANCHES, Sydney. Acesso à justiça. *Revista dos Tribunais*, São Paulo, v. 76, n. 621, p. 266-269, jul. 1997.

SANTOS, Boaventura de Sousa. *Pela mão de Alice*: o social e o político na pós-modernidade. 3 ed. São Paulo: Cortez, 1997.

SANTOS, Maria Cecília MacDowell dos. Juizados informais de conciliação em São Paulo: sugestões para a pesquisa sociojurídica. *Revista da Ordem dos Advogados do Brasil*, São Paulo, n. 50, p. 140-126, 1989.

SANTOS, Paulo de Tarso. *Arbitragem e Poder Judiciário*: mudança cultural. São Paulo: LTr, 2001.

SCHMIDT, Ricardo Pippi. *Palestra proferida no encontro sobre os Juizados Especiais Cíveis e Criminais*. Conselho Nacional de Justiça, Brasília, 30 ago. 2005.

SERPA, Ijosiana Cavalcante. Juizado Especial Cível em ação: audiência una sai do papel e vira realidade. *III Prêmio Innovare: a Justiça do século XXI*. Dossiê de práticas inscritas e relatórios de pré-análise. Categoria: Juizado Especial. s.d. ms.

SILVA, Fernanda Tartuce. *Mediação como meio de composição de conflitos civis*. Dissertação (Mestrado em Direito) — Faculdade de Direito, Universidade de São Paulo, São Paulo, 2007.

SILVA, Jorge Alberto Quadros de Carvalho. *Lei dos Juizados Especiais Cíveis anotada*. São Paulo: Saraiva, 2001.

SILVA, José Afonso da. Acesso à Justiça e cidadania. *Revista de Direito Administrativo*, Rio de Janeiro, n. 216, p. 9-23, abr./jun. 1999.

SILVA, Paulo Eduardo Alves. *Condução planejada dos processos judiciais*: a racionalidade do exercício jurisdicional entre o tempo e a forma do processo. Tese (Doutorado em Direito) — Faculdade de Direito, Universidade de São Paulo, São Paulo, 2005.

SILVERSTEIN, Lee. Small Claims Courts versus Justices of the Peace. *West Virginia Law Review,* Morgantown, v. 58, p. 241-259, 1955.

SMITH, Chester H. The Justice of Peace system in the United States. *California Law Review*, Berkeley, v. 15, n. 2, p. 118-140, Jan. 1927.

SMITH, Reginald H. *Justice and the poor*. New York: The Carnegie Foundation, 1919.

———. Small Claims Courts for Massachussetts. *Journal of the American Judicature Society*, Chicago, v. 53, p. 51-53, 1920-1921.

———. The elimination of delay through Small Claims and Conciliation Courts. Political Science proceedings of the Academy of Political Science in the city of New York. *Law and Justice*, v. 10, n. 3, p. 216-224, jul. 1923.

SPECTOR, Horacio. *Los jueces y la reforma judicial*: iniciativas judiciales para coadyuvar a la reforma judicial argentina. Buenos Aires: Rubinxal-Culzoni Editores, 2001.

STEELE, Eric H. The historical context of Small Claims Courts. *American Bar Foundation Research Journal*, Chicago, v. 2, p. 295-376, 1981.

STEFANI, Licínio Carpinelli. *Procedimento sumaríssimo*. 1. ed. São Paulo: Livlex, 1977.

TARZIA, Giuseppe. L'art. 111 Cost. e le garanzie europee del processo civile. *Revista de Processo*, São Paulo, ano 26, n. 103, jul. set. 2001, p. 156-174.

TEIXEIRA, Sálvio de Figueiredo (Org.). *As garantias do cidadão na Justiça*. São Paulo: Saraiva, 1993.

———. A efetividade do processo e a reforma processual. *Revista de Processo*, São Paulo, ano 20, n. 78, p. 85-96, abr./jun. 1995.

THE LECTRIC LAW LIBRARY'S LEXICON. Disponível em: <www.lectlaw.com/def2/m057.htm>.

TROCKER, Nicolò. *Proceso civile e costituzione*. Milano: Giuffrè, 1974.

TRUBEK, David M.; TRUBEK, Louise G. Civic justice through civil Justice: A new approach to public interest advocacy in the United States. In: CAPPELLETTI, Mauro (Ed.). *Access to Justice and the welfare state*. Alphen aan den Rijn: Sijthoff; Bruxelles: Bruylant; Firenze: Le Monnier; Stuttgart: Klett-Cotta, 1981. p. 119-144.

TUCCI, José Rogério Cruz e. *Tempo e processo*. São Paulo: Revista dos Tribunais, 1997.

TUCCI, Rogério Lauria. *Procedimentos e outros temas de direito processual civil*. São Paulo: Bushatsky, 1976.

———. *Manual do Juizado Especial de Pequenas Causas*: anotações à Lei nº 7.244, de 7-11-1984. São Paulo: Saraiva, 1985.

TUNC, André. The quest for justice. In: CAPPELLETTI, Mauro (Ed.). *Access to Justice and the welfare state*. Alphen aan den Rijn: Sijthoff; Bruxelles: Bruylant; Firenze: Le Monnier; Stuttgart: Klett-Cotta, 1981. p. 315-359.

UNGER, Roberto Mangabeira. A sociedade liberal e seu direito. In: FALCÃO, Joaquim; SOUTO, Cláudio (Orgs.). *Sociologia e direito*: textos básicos para a disciplina da sociologia jurídica. São Paulo: Pioneira, 1999. p. 149-159.

———. Uma nova faculdade de direito no Brasil. *Cadernos FGV Direito Rio*, Rio de Janeiro, nov. 2005. Textos para discussão, n. 1.

U.S. Department of Justice. *Alternative dispute resolution handbook*. Washington: USMS Pub., n. 95, June 1999.

VANLANDINGHAM, Kenneth E. The decline of the Justice of the Peace. *University of Kansas Law Review*, n. 12, p. 389-403, 1963-1964.

VERISSIMO, Marcos Paulo. *A judicialização dos conflitos de justiça distributiva no Brasil*: o processo judicial no pós-1988. Tese (Doutorado em Direito Processual) — Faculdade de Direito, Universidade de São Paulo, São Paulo, 2006.

VIEIRA, Oscar Vilhena. A violação sistemática dos direitos humanos como limite à consolidação do Estado de Direito no Brasil. In: CAMPILONGO, Celso; GIORGI, Beatriz di; PIOVESAN, Flávia. *Direito, cidadania e Justiça*: ensaios sobre lógica, interpretação, teoria, sociologia e filosofia jurídicas. São Paulo: Revista dos Tribunais, 1995. p 189-195.

VIEIRA, Rosa Maria. *O juiz de paz*: do Império a nossos dias. 2. ed. Brasília: UnB, 2002.

VILLAS BÔAS FILHO, Orlando. *Uma abordagem sistêmica do direito no contexto da modernidade brasileira*. Tese (Doutorado em Direito) — Faculdade de Direito, Universidade de São Paulo, São Paulo, 2006.

WATANABE, Kazuo. Assistência Judiciária e Juizados de Pequenas Causas. In: _____ (Coord.). *Juizado Especial de Pequenas Causas*. São Paulo: Revista dos Tribunais, 1985a. p. 161-167.

_____. Filosofia e características básicas do Juizado Especial de Pequenas Causas. In: _____ (Coord.). *Juizado Especial de Pequenas Causas*. São Paulo: Revista dos Tribunais, 1985b. p. 1-7.

_____ (Coord.) *Juizado Especial de Pequenas Causas*. São Paulo: Revista dos Tribunais, 1985c.

_____. Tutela antecipada e específica e obrigações de fazer e não fazer. In: *O Código de Processo Civil e suas recentes alterações*: seminário. São Paulo: Tribunal Regional Federal 3ª Região, Divisão de Serviços Gráficos, 1991. v. 1, p. 49-61.

_____. Demandas coletivas e os problemas emergentes da práxis forense. In: TEIXEIRA, Sálvio de Figueiredo (Org.). *As garantias do cidadão na Justiça*. São Paulo: Saraiva, 1993a. p. 185-196.

_____. Tutela antecipatória e tutela específica das obrigações de fazer e não fazer. In: TEIXEIRA, Sálvio de Figueiredo Teixeira (Org.). *Reforma do Código de Processo Civil*. São Paulo: Saraiva, 1993b. p. 19-51.

_____. Acesso à justiça e sociedade moderna. In: WATANABE, Kazuo; DINAMARCO, Cândido Rangel; GRINOVER, Ada Pellegrini (Coords.). *Participação e processo*. São Paulo: Revista dos Tribunais, 1998. p. 128-135.

_____. *Modalidade de mediação*. Seminário Mediação: um projeto inovador. Brasília: Conselho da Justiça Federal, Centro de Estudos Judiciários, 2003. p. 43-50. (Série Cadernos do CEJ, 22)

_____. Cultura da sentença e cultura da pacificação. In: MORAES, Maurício Zanóide; YARSHELL, Flávio (Orgs.). *Estudos em homenagem à professora Ada Pellegrini Grinover*. São Paulo: DPJ, 2005a. p. 684-690.

_____. *Da cognição no processo civil*. 3. ed. rev. e atual. São Paulo: DPJ, 2005b.

_____. Palestra proferida no evento de abertura do XVII Fórum Nacional dos Juizados Especiais Cíveis e Criminais (Fonaje). Hotel Bourbon, Curitiba, 25 maio 2005c.

_____. Introdução. In: *Juizados Especiais Cíveis*: estudo. Brasília: Ministério da Justiça, 2006a. p. 11-13.

_____. Palestra proferida no evento de abertura do III Encontro Estadual de Magistrados dos Juizados Especiais Cíveis e Criminais do Rio Grande do Sul. Aperfeiçoamento dos Juizados Especiais Cíveis. Gramado, 10 maio 2006b.

_____. Palestra proferida no XX Fórum Nacional dos Juizados Especiais Cíveis e Criminais (Fonaje). Painel I: Origem dos Juizados Especiais Cíveis e Criminais. Faculdade de Direito da Universidade Mackenzie, São Paulo, 20 nov. 2006c.

_____ et al. *Código Brasileiro de Defesa do Consumidor comentado pelos autores do anteprojeto*. 8. ed. Rio de Janeiro: Forense Universitária, 2004.

WHELAN, Christopher J. (Ed.). *Small Claims Courts*: A comparative study. Oxford: Clarendon Press, 1990a.

_____. Introduction. In: WHELAN, Christopher J. (Ed.). *Small Claims Courts*: A comparative study. Oxford: Clarendon Press, 1990b. p. 1-4.

WOLFE, Randy P. *Small Claims Courts*: Records management and case processing. National Center for State Courts, [19--?].

WOOLF, Lord. *Access to Justice*: final report. s.n.: s.l., 1996. Disponível em: <www/dca. gov.uk/civil/index.htm>. Acesso em: 20 jan. 2008.

YARSHELL, Flávio. *Tutela jurisdicional específica nas obrigações de declaração de vontade*. São Paulo: Malheiros, 1993.

_____. A execução e a efetividade do processo em relação à Fazenda. In: SUNDFELD, Carlos Ari; BUENO, Cássio Scarpinella (Coords). *Direito processual público*: a Fazenda Pública em juízo. São Paulo: Malheiros, 2003. p. 212-222.

ZANFERDINI, Flávia de Almeida Montigelli. A crise da Justiça e do processo e a garantia do prazo razoável. *Revista de Processo*, São Paulo, ano 28, n. 112, p. 240-267, out./dez. 2003.

Impresso nas oficinas da
SERMOGRAF - ARTES GRÁFICAS E EDITORA LTDA.
Rua São Sebastião, 199 - Petrópolis - RJ
Tel.: (24)2237-3769